ENCICLOPEDIA DEL MUNDO ANIMAL

UN LIBRO DE CONSULTA PARA TODA LA FAMILIA

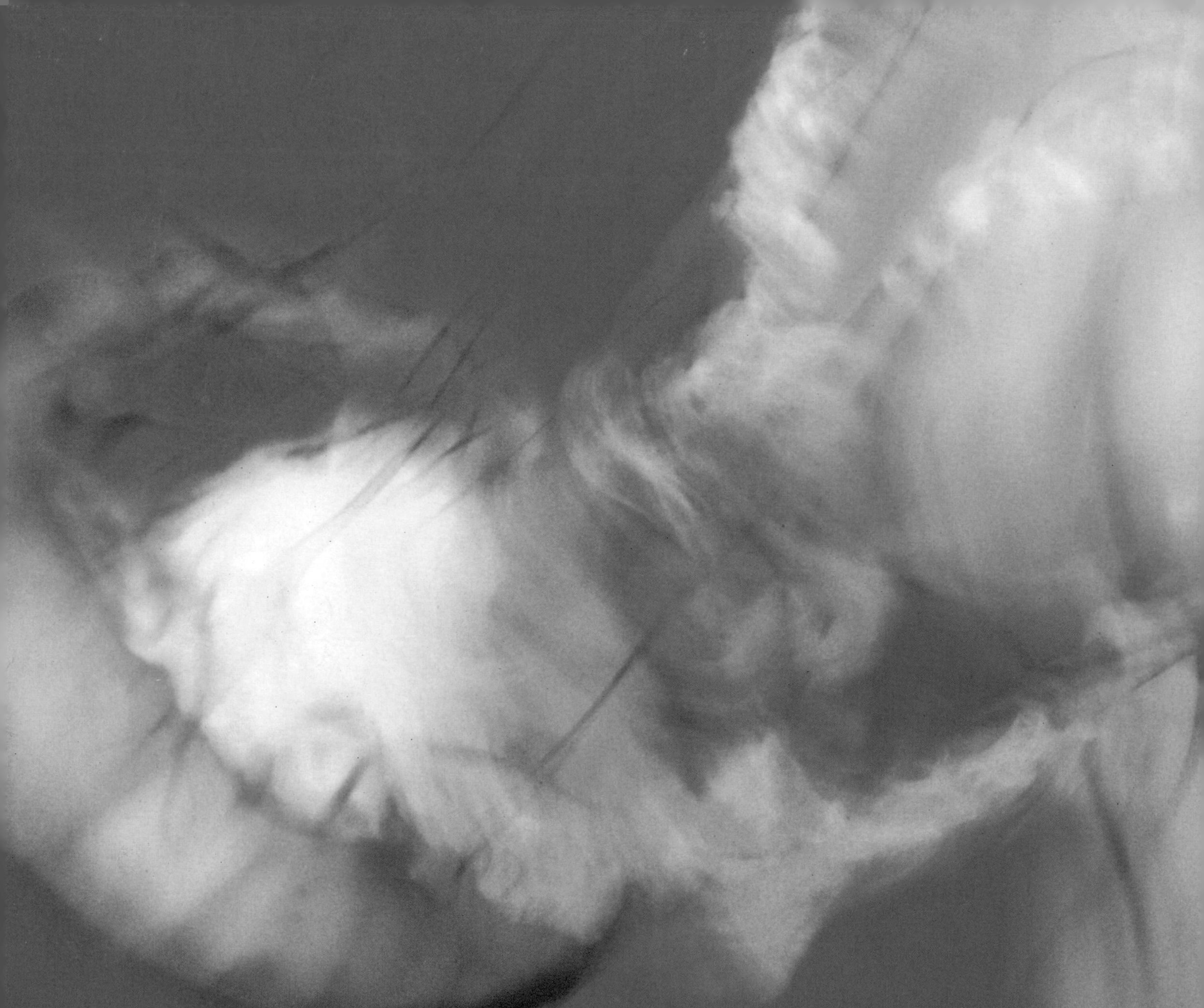

Publicado por Parragon en 2013

Parragon Books Ltd
Chartist House
15-17 Trim Street
Bath BA1 1HA, Reino Unido
www.parragon.com

Redacción y maquetación: Delivering iBooks & Design, Barcelona

ISBN 978-1-4723-0433-9
Impreso en China

ENCICLOPEDIA DEL MUNDO ANIMAL

UN LIBRO DE CONSULTA PARA TODA LA FAMILIA

PaRragon

Bath · New York · Singapore · Hong Kong · Cologne · Delhi
Melbourne · Amsterdam · Johannesburg · Shenzhen

ÍNDICE

ANIMALES FASCINANTES

Bienvenido al fascinante mundo animal. En estas páginas, ilustradas con fotografías a todo color y llenas de datos insólitos, descubrirá cómo viven los millones de especies con las que compartimos el planeta Tierra.

La fauna ha colonizado cada rincón de nuestro planeta, desde los gélidos polos y la profundidad abisal de los océanos hasta las cumbres más altas y los áridos desiertos. Los animales interactúan con otras especies y su entorno, y la supervivencia del ser humano depende de su existencia. Cuanto más sabemos acerca del mundo animal, más conscientes somos de la estrecha relación que nos une al mismo, así como de la necesidad de preservar la rica diversidad de la vida en la Tierra.

La *Enciclopedia del mundo animal* se estructura en torno a cinco grandes grupos: mamíferos, aves, reptiles, peces y anfibios, e invertebrados. Curiosamente la ballena azul, el animal más grande del planeta, pertenece al grupo de los mamíferos, que es el más pequeño de los cinco. El más numeroso con diferencia es el de los invertebrados, formado por individuos de millones de especies distintas, como los insectos, los crustáceos y los arácnidos.

Mamíferos

Desde el hielo polar de la tundra hasta las selvas tropicales, la Tierra está habitada por mamíferos, grupo muy variado que se ha adaptado a los hábitats más diversos. Los mamíferos podrían haber empezado a poblar el planeta hace unos 65 millones de años. Sin duda, los humanos modernos somos los mamíferos más aventureros: hemos explorado y colonizado todos y cada uno de los hábitats terrestres. Nuestra coexistencia doméstica con otras especies se remonta a 10 000 años atrás, cuando la cultura humana evolucionó de grupos de cazadores-recolectores a sociedades agrícolas. Los humanos empezaron a domesticar mamíferos —perros, ovejas, cerdos, vacas, cabras y caballos— para trabajar, alimentarse y obtener materias primas como lana y cuero.

Hasta hoy se conocen 5416 especies de mamíferos. Es un grupo tan diverso que la especie más pequeña, la musaraña, pesa solo tres gramos, mientras que la más grande, la ballena azul, alcanza

COMUNICACIÓN
La forma de comunicación de los cetáceos es una de las más sofisticadas del reino animal. Los delfines, por ejemplo, chasquean las mandíbulas cuando se sienten amenazados y silban repetidamente cuando están asustados o nerviosos.

las 145 toneladas. Esta diversidad también queda patente en la adaptación a distintos hábitats: hay mamíferos que corren, planean, vuelan, saltan, nadan y se arrastran. Para soportar temperaturas gélidas, algunos de los que viven en climas fríos —como las osas polares preñadas— hibernan para no malgastar energía. Para conservar el calor, en lugar de pelo como los terrestres, muchos mamíferos acuáticos tienen una gruesa capa de grasa corporal. El esqueleto de las extremidades superiores de focas, delfines, murciélagos y chimpancés es muy parecido, pero unos tienen aletas, otros alas y otros brazos.

Aves

Las aves son una caja de sorpresas: incluso las hay que bucean, nadan y construyen nidos muy complejos. Pero si hay algo que el hombre siempre ha envidiado es su capacidad de volar. También resultan asombrosas las distancias que algunas llegan a recorrer. Se calcula que más de 200 millones de aves emigran cada año en todo el planeta, y muchas recorren miles de kilómetros, cruzando desiertos y océanos hasta el lugar idóneo donde criar y alimentar a sus polluelos. Algunos de los comportamientos de las aves, como la necesidad de las migratorias de cruzar continentes para después regresar, siguen siendo un misterio.

Hasta la fecha se tiene constancia de la existencia de unas 9700 especies de aves en todo el mundo: constituyen el grupo de vertebrados más numeroso por detrás de los peces. Hay aves de todos los tamaños, desde el colibrí, de apenas 1,6 gramos, hasta el avestruz, de 150 kilos. Si bien la mayoría vuelan, algunas, como el kiwi, el pingüino, el ñandú y el avestruz, no lo hacen. Otras son acuáticas y viven en mares, ríos y lagos. Las patas y el pico de las aves revelan su capacidad de adaptación. El pico de algunas aves acuáticas filtra pequeñas partículas de alimento del agua, mientras que las aves de rapiña tienen garras para atrapar y despedazar a sus presas. En ciertas especies, machos y hembras comparten las tareas de construir el nido y alimentar a los polluelos, y algunas viven en grupos.

Reptiles

Existen unas 8200 especies de reptiles, entre las que se cuentan tortugas, lagartos, serpientes, cocodrilos y tuátaras. Los reptiles fueron los primeros vertebrados que sobrevivieron fuera del agua, gracias a un huevo amniótico de cáscara impermeable que podían poner e incubar en tierra firme, sin necesidad de regresar al agua. Dado que los reptiles necesitan calor externo para regular su temperatura corporal, muchas especies pasan horas al sol para calentarse con la radiación infrarroja.

Los reptiles siempre han despertado temor y respeto en el hombre. Serpientes, cocodrilos y dragones fabulosos siembran las leyendas de pueblos de todo el mundo, además de asociarse a la magia. Muchas especies poseen habilidades asombrosas: se suben por las paredes, escarban, nadan, trepan por delgados tallos e incluso corren por las inestables y abrasadoras dunas del desierto. Los camaleones poseen unos ojos estereoscópicos que distinguen a sus presas con una percepción de profundidad tridimensional. Las serpientes no tienen orejas externas pero oyen a través de la mandíbula y los huesos internos del oído. Detectan en el suelo las vibraciones de baja frecuencia que generan sus predadores y presas. Algunas serpientes incluso engullen animales más grandes que ellas.

Pese a las reticencias que despiertan, en realidad solo una de cada diez

HUEVOS DE PERDIZ
La hembra tarda un par de días en poner todos los huevos y luego se encarga ella misma de incubarlos.

DRAGÓN DE KOMODO
Estos lagartos viven exclusivamente en un grupo de islas de Indonesia y están en peligro de extinción. Su saliva está llena de unas bacterias que pueden matar a una presa al primer mordisco. Detectan a otros individuos de su especie a varios kilómetros.

especies de serpientes es peligrosa. La mayoría solo atacan cuando se sienten amenazadas, y antes de hacerlo ponen en marcha mecanismos de alerta para avisar al enemigo. Saber qué especies son peligrosas es imprescindible para protegerlas a ellas y a las personas que viven en su entorno. Hoy día muchas especies de reptiles se encuentran en peligro de extinción, amenazadas por la caza y la destrucción de sus hábitats. Estos animales fascinantes de características extraordinarias viven en la Tierra desde hace millones de años.

Peces y anfibios

Los peces y los anfibios fueron de los primeros vertebrados, es decir, animales con esqueleto interno, y cada una de las especies ha evolucionado para sobrevivir en un determinado hábitat. Los peces, que respiran por branquias y tienen aletas para nadar, están plenamente adaptados al mundo acuático y viven en mares, lagos, ríos y arroyos. Los peces de los cálidos mares tropicales están entre los animales más exóticos y coloridos del mundo, mientras que las gélidas y oscuras profundidades oceánicas están habitadas por otras especies insólitas y poco conocidas. Dado que muchas especies son comestibles, la conservación de suficientes cantidades de ejemplares para su consumo es clave de cara al futuro. Hay peces escurridizos e incluso temidos: pocos animales despiertan tanto recelo en la realidad y la ficción como el tiburón.

En la Prehistoria, el proceso evolutivo hizo que algunas especies que vivían en el agua se adaptaran a tierra firme, donde respiraban mediante bolsas de aire similares a pulmones. Los peces con aletas carnosas o lobuladas descubrieron

MORENA VERDE
Aunque es un pez, la morena no tiene escamas. Excreta una sustancia resbaladiza que recubre su cuerpo robusto y musculoso y lo protege de los parásitos. La morena es una cazadora nocturna que detecta a sus presas gracias a un magnífico sentido del olfato.

nuevas formas de alimentarse y, con el tiempo, se adaptaron a la vida terrestre. El cambio evolutivo que experimentaron los animales acuáticos que pasaron a ser terrestres supuso toda una revolución para la vida en la Tierra. Algunos animales terrestres conservaron un vínculo con el agua, a la que acudían a desovar; es el caso de los anfibios, como la rana y el sapo. Los anfibios de hoy día constituyen solo una pequeña muestra de la gran variedad de especies que surgieron en el Devónico, porque muchas se extinguieron en el Triásico.

Invertebrados

Los invertebrados son la forma de vida animal más antigua de la Tierra. Conforman, con diferencia, el grupo más numeroso. Se calcula que un 97 % de las más de 1,5 millones de especies animales conocidas son invertebrados.

Los invertebrados adoptan formas diversas y viven en todo tipo de hábitats. Unos tienen el cuerpo blando, como los gusanos y las medusas, mientras que otros, como los insectos y los crustáceos, están protegidos por un caparazón externo. Este fascinante grupo animal es una sorprendente fuente de ejemplos de adaptación y comportamiento. Los mosquitos pican a los mamíferos y se alimentan de su sangre; las moscas pueden comer alimentos sólidos porque su sistema digestivo empieza fuera del cuerpo; y ni el más ágil de los atletas podría saltar con tanta destreza como la diminuta pulga.

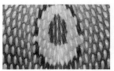 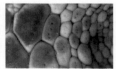    

Muchos invertebrados desempeñan un papel primordial en las cadenas alimentarias y los ecosistemas. Las abejas y otros insectos polinizadores son esenciales para el ciclo vital de muchas plantas de flor de las que nos alimentamos los humanos y otros animales. Otros invertebrados son valiosos predadores y controladores de plagas. ¿Sabía que existen 35 000 especies conocidas de arañas (solo 30 de ellas peligrosas para las personas) y que sin estos expertos predadores el mundo sería pasto de plagas de insectos?

Descubra el mundo animal

Le invitamos a descubrir el fascinante mundo animal a través de estas páginas, llenas de datos insólitos e ilustradas con fotografías a todo color. Indague sobre los ciclos vitales, el comportamiento social y los rasgos y características de las distintas especies. Acérquese a las fascinantes criaturas con las que compartimos el mundo. Descubra cómo corren, trepan, nadan, bucean y vuelan. Averigüe cómo buscan alimento y sacan adelante a sus crías.

En nuestro planeta viven miles de especies de animales, aunque se cree que el 99,9 % de todas las que han existido a lo largo de la historia se han extinguido. La extinción es un proceso natural, pero la intervención humana también está acabando con muchas especies. La ciencia moderna demuestra que todos los seres vivos están relacionados entre sí mediante complejos ecosistemas. Cuanto mejor conozcamos el reino animal, más capaces seremos de preservar el mundo natural y proteger la fauna y la flora para las generaciones futuras.

FORMACIÓN DE PERLAS
A veces, en el cuerpo de las ostras quedan atrapados granos de arena o parásitos. Para aliviar las molestias que eso provoca, la ostra segrega una sustancia cristalina, dura y fina llamada nácar para recubrir el objeto.

1 MAMÍFEROS

14

30

54

Cómo son

Todos los mamíferos tienen visión estereoscópica, que permite percibir la profundidad. Pero, además, la visión nocturna de cazadores como el tigre es seis veces más aguda que la del hombre. Y hay que contar que son muchas las especies que disponen de un agudísimo olfato, sentido que está íntima-

TIGRE DE BENGALA
Panthera tigris es el miembro más grande de la familia de los felinos. Se reconoce fácilmente por su pelaje anaranjado con rayas negras y manchas blancas.

mente relacionado con el del gusto. En cuanto al pelaje, tiene diversas funciones en la vida de estos animales: conserva el calor corporal, protege el organismo de agentes externos y los camufla. Los que tienen poco pelo y viven en ambientes muy fríos, como las ballenas, han desarrollado una capa de grasa bajo la piel.

¿Qué es un mamífero?

GORILA
Gorilla gorilla

Todos los mamíferos tienen una serie de características comunes. Por ejemplo, el cuerpo cubierto de pelo y la capacidad de parir crías vivas y alimentarlas con la leche que producen las glándulas mamarias de las hembras. Todos respiran por pulmones, y poseen un aparato circulatorio doble cerrado y los sistemas nerviosos más desarrollados de todo el reino animal. La capacidad de mantener una temperatura corporal constante les ha permitido dispersarse y conquistar todos los rincones de la tierra, desde los climas más fríos hasta los desiertos, del mar a la montaña.

Un cuerpo a medida de cada ambiente

La piel cubierta de pelo y las glándulas sudoríparas colaboran para mantener constante la temperatura corporal. Por otra parte, los ojos dispuestos a ambos lados de la cabeza (visión monocular, con la única excepción de los primates, en los cuales es binocular) favorecen un amplio ángulo de visión. Las extremidades son de tipo pata o quiridio, con ligeras variaciones que dependen de la parte que se apoye al caminar. En los mamíferos acuáticos han evolucionado en aletas, y en los murciélagos, en alas; los cazadores poseen poderosas garras y los ungulígrados (como el caballo), unos robustos cascos que soportan el peso de todo el cuerpo.

5416

SON LAS ESPECIES DE MAMÍFEROS QUE SE CALCULA QUE EXISTEN EN LA TIERRA

DELFÍN MULAR
Tursiops truncatus

Pelaje

De entre todas las clases de animales, los mamíferos son los únicos que tienen pelo. Y todos tienen pelaje a excepción de los sirénidos, con poco pelo, y los cetáceos: en ambos casos, la ausencia se debe a la adaptación del mamífero al medio acuático.

Dentición

La mayor parte de los mamíferos cambian la dentición en su pasaje a la adultez. Los dientes están especializados para distintas funciones: molares para masticar, colmillos para romper, incisivos para roer. En los roedores, como la ardilla, los dientes se renuevan por un crecimiento continuo.

ARDILLA
Familia *Sciuridae*

Parientes cercanos

El hombre pertenece al grupo de los primates. De entre ellos los homínidos (orangutanes, gorilas y chimpancés) son los más grandes, con un peso de entre 48 y 270 kg. En general los machos, con el cuerpo robusto y unos brazos bien desarrollados, son más grandes que las hembras. Su porte vertical diferencia su esqueleto del de otros primates. Los gorilas habitan exclusivamente las selvas ecuatoriales del África occidental. Caminan apoyándose en las extremidades delanteras. Su estatura oscila en esa posición entre 1,25 y 1,75 metros, pero si se yerguen levantando las manos del suelo alcanzan los 2 metros.

CRÁNEO
Es grande con respecto al tamaño del cuerpo. El cerebro está más desarrollado y es más complejo que el de cualquier otro animal.

SIEMPRE 37 °C
La capacidad de mantener una temperatura corporal constante no es una característica única de los mamíferos: también la poseen las aves.

UN OÍDO DE HUESOS
Los huesecillos del oído forman el aparato sensor y transmisor del sonido.

MAXILAR INFERIOR
Está conformado por un solo hueso, llamado dentario, y dientes especializados en cada función. Todo el cráneo tiene una estructura ósea muy simplificada.

MAMAS
En las hembras, secretan la leche que alimenta a las crías en sus primeros meses de vida. De ellas toma el nombre la clase de los mamíferos.

UNA PIEL GRUESA
Está formada por una capa externa (epidermis), una más profunda (dermis) y un sustrato adiposo que colabora en la homeotermia.

Homeotermia

Es la capacidad de mantener constante la temperatura corporal en cualquier ambiente. La excepción son las especies que hibernan: la temperatura de su cuerpo debe bajar para reducir su metabolismo. Hablando con propiedad, el oso no hiberna, sino que pasa el invierno en una especie de letargo.

OSO PARDO
Ursus arctos

Extremidades

Los mamíferos tienen cuatro extremidades, adaptadas para el desplazamiento por tierra. Las extremidades anteriores pueden tener otras capacidades (nado, manipulación, ataque y defensa, sujeción del cuerpo). La excepción son los cetáceos, tan adaptados a la vida marina que solo tienen dos extremidades sin dedos, y los fócidos *(Phocidae)*.

ELEFANTE MARINO
Familia *Phocidae*

Hábitats

Entre cada mamífero y su hábitat natural existe una relación que viene dada y a la vez se expresa por las características de su cuerpo. Si las zarpas del elefante marino le sirven para nadar y cazar peces, las pezuñas de los ciervos les permiten correr. La fisiología es una valiosa herramienta de adaptación al medio. Uno de los casos más evidentes es el del camello.

| Agua | Bosques templados | Desierto | Pradera o pastizal |
| Sabana tropical | Selva tropical | Taiga | Tundra |

UN PRIMATE ESPECIAL

Por su capacidad de fabricar herramientas para transformar a su favor elementos de su hábitat sin depender de la evolución natural, el hombre se ha adaptado a casi todos los hábitats.

Calor constante

Los mamíferos son homeotérmicos, es decir, capaces de mantener estable la temperatura interna del cuerpo cualesquiera que sean las condiciones ambientales. Esta característica les ha permitido establecerse en todas las regiones del planeta. La homeostasis se logra gracias a una serie de procesos que tienden, entre otras cosas, a mantener equilibrados los niveles hídricos, la concentración de minerales y la glucosa en sangre, y a evitar la acumulación de desechos.

Grandes nadadores

Los osos polares nadan con facilidad en aguas abiertas y alcanzan una velocidad de hasta 60 km/h. Se impulsan con sus grandes zarpas delanteras y las traseras les sirven de timón. Los pelos que los recubren, huecos y llenos de aire, contribuyen a la flotabilidad. Los osos bucean con los ojos abiertos.

Reyes del ártico

El oso polar (u oso blanco), es un ejemplo perfecto de adaptación al inhóspito entorno en que habita. Su pelaje, que puede parecer blanco, amarillo pálido o crema, es en realidad translúcido e incoloro; tiene dos capas, una de pelos cortos gruesos y otra más superficial de pelos largos. El aislamiento necesario para sobrevivir en el Ártico se lo proporcionan su gruesa piel y una capa de grasa subcutánea. Ambas cosas permiten al oso polar sumergirse y nadar en aguas heladas, y soportar ventiscas.

OSO POLAR
Ursus maritimus

CACHORROS PROTEGIDOS

La piel materna genera el calor que protege de las temperaturas extremas a los cachorros, que nacen en invierno.

Migración

Al comienzo de la primavera, estos osos se desplazan hacia el sur escapando de las roturas de hielo del Ártico.

Metabolismo

La capa de grasa del oso polar tiene entre 11 y 15 cm de grosor y no solo hace de aislante térmico, sino también de reserva de energía. Cuando la temperatura es crítica (en el polo puede llegar a -50 y -60 °C), el metabolismo del animal aumenta y obtiene energía más rápidamente a partir de esa grasa y del alimento. Así mantiene su temperatura corporal constante.

BAJO EL HIELO

En primavera, después de quedar preñadas, las hembras excavan un túnel en el que hibernan sin comer. Pueden perder un 45 % de su peso.

TÚNEL DE ACCESO SECUNDARIO

VÍAS RESPIRATORIAS
Los osos tienen en el hocico unas membranas que calientan y humedecen el aire antes de que llegue a los pulmones.

EL PELO
Superficie translúcida impermeable

Cámara hueca con aire

CÁMARA O REFUGIO

TÚNEL DE ACCESO PRINCIPAL

ENTRADA

CAPAS

PELAJE RECIO
exterior

PELAJE FINO
interior

GRASA
de 10-15 cm

PRINCIPALES RESERVAS DE GRASA
Muslos, ancas y abdomen

Repliegue

Muchos mamíferos de climas fríos se arrollan sobre sí mismos, cubriendo sus extremidades y doblando la cola sobre su cuerpo a modo de manta para que la superficie expuesta a la pérdida de calor sea mínima. Los animales de climas cálidos extienden el cuerpo para que se disipe el calor.

más de
10 km

POR HORA ES LA VELOCIDAD PROMEDIO A LA QUE NADA

Y FINALMENTE... LA PLANCHA
Cuando se cansa de nadar, el oso se echa a descansar flotando. Así puede recorrer distancias de hasta 60 km.

PARA SALIR: PALMAS ANTIDESLIZANTES
Las almohadillas de las zarpas tienen pequeñas papilas que crean fricción con el hielo, impidiendo el deslizamiento.

NADO LENTO Y CONSTANTE

PATAS TRASERAS
Hacen de timón.

PATAS DELANTERAS
Funcionan como motor.

ANATOMÍA HIDRODINÁMICA

Gracia y movimiento

Los caballos, que están entre los mamíferos ungulados de pezuñas impares, se consideran un símbolo de gracia y libertad porque su aparato locomotor ha evolucionado hasta convertirse en una máquina maravillosa. Poseen gran vigor y pueden correr velozmente porque su columna vertebral se flexiona poco para impedir un gasto de energía innecesario en la subida y bajada vertical de la masa corporal. Sus huesos son fuertes, livianos y flexibles, y sus músculos trabajan por contracción, dispuestos en pares o grupos que tiran en direcciones opuestas.

Potencia en carrera

Por la gran velocidad que desarrolla en relación con su masa corporal, el caballo es uno de los mamíferos más potentes. La función natural de su musculatura es la de permitirle correr para huir de sus enemigos, lo que ha posibilitado la subsistencia de la especie a lo largo de millones de años. Toda esa energía se genera por la contracción de los músculos.

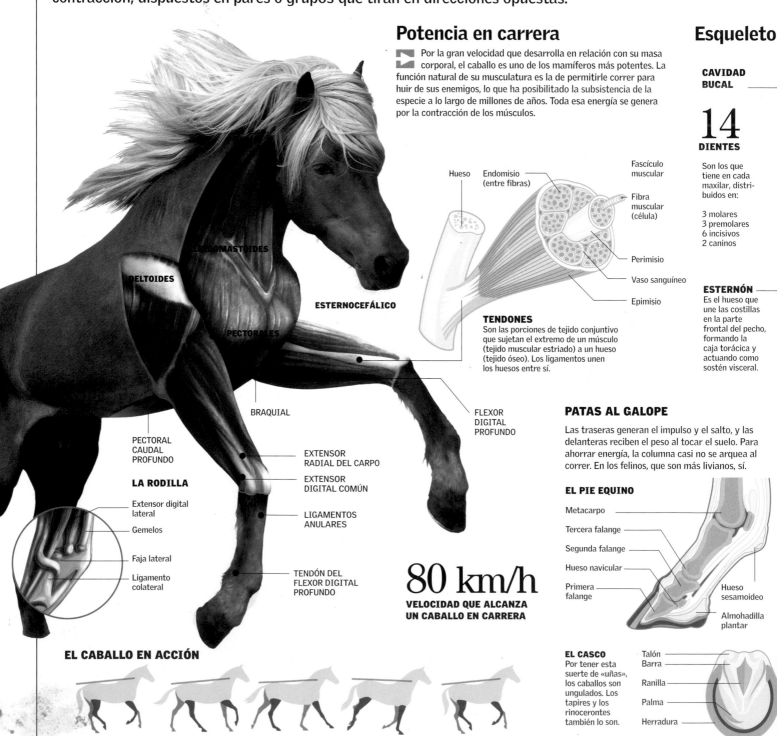

ESTERNOCLEIDOMASTOIDES

DELTOIDES

ESTERNOCEFÁLICO

PECTORALES

Hueso

Endomisio (entre fibras)

Fascículo muscular

Fibra muscular (célula)

Perimisio

Vaso sanguíneo

Epimisio

TENDONES
Son las porciones de tejido conjuntivo que sujetan el extremo de un músculo (tejido muscular estriado) a un hueso (tejido óseo). Los ligamentos unen los huesos entre sí.

BRAQUIAL

FLEXOR DIGITAL PROFUNDO

PECTORAL CAUDAL PROFUNDO

LA RODILLA
Extensor digital lateral

Gemelos

Faja lateral

Ligamento colateral

EXTENSOR RADIAL DEL CARPO

EXTENSOR DIGITAL COMÚN

LIGAMENTOS ANULARES

TENDÓN DEL FLEXOR DIGITAL PROFUNDO

80 km/h
VELOCIDAD QUE ALCANZA UN CABALLO EN CARRERA

EL CABALLO EN ACCIÓN

Esqueleto

CAVIDAD BUCAL

14 DIENTES

Son los que tiene en cada maxilar, distribuidos en:

3 molares
3 premolares
6 incisivos
2 caninos

ESTERNÓN
Es el hueso que une las costillas en la parte frontal del pecho, formando la caja torácica y actuando como sostén visceral.

PATAS AL GALOPE

Las traseras generan el impulso y el salto, y las delanteras reciben el peso al tocar el suelo. Para ahorrar energía, la columna casi no se arquea al correr. En los felinos, que son más livianos, sí.

EL PIE EQUINO

Metacarpo

Tercera falange

Segunda falange

Hueso navicular

Primera falange

Hueso sesamoideo

Almohadilla plantar

EL CASCO
Por tener esta suerte de «uñas», los caballos son ungulados. Los tapires y los rinocerontes también lo son.

Talón
Barra
Ranilla
Palma
Herradura

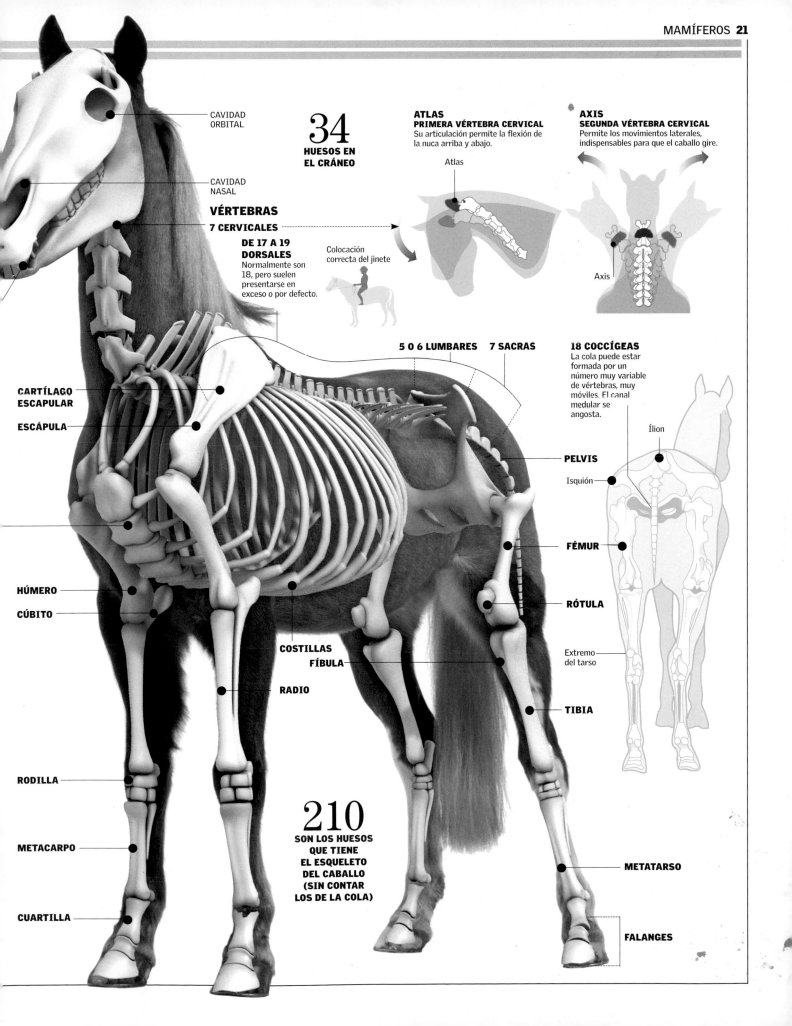

CAVIDAD ORBITAL

CAVIDAD NASAL

34
HUESOS EN EL CRÁNEO

ATLAS
PRIMERA VÉRTEBRA CERVICAL
Su articulación permite la flexión de la nuca arriba y abajo.

Atlas

AXIS
SEGUNDA VÉRTEBRA CERVICAL
Permite los movimientos laterales, indispensables para que el caballo gire.

Axis

VÉRTEBRAS
7 CERVICALES

DE 17 A 19 DORSALES
Normalmente son 18, pero suelen presentarse en exceso o por defecto.

Colocación correcta del jinete

5 O 6 LUMBARES   **7 SACRAS**

18 COCCÍGEAS
La cola puede estar formada por un número muy variable de vértebras, muy móviles. El canal medular se angosta.

CARTÍLAGO ESCAPULAR

ESCÁPULA

Ílion

PELVIS

Isquión

FÉMUR

HÚMERO

CÚBITO

RÓTULA

COSTILLAS

FÍBULA

Extremo del tarso

RADIO

TIBIA

RODILLA

210
SON LOS HUESOS QUE TIENE EL ESQUELETO DEL CABALLO (SIN CONTAR LOS DE LA COLA)

METACARPO

METATARSO

CUARTILLA

FALANGES

Extremidades

L as extremidades de los mamíferos son básicamente de tipo pata o quiridio, pero con modificaciones acordes al modo en que se desplaza cada especie. Así, por ejemplo, se transforman en aletas para nadar en los acuáticos, y en alas membranosas en los murciélagos. En los mamíferos terrestres estas variaciones dependen de la forma en que el animal se apoya al andar: los que descargan todo el pie se denominan plantígrados, los que apoyan los dedos, digitígrados, y los que solo tocan el suelo con la punta de las falanges, ungulados.

Funcionalmente adaptadas

Además de su morfología, otro criterio para clasificar a los mamíferos por sus patas es la función que cumplen. Gatos, perros y caballos poseen cuatro extremidades para desplazarse. Los primates tienen las anteriores diferenciadas y las usan también para capturar o acercarse alimentos a la boca. Otros, para nadar o volar.

UÑA

PIE IZQUIERDO
DE CHIMPANCÉ
Pan troglodytes
Foto a escala real.

FALANGETA

REFERENCIAS
- Tibia/Peroné
- Tarso
- Metatarso
- Falanges

PRIMER
DEDO
(DEDO
GORDO)

FALANGINA

FALANGE

METATARSIANO

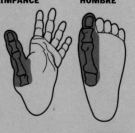

UNGULÍGRADO I

CABALLO
Si se observa la huella de su paso, solo se ve la marca de las pezuñas, que en el caballo están constituidas por solo un dedo (casco).

UNGULÍGRADO II

CABRA
La mayoría de los ungulígrados, como la cabra, tienen los dedos pares. Se llaman artiodáctilos. Los que tienen los dedos impares se llaman perisodáctilos.

5 dedos

NÚMERO NORMAL EN LOS MAMÍFEROS: LAS ESPECIES CORREDORAS TIENEN MENOS

CAMINAR
O TREPAR

Entre el pie humano y el del mono hay una diferencia fundamental: el mono tiene un largo dedo prensil, como en la mano. Con él se agarra a las ramas de los árboles.

PEQUEÑO

HUELLAS QUE MIENTEN
En otras especies de ungulígrados (o ungulados) las pezuñas las conforman más dedos, pero el peso no se apoya en más de uno o dos.

HIPOPÓTAMO   TRAGÚLIDO   CÉRVIDO

CERDO   CAMELLO

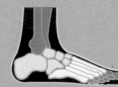

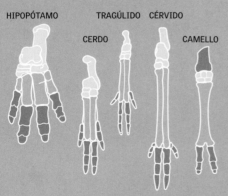

DIGITÍGRADO

PERRO
Al caminar, estos mamíferos apoyan en el suelo las almohadillas de los pies (todas o algunas de ellas). Por lo general dejan como huella la marca de los dedos anteriores y del pulpejo. Perros y gatos son los ejemplos más conocidos.

PLANTÍGRADO

HOMBRE
En su marcha, los primates, entre ellos el hombre, apoyan los dedos y gran parte de la planta del pie, particularmente el metatarso. También son plantígrados las ratas, las comadrejas, los osos, los conejos, las mofetas, los mapaches, los ratones y los erizos.

CHIMPANCÉ   HOMBRE

TARSO

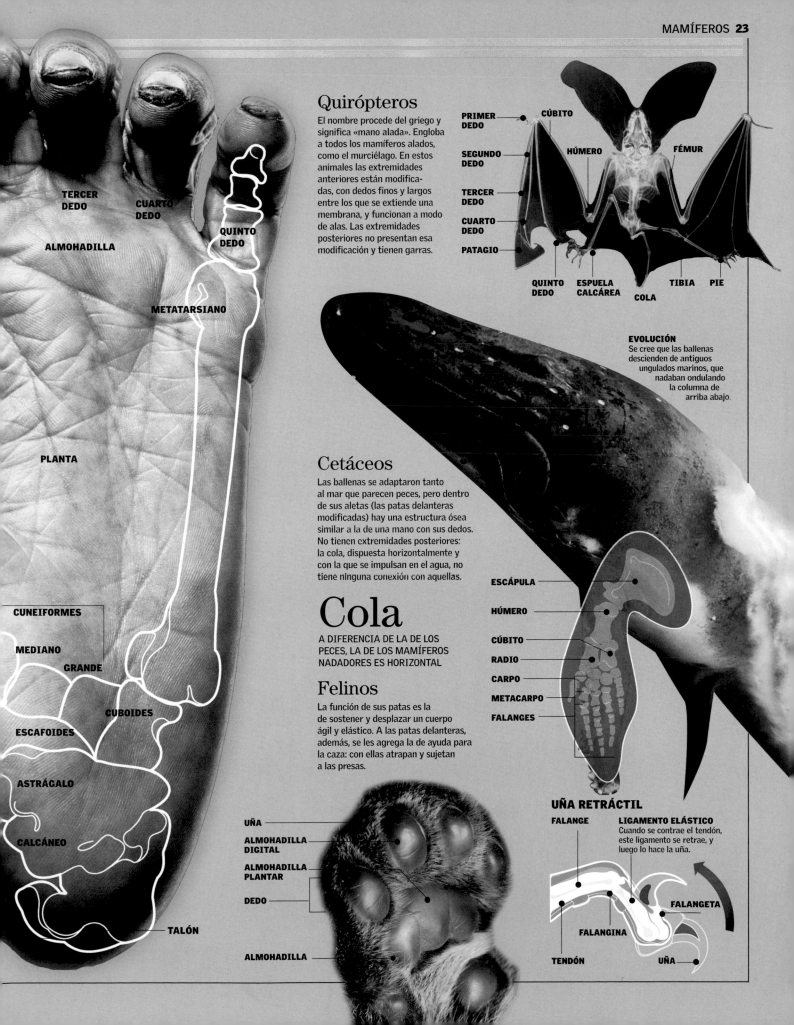

Quirópteros

El nombre procede del griego y significa «mano alada». Engloba a todos los mamíferos alados, como el murciélago. En estos animales las extremidades anteriores están modificadas, con dedos finos y largos entre los que se extiende una membrana, y funcionan a modo de alas. Las extremidades posteriores no presentan esa modificación y tienen garras.

PRIMER DEDO
CÚBITO
SEGUNDO DEDO
HÚMERO
FÉMUR
TERCER DEDO
CUARTO DEDO
PATAGIO
QUINTO DEDO
ESPUELA CALCÁREA
COLA
TIBIA
PIE

EVOLUCIÓN
Se cree que las ballenas descienden de antiguos ungulados marinos, que nadaban ondulando la columna de arriba abajo.

Cetáceos

Las ballenas se adaptaron tanto al mar que parecen peces, pero dentro de sus aletas (las patas delanteras modificadas) hay una estructura ósea similar a la de una mano con sus dedos. No tienen extremidades posteriores: la cola, dispuesta horizontalmente y con la que se impulsan en el agua, no tiene ninguna conexión con aquellas.

Cola

A DIFERENCIA DE LA DE LOS PECES, LA DE LOS MAMÍFEROS NADADORES ES HORIZONTAL

Felinos

La función de sus patas es la de sostener y desplazar un cuerpo ágil y elástico. A las patas delanteras, además, se les agrega la de ayuda para la caza: con ellas atrapan y sujetan a las presas.

ESCÁPULA
HÚMERO
CÚBITO
RADIO
CARPO
METACARPO
FALANGES

TERCER DEDO
CUARTO DEDO
ALMOHADILLA
QUINTO DEDO
METATARSIANO
PLANTA
CUNEIFORMES
MEDIANO
GRANDE
CUBOIDES
ESCAFOIDES
ASTRÁGALO
CALCÁNEO
TALÓN

UÑA
ALMOHADILLA DIGITAL
ALMOHADILLA PLANTAR
DEDO
ALMOHADILLA

UÑA RETRÁCTIL

FALANGE
LIGAMENTO ELÁSTICO
Cuando se contrae el tendón, este ligamento se retrae, y luego lo hace la uña.

FALANGETA
FALANGINA
TENDÓN
UÑA

El que no corre, vuela

Es un bólido de carne, huesos y sangre caliente. El guepardo es el animal terrestre más veloz y un miembro único de la familia de los Félidos, un cazador temible de aguda vista y velocidad extrema: alcanza los 115 km/h en carreras cortas y en solo dos segundos llega a los 72 km/h de media, aunque las velocidades de más de 100 km/h solo las puede mantener unos segundos. El guepardo se parece en cierto modo al leopardo, pero sus características físicas son diferentes: es más esbelto y alargado, y tiene la cabeza más pequeña y redondeada.

SALIDA
Desde la copa de un árbol salta a otro más bajo.

El guepardo

 Mientras que los tigres prefieren acechar a su presa y luego saltar sobre ella, el guepardo opta por perseguirla a hasta 100 km/h antes de abatirla.

1 Salida

El guepardo se lanza a la carrera alargando el cuerpo y extendiendo las cuatro patas.

2 Contracción espinal

Luego junta las patas bajo el cuerpo, contrayendo al máximo la columna cervical.

FOSAS NASALES
Muy anchas, le permiten recibir más oxígeno durante la carrera.

ORDEN	Carnívoros
FAMILIA	*Felidae*
ESPECIE	*Acinonyx jubatus* (África)
	Acinonyx venaticus (Asia)

PRIMER PUNTO DE APOYO
En carrera apoya como máximo una sola pata a la vez, y durante la contracción cervical no hay ningún contacto con el suelo.

SEGUNDO PUNTO DE APOYO
Al extender las cuatro patas vuelve a tomar impulso, con una sola pata trasera.

Bípedos versus cuadrúpedos

29 km/h
CORREDORES DE SEIS LÍNEAS (lagartos bípedos)
Cnemidophorus sexlineatus

37 km/h
HOMBRE
Récord de atletismo: Asafa Powell (Jamaica), 100 m en 9,7 segundos.

67 km/h
GALGO
Perro de esqueleto ligero y anatomía aerodinámica.

80 km/h
CABALLO
Anatomía adaptada a la carrera, musculatura potente.

115 km/h
GUEPARDO
En dos segundos alcanza los 72 km/h.

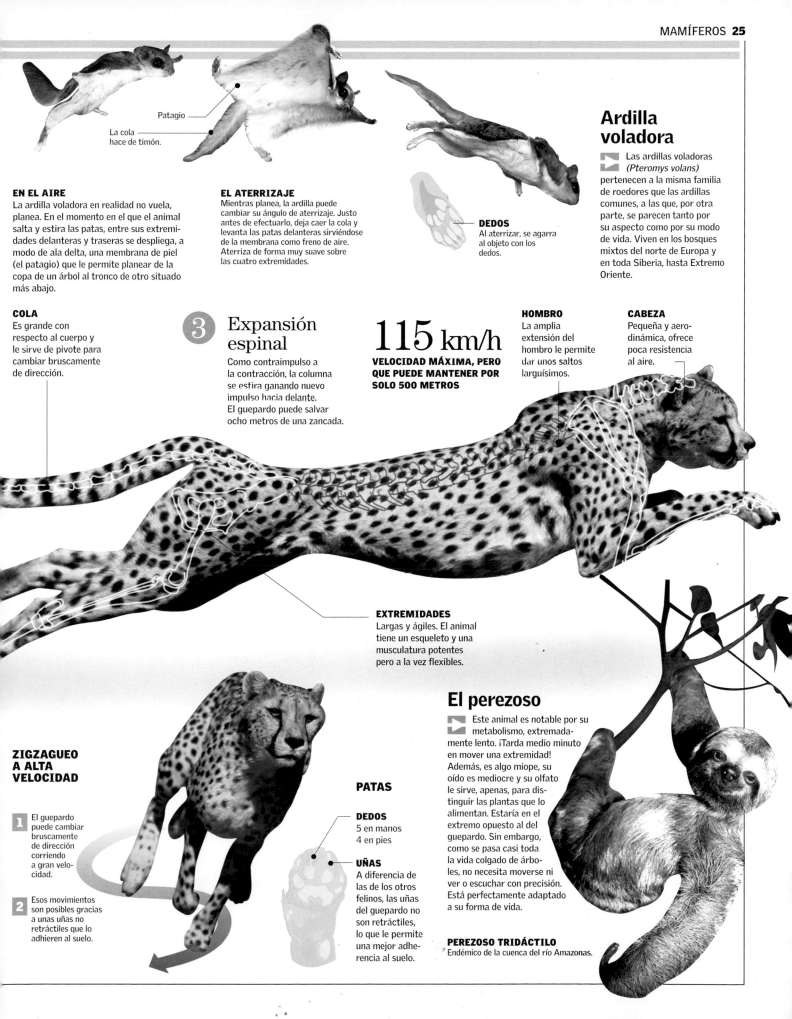

Patagio

La cola hace de timón.

EN EL AIRE

La ardilla voladora en realidad no vuela, planea. En el momento en el que el animal salta y estira las patas, entre sus extremidades delanteras y traseras se despliega, a modo de ala delta, una membrana de piel (el patagio) que le permite planear de la copa de un árbol al tronco de otro situado más abajo.

EL ATERRIZAJE

Mientras planea, la ardilla puede cambiar su ángulo de aterrizaje. Justo antes de efectuarlo, deja caer la cola y levanta las patas delanteras sirviéndose de la membrana como freno de aire. Aterriza de forma muy suave sobre las cuatro extremidades.

DEDOS
Al aterrizar, se agarra al objeto con los dedos.

Ardilla voladora

Las ardillas voladoras (*Pteromys volans*) pertenecen a la misma familia de roedores que las ardillas comunes, a las que, por otra parte, se parecen tanto por su aspecto como por su modo de vida. Viven en los bosques mixtos del norte de Europa y en toda Siberia, hasta Extremo Oriente.

COLA

Es grande con respecto al cuerpo y le sirve de pivote para cambiar bruscamente de dirección.

3 Expansión espinal

Como contraimpulso a la contracción, la columna se estira ganando nuevo impulso hacia delante. El guepardo puede salvar ocho metros de una zancada.

115 km/h

VELOCIDAD MÁXIMA, PERO QUE PUEDE MANTENER POR SOLO 500 METROS

HOMBRO
La amplia extensión del hombro le permite dar unos saltos larguísimos.

CABEZA
Pequeña y aerodinámica, ofrece poca resistencia al aire.

EXTREMIDADES
Largas y ágiles. El animal tiene un esqueleto y una musculatura potentes pero a la vez flexibles.

ZIGZAGUEO A ALTA VELOCIDAD

1 El guepardo puede cambiar bruscamente de dirección corriendo a gran velocidad.

2 Esos movimientos son posibles gracias a unas uñas no retráctiles que lo adhieren al suelo.

PATAS

DEDOS
5 en manos
4 en pies

UÑAS
A diferencia de las de los otros felinos, las uñas del guepardo no son retráctiles, lo que le permite una mejor adherencia al suelo.

El perezoso

Este animal es notable por su metabolismo, extremadamente lento. ¡Tarda medio minuto en mover una extremidad! Además, es algo miope, su oído es mediocre y su olfato le sirve, apenas, para distinguir las plantas que lo alimentan. Estaría en el extremo opuesto al del guepardo. Sin embargo, como se pasa casi toda la vida colgado de árboles, no necesita moverse ni ver o escuchar con precisión. Está perfectamente adaptado a su forma de vida.

PEREZOSO TRIDÁCTILO
Endémico de la cuenca del río Amazonas.

Sentidos desarrollados

El perro ha heredado del lobo un oído y un olfato excelentes. Ambos sentidos cumplen un papel fundamental en su relación con el entorno y en muchas de sus actividades sociales, pero es que según el hábitat en que se desarrollen estos animales dependen de la agudeza de sus sentidos. Mientras que el ser humano recuerda a una persona en imágenes, los perros lo hacen en olores: el olfato es su principal sentido. El perro tiene 44 veces más células olfativas que el hombre, y su área de percepción de olores es de 150 cm². Un perro puede distinguir una molécula de olor entre un millón, y puede oír sonidos tan leves que son imperceptibles para las personas.

Oído

La capacidad auditiva del perro, muy desarrollada, es cuatro veces mayor que la del ser humano. Esa capacidad depende de la forma y la orientación de las orejas, que permiten al animal localizar y atender mejor a los sonidos; unas razas están mejor equipadas que otras. El perro oye tonos más agudos y sonidos más leves, y localiza enseguida el punto de partida del ruido. Detecta sonidos de hasta 40 khz, cuando el límite superior de la audición humana es de 18 khz.

INTERIOR DE LA CÓCLEA

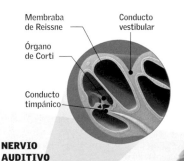

Membraba de Reissne
Conducto vestibular
Órgano de Corti
Conducto timpánico

CARTÍLAGO AURICULAR

LABERINTO
CANALES SEMICIRCULARES

HUESECILLOS AUDITIVOS
YUNQUE
MARTILLO
ESTRIBO

NERVIO AUDITIVO

NERVIO COCLEAR

CANAL AUDITIVO

CAVIDAD INTERMEDIA

CÓCLEA

CANAL AUDITIVO
MEMBRANA TIMPÁNICA

Cúpula

ESTRUCTURA INTERNA DE LA AMPOLLA

La cúpula desvía los sonidos hacia la ampolla, que envía señales eléctricas al cerebro.

Cresta

Células ciliadas

VENTANA OVAL

TROMPA DE EUSTAQUIO

CARACOL

NIVELES AUDITIVOS

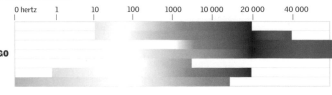

	0 hertz	1	10	100	1000	10 000	20 000	40 000
HOMBRE								
ZORRO								
RATÓN								
MURCIÉLAGO								
RANA								
ELEFANTE								
PÁJAROS								

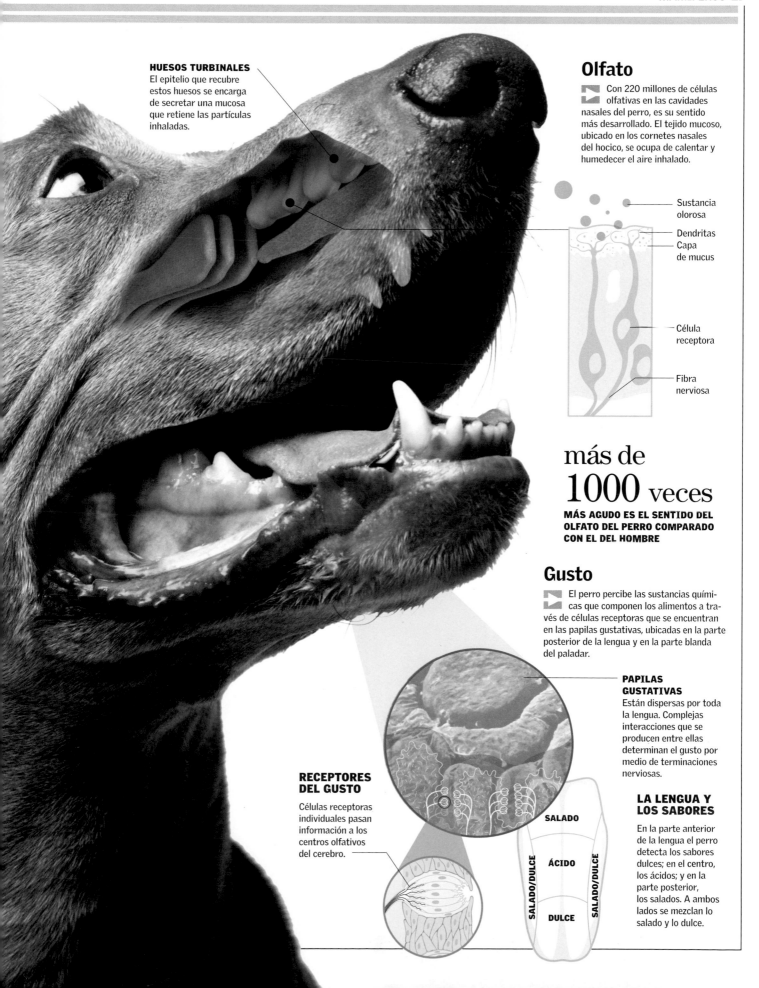

HUESOS TURBINALES
El epitelio que recubre estos huesos se encarga de secretar una mucosa que retiene las partículas inhaladas.

Olfato

Con 220 millones de células olfativas en las cavidades nasales del perro, es su sentido más desarrollado. El tejido mucoso, ubicado en los cornetes nasales del hocico, se ocupa de calentar y humedecer el aire inhalado.

Sustancia olorosa

Dendritas

Capa de mucus

Célula receptora

Fibra nerviosa

más de 1000 veces
MÁS AGUDO ES EL SENTIDO DEL OLFATO DEL PERRO COMPARADO CON EL DEL HOMBRE

Gusto

El perro percibe las sustancias químicas que componen los alimentos a través de células receptoras que se encuentran en las papilas gustativas, ubicadas en la parte posterior de la lengua y en la parte blanda del paladar.

PAPILAS GUSTATIVAS

Están dispersas por toda la lengua. Complejas interacciones que se producen entre ellas determinan el gusto por medio de terminaciones nerviosas.

RECEPTORES DEL GUSTO

Células receptoras individuales pasan información a los centros olfativos del cerebro.

LA LENGUA Y LOS SABORES

En la parte anterior de la lengua el perro detecta los sabores dulces; en el centro, los ácidos; y en la parte posterior, los salados. A ambos lados se mezclan lo salado y lo dulce.

SALADO

SALADO/DULCE

ÁCIDO

SALADO/DULCE

DULCE

Contacto suave

Admirado, adorado y codiciado por los humanos, el pelaje de los animales es mucho más que un abrigo de piel. Para ellos, actúa como capa protectora ante lesiones mecánicas, evita la invasión de gérmenes y regula la pérdida de calor y humedad corporal. En muchas especies, como en el zorro ártico, cambia de color y textura de invierno a verano para mimetizarse con el entorno.

Pelaje y mimetización

Los mamíferos de regiones frías, como el oso polar, tienen un pelaje blanco que los camufla en la nieve. Otros, como el zorro polar o ártico y la liebre americana, tienen un pelaje cuyo color cambia con las estaciones: al vivir en zonas que en invierno se cubren de nieve, su capa marrón de verano los convertiría en presa fácil. A los leones, el color beige les sirve para evitar ser vistos cuando están al acecho de sus presas.

EN INVIERNO
El pelaje del zorro ártico pasa por dos fases de color. En su fase blanca, en invierno, el animal es de un blanco casi puro, lo que lo disimula entre la nieve y el hielo.

EN VERANO
El pelaje de verano del zorro polar (*Alopex lagopus*) tiene la mitad de espesor que el de invierno, con menos de la mitad del subpelaje. El mismo animal que en invierno era blanco es de un marrón grisáceo a gris; algunos pasan por una «fase azul» en la que son más marrones y oscuros.

UVA **EL PELAJE PROTEGE LA PIEL DEL EXCESO DE RADIACIÓN ULTRAVIOLETA**

La piel

EPIDERMIS
Capa externa formada por células planas y resistentes.

DERMIS
Capa con vasos sanguíneos, glándulas y terminaciones nerviosas. Las glándulas sebáceas secretan una sustancia aceitosa, el sebo, en la superficie de la piel.

TEJIDO ADIPOSO
Es un tejido conjuntivo especializado en el que predominan las células conjuntivas llamadas adipocitos, que almacenan energía en forma de triglicéridos.

GLÁNDULA SUDORÍPARA
Cuando el cuerpo está caliente, las glándulas secretan sudor, que pasa por el conducto sudoríparo hasta la superficie de la piel.

TALLO PILOSO

PORO SUDORÍPARO

CAPA CÓRNEA

CORPÚSCULO DE RUFFINI

MÚSCULO ERECTOR

FOLÍCUL

ARTERIA

VENA

LOBO GRIS

LIEBRE

CHINCHILLA

MACACO

ESTRUCTURA DEL PELO

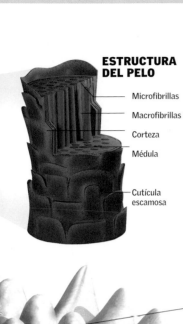

Microfibrillas

Macrofibrillas

Corteza

Médula

Cutícula escamosa

Pelos diversos

El pelaje de la mayoría de los mamíferos se compone de más de un tipo de pelo, cuyos diferentes colores obedecen a un grupo de proteínas llamadas melaninas. El pelaje tiene varias capas. Los pelos de guarda conforman la capa más externa, protectora. Por debajo hay una fina capa denominada felpa, formada por pelos cortos en constante crecimiento y que renueva el pelaje.

PELO DE MURCIÉLAGO
Cada pelo tiene una cutícula externa formada por escamas superpuestas.

PELO DE OSO POLAR
Todos los pelos del oso polar son huecos y están llenos de aire, lo que intensifica el poder aislante de la capa interior.

FIBRA DE LANA

Protofibrilla

Microfibrilla

Macrofibrilla

Corteza 90 %

Cutícula 10 %

LANA AMPLIADA
Es la fibra textil natural más compleja que existe. Absorbe la humedad pero repele el agua.

PÚAS DE PUERCO ESPÍN

Son pelos de guarda modificados, endurecidos, y se prolongan por fuera del pelaje. Forman espinas defensivas.

30 000

EL NÚMERO DE PÚAS QUE TIENE UN PUERCOESPÍN
(23 por cm²)

MINIPÚAS
Escamas punzantes

PAPILA DÉRMICA
Fija la dermis a la epidermis.

DISCO DE MERKEL
Es un receptor sensorial situado debajo de la superficie de la piel. Responde al tacto y la presión ligeros y continuos.

GLÁNDULA SEBÁCEA
Secreta la sustancia cerosa llamada sebo que humedece e impermeabiliza la piel.

CORPÚSCULO DE PACINI
Receptores sensoriales situados debajo de la dermis. Yacen sobre la capa de grasa profunda y detectan vibración y presión.

Pieles aislantes

El aislamiento es una de las funciones de la piel y el pelo de los animales. Ayuda a que conserven el calor del cuerpo pero también, como en el caso del camello, los protege del calor excesivo. En otros casos, el color se confunde con el entorno funcionando como camuflaje.

PELAJE EXTERNO

FELPA

CAPA DE GRASA

MECANISMO DE ERECCIÓN

Base de la púa

Epidermis

Tejido conectivo

Raíz

Retináculo

1 Cuando la púa toca una superficie extraña ejerce una ligera presión hacia abajo, sobre la epidermis.

2 El fino tejido que recubre la raíz de la púa se rompe.

3 El músculo erector recibe la señal de contacto y se contrae.

COATÍ

LOBO MARINO (JUVENIL)

PUERCO ESPÍN

Comportamiento y ciclo vital

L a reproducción de los mamíferos es sexual y con fecundación interna, lo que implica la cópula entre el macho y la hembra. También se caracterizan por la dependencia de las crías de sus progenitores. Sin embargo, extiste un grupo de mamíferos, llamados monotremas, que son ovíparos, es decir, que se reproducen por huevos.

En cuanto al comportamiento de un animal, consiste en una mezcla de componentes heredados y modelados por el aprendizaje. Parte de ese proceso se realiza mediante el juego, momentos en los que los pequeños practican saltos, mordeduras, técnicas de caza y otras habilidades de supervivencia. Todo eso y mucho más, en las siguientes páginas.

Ciclo vital

Nacer, crecer, reproducirse y morir: en los mamíferos este ciclo vital tiene particularidades. Casi como regla general, cuanto más grande es una especie de mamíferos, más años tienden a vivir los individuos, pero menos son las crías que nacen de una hembra por camada o por temporada reproductiva. La mayoría, incluidos los humanos, son placentarios; sus funciones vitales se desarrollan completamente dentro del cuerpo de la madre.

90 años
PROMEDIO DE VIDA DE UNA BALLENA, EL MAMÍFERO MÁS LONGEVO

Placentarios

Es el grupo de mamíferos más grande, el que más se ha multiplicado por el planeta, aunque la forma de gestación y lactancia genera gran desgaste en las hembras y las hace menos prolíficas. La mayoría son poligínicos: pocos machos (los más competitivos) fecundan a muchas hembras, y otros a ninguna. Solo el 3 % de los mamíferos son monógamos durante toda una temporada. En estos casos los machos colaboran en la cría. Los otros machos también ayudan cuando hay pocos recursos, pero, si abundan, la hembra cuida sola la camada y el macho se aparea con otras hembras.

Aprovecha cuevas naturales o excava el suelo.

Destete
DE 35 A 40 DÍAS

Los cachorros permanecen con la madre aun después de terminada la lactancia, para recibir protección y aprender los comportamientos de la especie.

Madurez sexual
DE 5 A 7 MESES

Cuanto mejor alimentado esté el conejo, más rápido alcanzará la capacidad reproductiva. Se considera que es adulto a los 8 o 9 meses, al pesar unos 900 g.

La coneja tiene 4 o 5 pares de tetas.

La coneja se puede aparear en todo momento.

Lactancia
DE 25 A 30 DÍAS

Las crías se alimentan solo con la leche materna hasta que pueden digerir alimento sólido, a los 20 días. Abandonan la madriguera a los 35 o 40 días, pero permanecen en la zona de cría (filopatria).

Gestación
DE 28 A 33 DÍAS

La pasan en una madriguera colectiva (vivar o gazapera) excavada en tierra y tapizada con vegetación y pelos. La hembra la abandonará cuando termine la lactancia.

CONEJO COMÚN
Sylvilagus floridanus

Longevidad
de 4 a 10 años

10 cm

Nacen sin pelo, con la piel semitranslúcida.

AL NACER
Las crías pesan unos 40 o 50 gramos. Hasta el décimo día no abren los ojos.

NÚMERO DE CRÍAS

En general es inversamente proporcional al tamaño de la especie.

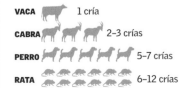

VACA — 1 cría
CABRA — 2–3 crías
PERRO — 5–7 crías
RATA — 6–12 crías

De 3 a 9 crías
POR CAMADA, Y DE 5 A 7 PARTOS ANUALES

Marsupiales

Tras un período muy corto de gestación, se desarrollan en una especie de bolsa parcialmente abierta (el marsupio) que la hembra tiene en el vientre. La mayoría de los ejemplares de las 272 especies conocidas de marsupiales son solitarios salvo en las épocas de apareamiento. En general son animales promiscuos, salvo algunos que, como los ualabíes (pequeños canguros), suelen aparearse con una misma hembra toda su vida.

Lactancia
22 SEMANAS

Un músculo impide que la cría se caiga de la bolsa. A las 22 semanas abre los ojos e incorpora a la dieta una especie de papilla producida por su madre que la prepara para la dieta herbívora.

Gestación
35 DÍAS

Al nacer con las extremidades y los órganos funcionales apenas formados, la cría se debe arrastrar por sí misma desde la cloaca de la hembra hasta la bolsa para continuar su desarrollo.

La cría trepa a la espalda de la madre, que la transporta allí agarrada.

CRÍA AHUYENTADA
Los machos dominantes mantienen alejadas a las crías y a los machos jóvenes.

Los machos dominantes se aparean con todas las hembras.

Algunas hembras van a buscar machos fuertes.

KOALA
Phascolarctos cinereus

Abandono del marsupio
1 AÑO

Cuando la cría tiene un tamaño que le permite valerse por sí misma y ha incorporado la alimentación herbívora, la madre puede volver a quedar preñada, pero su cría aún permanecerá cerca.

Madurez sexual
3 O 4 AÑOS

A los dos años los koalas ya tienen los órganos sexuales desarrollados (las hembras antes que los machos), pero no se empiezan a aparear hasta uno o dos años después.

Al final de la lactancia el pelaje le cubre todo el cuerpo.

2 cm

1 cría
1 PARTO ANUAL

Longevidad de 15 a 20 años

LA LONGEVIDAD

HOMBRE	70 años
ELEFANTE	70
CABALLO	40
JIRAFA	20
GATO	15
PERRO	15
HÁMSTER	3

PERÍODOS DE GESTACIÓN

ANIMAL	MESES
Elefante	23
Jirafa	17
Gibón	9
León	7
Perro	2

COMPARACIÓN DE TAMAÑO DEL HUEVO

La cáscara es blanda y facilita el nacimiento de la cría. A diferencia de las aves, no tiene pico.

GALLINA

EQUIDNA

Monotremas

Los mamíferos cuyas hembras ponen huevos son en general especies solitarias la mayor parte del año. Los ornitorrincos solo se ven en pareja cuando se aparean. Aunque existe un período de cortejo previo, de entre uno y tres meses, después de copular los machos se desvinculan de la hembra y las crías. Las hembras de los equidnas de hocico corto practican la poliandria: copulan con varios machos en cada celo.

Incubación
12 DÍAS

La gestación interna del huevo dura un mes. A continuación, la hembra desova e incuba el huevo para mantenerlo a la temperatura adecuada hasta que nace la cría.

Cría recién nacida

Cascarón

15 mm

de 1 a 3
HUEVOS POR PUESTA

En la bolsa
DE 2 A 3 MESES

Después de romper el cascarón las crías siguen en una especie de bolsa de la hembra donde se amamantan.

Extremidades no desarrolladas

Cueva bajo la tierra o entre rocas

Pelaje ya espinoso

Destete
4 A 6 MESES

A los tres meses las crías pueden salir de la madriguera, o bien quedarse hasta un día y medio solas dentro. Después se separan de la madre.

Longevidad 50 años

EQUIDNA AUSTRALIANO
Tachyglossus aculeatus

Belleza y altura

Conseguir una hembra para aparearse es un gran esfuerzo que el macho debe realizar compitiendo con otros de su misma especie. Cada animal tiene su estilo, y para los ciervos la cornamenta es primordial en la conquista del corazón de la elegida. Quien tenga los cuernos más bellos, largos y afilados será el ganador. Con ellos podrá defender su territorio, cortejar a la hembra y reproducirse.

El ciervo

Es un animal esbelto, robusto, bien conformado y de porte majestuoso y altivo, pero muy tímido y miedoso. Se estima que la especie tiene 400 000 años de antigüedad. Realiza sus actividades al amanecer y el atardecer, y el macho suele vivir en solitario. Las hembras y los ejemplares más jóvenes se organizan en rebaños.

ORDEN	Artiodactyla
FAMILIA	Cervidae
ESPECIE	Cervus elaphus
DIETA	Herbívoro
PESO	180 kg

Peleas

Cuando dos machos se disputan un harén, exhiben la cornamenta para atemorizarse el uno al otro. Las astas también pueden servir para la defensa frente a los predadores.

60 cm

MACHO **HEMBRA**

110 cm 80 cm

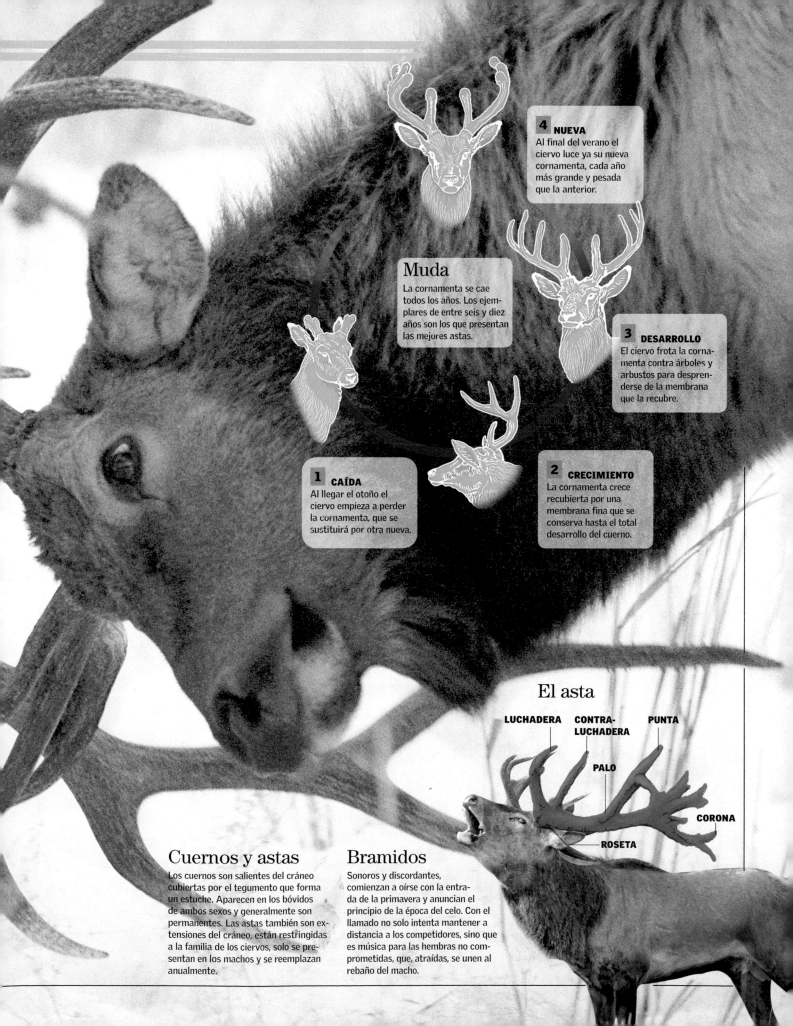

4 NUEVA
Al final del verano el ciervo luce ya su nueva cornamenta, cada año más grande y pesada que la anterior.

Muda

La cornamenta se cae todos los años. Los ejemplares de entre seis y diez años son los que presentan las mejores astas.

3 DESARROLLO
El ciervo frota la cornamenta contra árboles y arbustos para desprenderse de la membrana que la recubre.

1 CAÍDA
Al llegar el otoño el ciervo empieza a perder la cornamenta, que se sustituirá por otra nueva.

2 CRECIMIENTO
La cornamenta crece recubierta por una membrana fina que se conserva hasta el total desarrollo del cuerno.

El asta

LUCHADERA   CONTRA-LUCHADERA   PUNTA

PALO

CORONA

ROSETA

Cuernos y astas

Los cuernos son salientes del cráneo cubiertas por el tegumento que forma un estuche. Aparecen en los bóvidos de ambos sexos y generalmente son permanentes. Las astas también son extensiones del cráneo, están restringidas a la familia de los ciervos, solo se presentan en los machos y se reemplazan anualmente.

Bramidos

Sonoros y discordantes, comienzan a oírse con la entrada de la primavera y anuncian el principio de la época del celo. Con el llamado no solo intenta mantener a distancia a los competidores, sino que es música para las hembras no comprometidas, que, atraídas, se unen al rebaño del macho.

Mamíferos ovíparos

Las hembras de los mamíferos no suelen poner huevos, pero las de los asombrosos monotremas sí lo hacen: en lugar de parir crías, son ovíparas. Son de sangre caliente, tienen pelo y alimentan a los recién nacidos mediante glándulas mamarias, aunque carecen de pezón. Los ornitorrincos parecen un cóctel de la naturaleza, porque distintas partes de su cuerpo se asemejan a las de animales muy diversos. Los equidnas, la única otra especie de monotremas, están cubiertos de púas, y sus crías crecen en la bolsa de la madre.

El ornitorrinco

Con piel de topo, cola de castor, patas de rana, espolón de gallo y pico de pato, el ornitorrinco es un mamífero semiacuático endémico del este de Australia y la isla de Tasmania. A orillas de los ríos construye madrigueras que consisten en una larga galería.

FAMILIA	Ornithorhynchidae
ESPECIE	Ornithorhynchus anatinus
DIETA	Herbívoro
PESO	2,5 kg

40 a 60 cm

HOCICO
Tiene electrorreceptores sensibles que pueden percibir el campo eléctrico generado por los músculos de una presa.

30 m
PUEDE LLEGAR A MEDIR LA MADRIGUERA DE UN ORNITORRINCO

El equidna

Vive en Australia, Nueva Guinea y Tasmania. Tiene el hocico alargado en forma de pico, sin dientes, y una lengua alargada y retráctil. Son grandes excavadores e hibernan bajo tierra. Pueden llegar a vivir 50 años y su pelaje varía según la especie.

FAMILIA	Tachyglossidae
ESPECIE	Tachyglossus aculeatus
TAMAÑO ADULTO	

30 a 90 cm

LENGUA RETRÁCTIL
Una sustancia pegajosa que tiene en la lengua (larga y delgada) le permite atrapar termitas y hormigas.

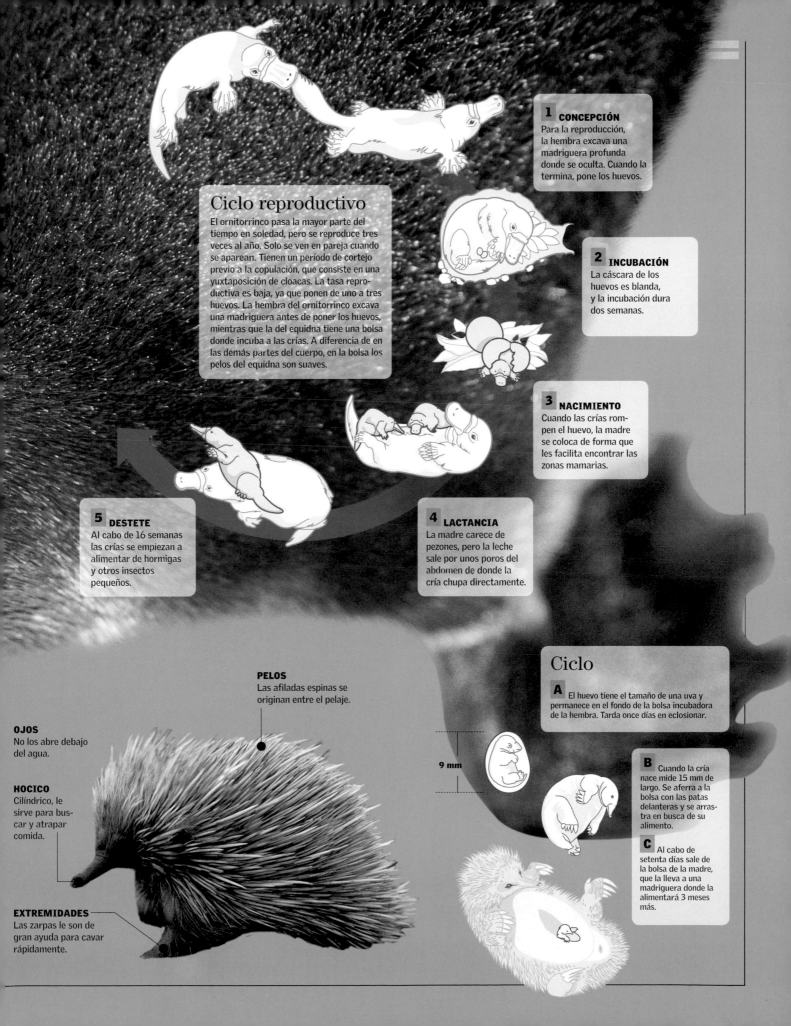

Ciclo reproductivo

El ornitorrinco pasa la mayor parte del tiempo en soledad, pero se reproduce tres veces al año. Solo se ven en pareja cuando se aparean. Tienen un período de cortejo previo a la copulación, que consiste en una yuxtaposición de cloacas. La tasa reproductiva es baja, ya que ponen de uno a tres huevos. La hembra del ornitorrinco excava una madriguera antes de poner los huevos, mientras que la del equidna tiene una bolsa donde incuba a las crías. A diferencia de en las demás partes del cuerpo, en la bolsa los pelos del equidna son suaves.

1 CONCEPCIÓN
Para la reproducción, la hembra excava una madriguera profunda donde se oculta. Cuando la termina, pone los huevos.

2 INCUBACIÓN
La cáscara de los huevos es blanda, y la incubación dura dos semanas.

3 NACIMIENTO
Cuando las crías rompen el huevo, la madre se coloca de forma que les facilita encontrar las zonas mamarias.

4 LACTANCIA
La madre carece de pezones, pero la leche sale por unos poros del abdomen de donde la cría chupa directamente.

5 DESTETE
Al cabo de 16 semanas las crías se empiezan a alimentar de hormigas y otros insectos pequeños.

Ciclo

A El huevo tiene el tamaño de una uva y permanece en el fondo de la bolsa incubadora de la hembra. Tarda once días en eclosionar.

9 mm

B Cuando la cría nace mide 15 mm de largo. Se aferra a la bolsa con las patas delanteras y se arrastra en busca de su alimento.

C Al cabo de setenta días sale de la bolsa de la madre, que la lleva a una madriguera donde la alimentará 3 meses más.

PELOS
Las afiladas espinas se originan entre el pelaje.

OJOS
No los abre debajo del agua.

HOCICO
Cilíndrico, le sirve para buscar y atrapar comida.

EXTREMIDADES
Las zarpas le son de gran ayuda para cavar rápidamente.

Guardería eficaz

Las hembras marsupiales transportan a sus crías recién nacidas en el marsupio, una especie de bolsa pegada a su vientre. Las crías llegan al mundo en un estado de desarrollo poco avanzado, después de un período de gestación que varía entre dos y cinco semanas. Al salir, deben subir al marsupio inmediatamente y sin más ayuda que la de sus patas delanteras, sin lo cual no podrían sobrevivir. Allí dentro estarán protegidas y serán abastecidas continuamente de leche a través de los cuatro pezones de la madre para completar su crecimiento antes de salir de la bolsa al mundo exterior.

El canguro rojo

La de los canguros es una familia en la que se distinguen varios grupos, entre ellos los ualabíes y los canguros arborícolas. Viven en Australia y Papúa Nueva Guinea, nunca a más de 15 km del agua, y son el prototipo del marsupial. Tienen unas patas traseras grandes y musculosas que les permiten dar grandes saltos consecutivos en una carrera de entre 24 y 32 km/h. Mantienen el equilibrio de pie solo sobre las patas traseras. Su hueso del talón (calcáneo) es largo y actúa como una palanca.

CICLO REPRODUCTIVO

| 0 DÍA | 237 DÍAS |
| NACIMIENTO DE UN CANGURO | NACE UN NUEVO CANGURO |

| 2 DÍAS | 236 DÍAS | 238 DÍAS |
| CELO Y NUEVA CONCEPCIÓN | LA CRÍA SE INDEPENDIZA | CELO Y NUEVA CONCEPCIÓN |

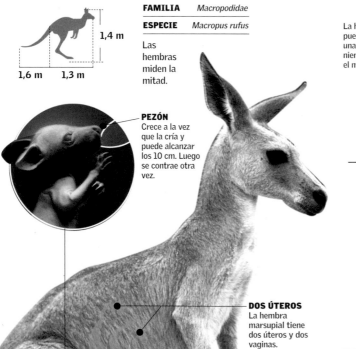

FAMILIA *Macropodidae*

ESPECIE *Macropus rufus*

Las hembras miden la mitad.

1,4 m
1,6 m 1,3 m

PEZÓN
Crece a la vez que la cría y puede alcanzar los 10 cm. Luego se contrae otra vez.

DOS ÚTEROS
La hembra marsupial tiene dos úteros y dos vaginas.

La hembra puede parir una cría teniendo otra en el marsupio.

1 Allanar camino
Cuando se prepara para parir, la hembra canguro se lame el pelaje del vientre para abrir una especie de camino, de unos 14 cm, que la cría tendrá que seguir para llegar a la entrada de la bolsa, ubicada más arriba.

2 Maratón
Los pequeños canguros nacen a las pocas semanas de gestación, en una etapa precoz de su desarrollo, pesando menos de cinco gramos. No ven ni oyen. Solo mueven las patas delanteras, con las que se arrastran siguiendo el rastro de saliva de la madre, guiados por el olfato.

El cangurito debe llegar en tres minutos a la bolsa; si no lo logra, no sobrevive.

DESALOJO DEL MARSUPIO
A los ocho meses la cría deja la bolsa y empieza a incorporar hierba a su dieta, pero seguirá mamando hasta los 18 meses.

3 Lactancia
Al llegar al marsupio, la cría se amorra a uno de los cuatro pezones que hay dentro. Por entonces es de color rojo y de aspecto frágil, pero en los siguientes cuatro meses, durante los cuales no saldrá de la bolsa, no dejará de crecer.

Entrada en el marsupio

A Al cabo de unos ocho meses el canguro puede salir del marsupio, pero vuelve a él para ser amamantado y protegido.

B Ayudándose con las patas delanteras, mete de cabeza y, una vez dentro de la bolsa, se da la vuelta.

C Cuando ya alterna la leche con hierba del exterior, el canguro pequeño saca la cabeza para comerla sin salir de la bolsa.

20 mm

ES LO QUE MIDE UNA CRÍA CUANDO ENTRA EN EL MARSUPIO

Placenta milagrosa

El más grande de los grupos reproductivos es el de los mamíferos placentarios, cuyas crías se desarrollan en el útero de la hembra. Durante la gestación, el alimento y el oxígeno pasan de la madre al feto a través de un órgano llamado placenta, que tiene la función de permitir el intercambio de sustancias a través de la sangre. Al nacer, por lo general las crías no tienen pelo, son sordas y ciegas y se alimentan de la leche que secretan las glándulas mamarias de la hembra, que se activan tras el parto.

Gestación de la rata

 La gestación dura entre 22 y 24 días. La placenta es hemocorial (o discoidal), y los ovarios son indispensables para mantener la gestación: si se procede a una ovariectomía en cualquier etapa de la gestación, indefectiblemente se produce un aborto o, en su defecto, la reabsorción de los fetos, ya que la placenta deja de producir suficiente progesterona como para mantener la gestación. El crecimiento de los cuernos uterinos se hace visible a los 13 días de gestación.

1

1 a 2 días

El embrión de un ratón en la etapa de las dos células. A los dos días serán cuatro células y el tercer día entrará en el útero.

2

4 a 5 días

En este momento el embrión está formado por cuatro células y recubierto de una fina capa de glicoproteína. Se implanta en el útero.

3

YEMA
Blastocito implantado con cono trofoblástico y la masa interna de la célula.

6 a 8 días

El blastocito está implantado e instalado en el útero. El feto se empieza a formar y el blastocito se convierte en saco vitelino.

OJO
El ojo comienza a desarrollarse y se empieza a ver.

CEREBRO
El cerebro está en formación y se ve en transparencia.

ÓRGANOS
Se ve cómo los órganos internos comienzan a formarse.

4

11,5 días

El embrión ya se ha sujetado al saco embrionario, una especie de globo que recubre el feto, y a la placenta. El cerebro, los ojos y las piernas comienzan a formarse.

5

14,5 días

Los ojos ya son visibles, así como las extremidades, y se empiezan a formar los órganos internos. Se forma un precartílago maxilar, así como el oído externo.

PATAS
Las extremidades están en proceso de formación.

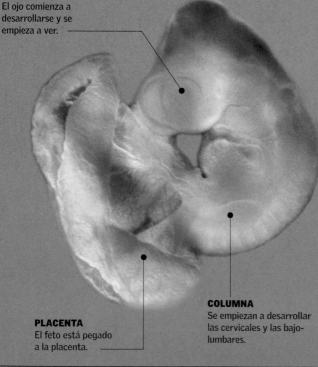

PLACENTA
El feto está pegado a la placenta.

COLUMNA
Se empiezan a desarrollar las cervicales y las bajolumbares.

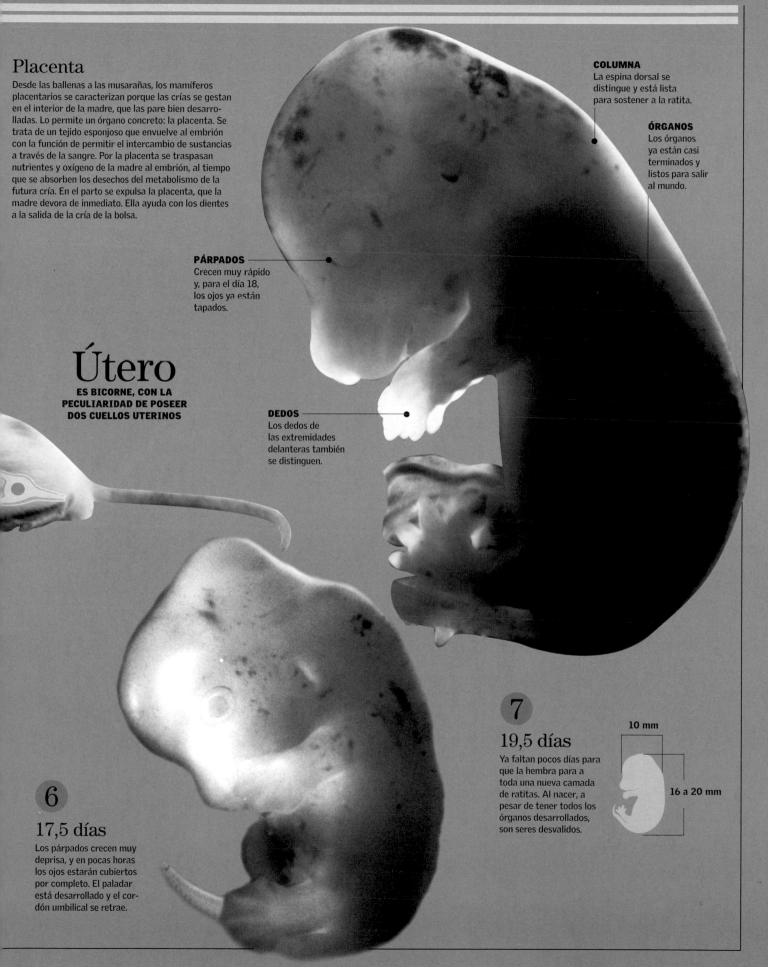

Placenta

Desde las ballenas a las musarañas, los mamíferos placentarios se caracterizan porque las crías se gestan en el interior de la madre, que las pare bien desarrolladas. Lo permite un órgano concreto: la placenta. Se trata de un tejido esponjoso que envuelve al embrión con la función de permitir el intercambio de sustancias a través de la sangre. Por la placenta se traspasan nutrientes y oxígeno de la madre al embrión, al tiempo que se absorben los desechos del metabolismo de la futura cría. En el parto se expulsa la placenta, que la madre devora de inmediato. Ella ayuda con los dientes a la salida de la cría de la bolsa.

Útero

ES BICORNE, CON LA PECULIARIDAD DE POSEER DOS CUELLOS UTERINOS

COLUMNA
La espina dorsal se distingue y está lista para sostener a la ratita.

ÓRGANOS
Los órganos ya están casi terminados y listos para salir al mundo.

PÁRPADOS
Crecen muy rápido y, para el día 18, los ojos ya están tapados.

DEDOS
Los dedos de las extremidades delanteras también se distinguen.

6

17,5 días

Los párpados crecen muy deprisa, y en pocas horas los ojos estarán cubiertos por completo. El paladar está desarrollado y el cordón umbilical se retrae.

7

19,5 días

Ya faltan pocos días para que la hembra para a toda una nueva camada de ratitas. Al nacer, a pesar de tener todos los órganos desarrollados, son seres desvalidos.

10 mm

16 a 20 mm

Primeros días

Comparados con otros animales, los mamíferos cuyas crías se desarrollan dentro del útero les dedican mucha más atención, porque al nacer los cachorros son incapaces de vivir por sus propios medios. Así que deben limpiarlos, alimentarlos y darles calor. La evolución del perro pasa por diferentes etapas. La primera es la neonatal, que dura desde que abre los ojos hasta que empieza a oír. Luego viene la de socialización, que va del día 21 a los 70 días, y, por último, está la juvenil, de los 70 días en adelante.

Camada de 3 a 8 crías

LA PERRA RECONOCE A TODOS SUS CACHORROS Y SE DA CUENTA SI LE QUITAN UNO

Lactancia

Es esencial en el proceso reproductivo de los mamíferos. En las primeras etapas de su vida las crías de la mayor parte de los placentarios son totalmente dependientes de la secreción láctea mamaria.

AÑOS

	Gorila	Delfín	Elefante asiático	León	Perro
4	3 a 4 años				
3					
2		18 meses	18 meses		
1				7 a 10 meses	
0					7 semanas

MAMAS

Nacimiento

Como los humanos, los perros se desarrollan despacio después del nacimiento, porque llegan al mundo sin estar completamente formados, incapaces de vivir por sus propios medios. Por eso sus padres y demás miembros de la jauría organizan en torno a ellos un ambiente estructurado y de cuidado.

PARTO
El primer cachorro nace entre una y dos horas después de las primeras contracciones.

PELO MOJADO
Una vez seco, el cachorro busca la teta para mamar calostro, compuesto, entre otras, por sustancias inmunológicas.

MEMBRANA
La placenta que envuelve al cachorro.

REFLEJO DE SOBRESALTO
A los 20 días el cachorro empieza a oír y reacciona al ruido.

REFLEJO TÁCTIL
Empuja con el hocico hasta esconderse.

Hasta los 20 días

El período en que el cachorro depende totalmente de la madre dura desde el nacimiento hasta los 15 o 20 días, cuando abre los ojos. Hasta entonces está indefenso, busca el contacto con las mamas y grita si se encuentra solo. Tiene poca capacidad para mantenerse caliente y necesita el estímulo de su madre hasta para evacuar.

ES CIEGO
Los ojos están cerrados.

PIEL
Pelo corto
y suave.

Los cachorros

Al nacer, el cachorro no reconoce de forma innata a los miembros de su especie, como si no supiera que es un perro. Esto debe aprenderlo, y la madre y el resto de la camada son los encargados de enseñárselo.

**POSICIÓN DE
LA MADRE**
La madre se echa
para facilitar el
acceso de los
cachorros a las
mamas.

TRANSPORTE
Para recuperar a sus cachorros mientras son débiles y aún no caminan, la madre los levanta por la piel de la nuca y los lleva al nido. A los 15 días de las crías, la perra se hace consciente de la existencia de la camada, ve a los perritos como un grupo y se da cuenta si le falta uno.

**CACHORRO
PERDIDO**

NIDO

La madre
traslada a los
cachorros sin
lastimarlos.

LA MADRE
Las relaciones del cachorro con su madre y hermanos son fundamentales en el desarrollo posterior del perro, pues aunque los esquemas sociales y de relación son en gran parte innatos requieren moldeo, ensayo y experiencias para madurar correctamente.

DE PIE
La madre ya no necesita echarse y tiene libertad para alejarse.

LOS OJOS
Permanecen
cerrados dos
o tres semanas.

REFLEJO EXTENSOR
A los doce días, al levantarlo, el cachorro extiende las patas traseras.

De los 21 a los 70 días

El destete natural empieza cuando la madre ofrece al cachorro alimento predigerido en sustitución de la leche. Cuando la hembra vuelve de cazar tiene olor en la boca, y los cachorritos, estimulados por él, la olfatean, le lamen el hocico, se lo frotan y le mordisquean las fauces y la cara, lo que estimula la regurgitación del alimento. En esta etapa los cachorritos tienen dientes de leche y pueden empezar a comer ese alimento.

FUERZA
Los cachorros
ya son
autónomos.

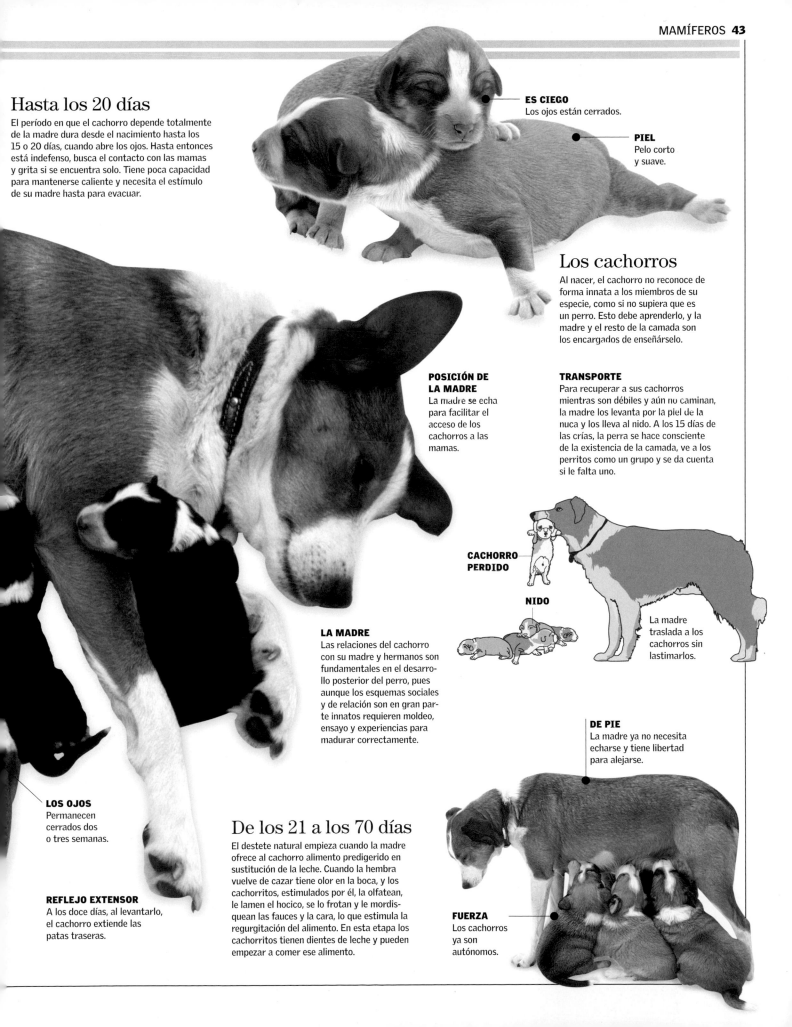

Desarrollo y crecimiento

En los mamíferos jóvenes el juego es mucho más que un entretenimiento. Aunque parece carente de sentido y de un fin concreto, en las primeras etapas de la vida esta actividad es para ellos la forma de aprender a ser parte de su especie y, a la vez, a adquirir recursos básicos para la supervivencia. En sus juegos, el chimpancé ejecuta acciones instintivas primarias que con el tiempo se perfeccionarán, tales como el uso de herramientas, el balanceo en un árbol o formas de comunicación. Los jóvenes se expresan mediante sonidos, gestos faciales y posturas corporales que imitan de los adultos. El juego les permite además desarrollar su fuerza muscular y lograr una buena coordinación motriz.

Más de 15

TIPOS DE LLAMADAS

Son las que emite el chimpancé, entre ellas una de advertencia que consiste en chillidos y gruñidos que se oyen a dos kilómetros de distancia. Estos gritos son únicos y pueden ayudar a identificar al miembro de la especie que las lanza.

Esta expresión comunica terror.

Con este gesto transmite sumisión.

Cuando pone esta cara está preocupado.

Comunicación

Algunos mamíferos, y en particular los chimpancés, se comunican por medio de expresiones faciales. Esta capacidad está ya bien desarrollada en los primates jóvenes, que expresan, entre otras sensaciones, miedo, sumisión o preocupación.

Juegos

Lo que los humanos llamamos juego parece estar restringido solo a los mamíferos, porque son los que tienen los sentidos mejor desarrollados, además de inteligencia y capacidad de aprender. Los mamíferos llevan a cabo su aprendizaje por medio del juego.

Relaciones sociales

El juego también ayuda a la identificación del mono con su especie. Proporciona una base de aprendizaje para la comunicación mediante sonidos y posturas corporales que expresen, por ejemplo, sumisión o dominación.

IDENTIFICACIÓN

Bastan quince minutos diarios de juego entre iguales para moderar los efectos del aislamiento social.

Supervivencia

El juego también sirve para aprender a sobrevivir en un hábitat salvaje. Entrena a los carnívoros en técnicas de caza y a los herbívoros para detectar peligros y huir de ellos.

Extremidades

El chimpancé se caracteriza por unos brazos largos y fuertes, así como por unos pulgares y dedos gordos del pie oponibles. Tanto los dedos de sus manos como los de sus pies son grandes, lo que le permite trepar con mucha facilidad y sostener una rama con el pie mientras arranca un fruto con la mano.

Dedo gordo oponible

Pulgar oponible

Dedos largos

Cuando se desplaza a cuatro patas, apoya las plantas de los pies y los nudillos de las manos.

Uso de herramientas

Muy pocos mamíferos se sirven de herramientas, pero los chimpancés sí son capaces de hacerlo. Por ejemplo, ensartan termitas en varillas y beben agua en hojas a modo de cuenco. Los jóvenes adquieren esta habilidad a partir de la observación de los adultos.

Habla

PUEDEN APRENDER Y EXPRESAR PALABRAS MEDIANTE EL LENGUAJE DE LOS SORDOMUDOS

PERCEPCIÓN

Poseen habilidades sensoriales muy similares a las del hombre y distinguen mejor los olores. Gracias a su gran cerebro, son muy inteligentes y pueden comunicarse con el hombre mediante señas.

Un chimpancé hurga en un tronco en busca de termitas valiéndose de un palo como herramienta.

VIDA COLGADA
Uno de los grandes entretenimientos del mono es colgarse de los árboles. Este ejercicio mejora su coordinación y fortalece sus brazos.

Carnívoros

El grupo de los carnívoros lo integran las especies cuya alimentación se basa en la caza de otros animales. Entre sus características principales está el tipo de dentadura que presentan, con la que cortan y desgarran con eficacia la carne de sus presas. Los leones, los más sociales de entre los felinos, tienen muy buena vista y el oído agudo; viven en manada y, cuando salen a cazar, lo hacen en grupo.

El león

Se caracteriza por una complexión fuerte y musculosa. Un macho necesita siete kilos diarios de carne, en tanto que una hembra necesita cinco. Tienen un aparato digestivo corto, que absorbe con rapidez los nutrientes de la carne ingerida.

Dentadura

PREMOLARES SUPERIORES

INCISIVOS SUPERIORES

CANINO SUPERIOR

MUELAS CARNICERAS

Son muy grandes, y las coronas dentales son dos largas cuchillas dispuestas en cizalla que encajan entre sí. Con ellas cortan y mastican la carne a la perfección.

PREMOLARES INFERIORES

CANINO INFERIOR

INCISIVOS INFERIORES

La caza

1 AL ACECHO
Escondida entre las hierbas, una leona se acerca con sigilo a la presa. Otras hembras esperan escondidas.

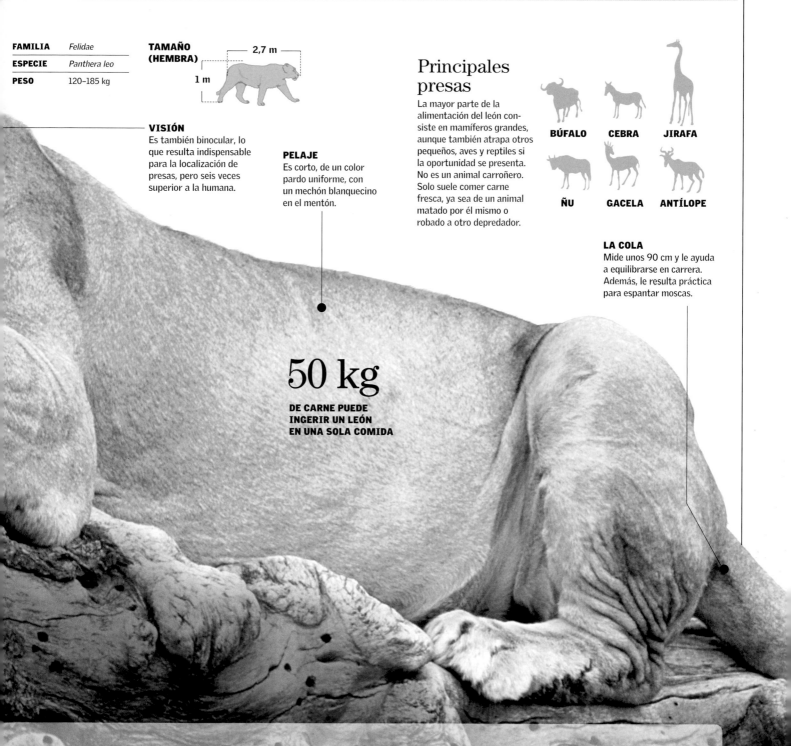

FAMILIA	Felidae
ESPECIE	Panthera leo
PESO	120–185 kg

TAMAÑO (HEMBRA)

2,7 m

1 m

VISIÓN
Es también binocular, lo que resulta indispensable para la localización de presas, pero seis veces superior a la humana.

PELAJE
Es corto, de un color pardo uniforme, con un mechón blanquecino en el mentón.

Principales presas

La mayor parte de la alimentación del león consiste en mamíferos grandes, aunque también atrapa otros pequeños, aves y reptiles si la oportunidad se presenta. No es un animal carroñero. Solo suele comer carne fresca, ya sea de un animal matado por él mismo o robado a otro depredador.

BÚFALO **CEBRA** **JIRAFA**

ÑU **GACELA** **ANTÍLOPE**

LA COLA
Mide unos 90 cm y le ayuda a equilibrarse en carrera. Además, le resulta práctica para espantar moscas.

50 kg

DE CARNE PUEDE INGERIR UN LEÓN EN UNA SOLA COMIDA

2 ACELERACIÓN
Cuando la presa está a pocos metros, inicia la carrera para atraparla. Supera los 50 km/h y las demás leonas se incorporan a la caza.

3 SALTO
La leona se lanza con todo el peso de su cuerpo sobre el cuello de la presa para abatirla; si lo logra, la caza será positiva.

4 MORDIDA LETAL
La presa cae y la leona le clava los colmillos en el cuello y la sujeta hasta que muere. Se acercan las otras hembras.

Herbívoros

L os rumiantes, como las vacas, las ovejas o los ciervos, tienen un estómago formado por cuatro cámaras con el que llevan a cabo una particular digestión. Dado que estos animales necesitan comer gran cantidad de hierba en muy poco tiempo porque si no serían presa fácil de los depredadores, han desarrollado un aparato digestivo que les permite tragar el alimento, guardarlo y luego devolverlo a la boca para masticarlo con tranquilidad. Cuando llevan a cabo esta actividad se dice que rumian.

REFERENCIAS

- INGESTIÓN Y FERMENTACIÓN
- RUMIADURA
- REABSORCIÓN DE NUTRIENTES
- DIGESTIÓN ÁCIDA
- DIGESTIÓN Y ABSORCIÓN
- FERMENTACIÓN Y DIGESTIÓN

Dentadura

Los animales herbívoros, como los equinos y los bóvidos, presentan molares de superficie grande y plana para triturar el alimento, e incisivos cortantes para cortar la hierba. En los dientes molares es donde se produce la trituración.

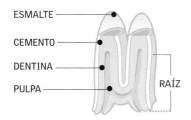

- ESMALTE
- CEMENTO
- DENTINA
- PULPA
- RAÍZ

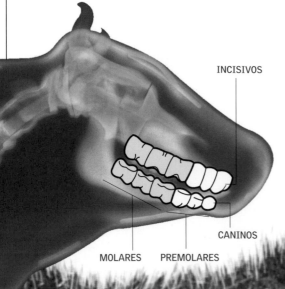

- INCISIVOS
- CANINOS
- MOLARES
- PREMOLARES

La vaca envuelve la hierba con la lengua.

Luego la mastica con movimientos laterales.

1

La vaca mastica un poco la hierba y la ingiere. Va a parar a los dos primeros estómagos: el rumen y el retículo. La comida pasa continuamente del rumen al retículo (casi una vez por minuto) mientras diversas colonias de bacterias empiezan a fermentar el alimento.

RUMIADURA

Los rumiantes reducen con ella el tamaño de las partículas de los alimentos ingeridos. Es parte del proceso que les permite obtener energía de las paredes de las células de las plantas, la llamada fibra.

- **A** REGURGITACIÓN
- **B** REMASTICACIÓN
- **C** RESALIVACIÓN
- **D** REINGESTIÓN

2

Cuando la vaca se siente saciada, regurgita bolas de comida desde el rumen y las vuelve a masticar en la boca. Es la llamada rumiadura. El proceso estimula la salivación y, como la digestión, es muy lento. La rumiadura, junto con la intervención de microorganismos anaeróbicos como protozoos, bacterias y hongos, mejora la digestión del animal.

150

LITROS DE SALIVA SE PRODUCEN A DIARIO EN EL PROCESO

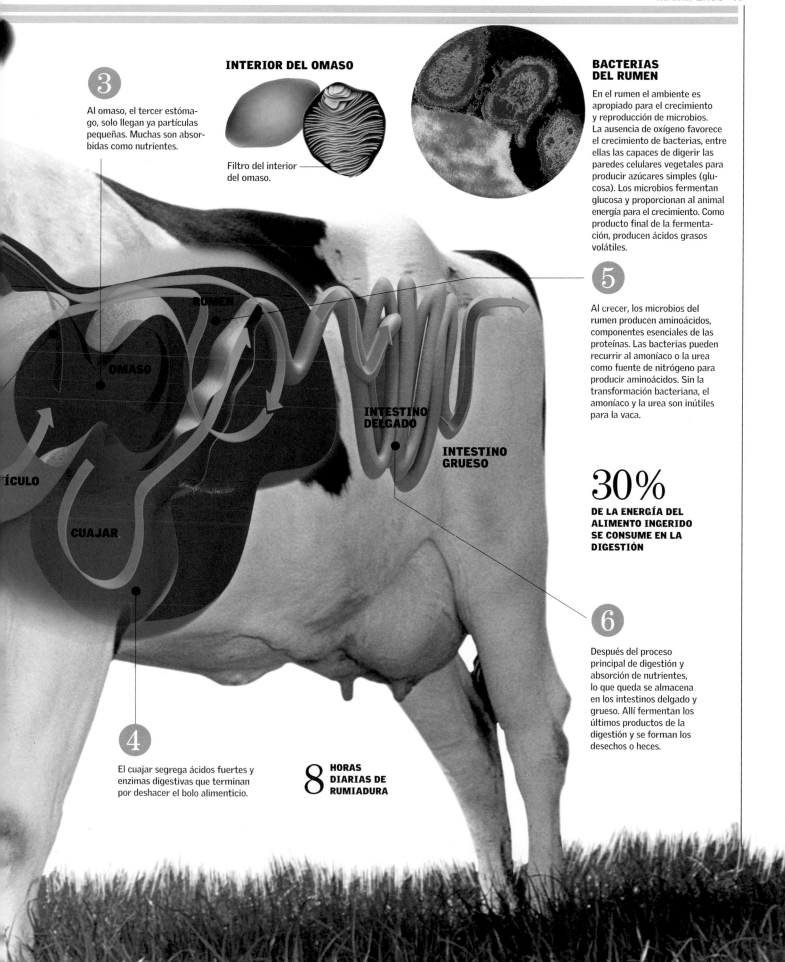

3

Al omaso, el tercer estómago, solo llegan ya partículas pequeñas. Muchas son absorbidas como nutrientes.

INTERIOR DEL OMASO

Filtro del interior del omaso.

BACTERIAS DEL RUMEN

En el rumen el ambiente es apropiado para el crecimiento y reproducción de microbios. La ausencia de oxígeno favorece el crecimiento de bacterias, entre ellas las capaces de digerir las paredes celulares vegetales para producir azúcares simples (glucosa). Los microbios fermentan glucosa y proporcionan al animal energía para el crecimiento. Como producto final de la fermentación, producen ácidos grasos volátiles.

5

Al crecer, los microbios del rumen producen aminoácidos, componentes esenciales de las proteínas. Las bacterias pueden recurrir al amoníaco o la urea como fuente de nitrógeno para producir aminoácidos. Sin la transformación bacteriana, el amoníaco y la urea son inútiles para la vaca.

RUMEN

OMASO

ÍCULO

INTESTINO DELGADO

INTESTINO GRUESO

CUAJAR

30% DE LA ENERGÍA DEL ALIMENTO INGERIDO SE CONSUME EN LA DIGESTIÓN

6

Después del proceso principal de digestión y absorción de nutrientes, lo que queda se almacena en los intestinos delgado y grueso. Allí fermentan los últimos productos de la digestión y se forman los desechos o heces.

4

El cuajar segrega ácidos fuertes y enzimas digestivas que terminan por deshacer el bolo alimenticio.

8 HORAS DIARIAS DE RUMIADURA

La gran cadena

La conservación del equilibrio ecológico requiere la existencia de presas y de predadores. Las especies cazadoras aseguran una reducción sostenida del número de individuos de las especies predadas: si no existieran, las segundas podrían proliferar hasta provocar el colapso del ecosistema, porque acabaría faltándoles alimento. La desaparición de predadores por intervención del hombre (cuya capacidad predatoria excede a la de cualquier otra especie viva) es la causa de muchos desequilibrios de ciertos hábitats. En realidad, los mamíferos no conforman una cadena trófica por sí mismos: dependen de la intervención de vegetales y de otros vertebrados e invertebrados.

El equilibrio del sistema

En las cadenas tróficas de un ecosistema terrestre, con mamíferos en varios niveles, el equilibrio natural es muy eficiente. Para que se mantenga, nunca puede haber más herbívoros que plantas, ni más carnívoros que herbívoros. Si hubiese más herbívoros que plantas, se comerían toda la vegetación y sufrirían una drástica reducción de su población. Lo mismo pasaría si hubiese más carnívoros que herbívoros.

La pirámide trófica

En un ecosistema la energía se transfiere de un nivel a otro, perdiéndose un poco en cada paso. Lo que se retiene en un nivel es la energía potencial que aprovechará el siguiente. La biomasa es la masa total de la materia viva, pudiendo aplicarse el término a un determinado nivel, población, comunidad.

Consumidores terciarios

Consumidores secundarios

Consumidores primarios

Productores primarios (plantas)

Energía consumida

Población

ES MAYOR A MEDIDA QUE SE DESCIENDE EN LA PIRÁMIDE

Nivel 1

Por su capacidad de fotosíntesis, solo las plantas y las algas pueden transformar la materia inorgánica en orgánica: son el inicio de toda la cadena.

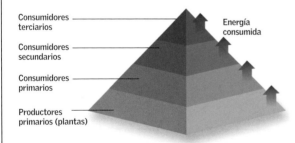

Nivel 4

Los grandes carnívoros están en lo alto de la cadena alimentaria: no hay especies predadoras que regulen su población.

GINETA

Como muchos grandes felinos y cánidos superpredadores, está en peligro de extinción por la intervención humana.

Nivel 3

Los pequeños carnívoros se alimentan de pequeños mamíferos herbívoros, o de pájaros, peces o invertebrados. A su vez, deben cuidarse de otras especies más grandes.

COMPETENCIA

En un mismo nivel, distintos roedores herbívoros (como ratas y perritos de las praderas) compiten entre sí por el alimento.

Nivel 2

Los consumidores primarios devoran los organismos autótrofos (plantas o algas) de los que depende su subsistencia. Otros mamíferos se alimentan de ellos.

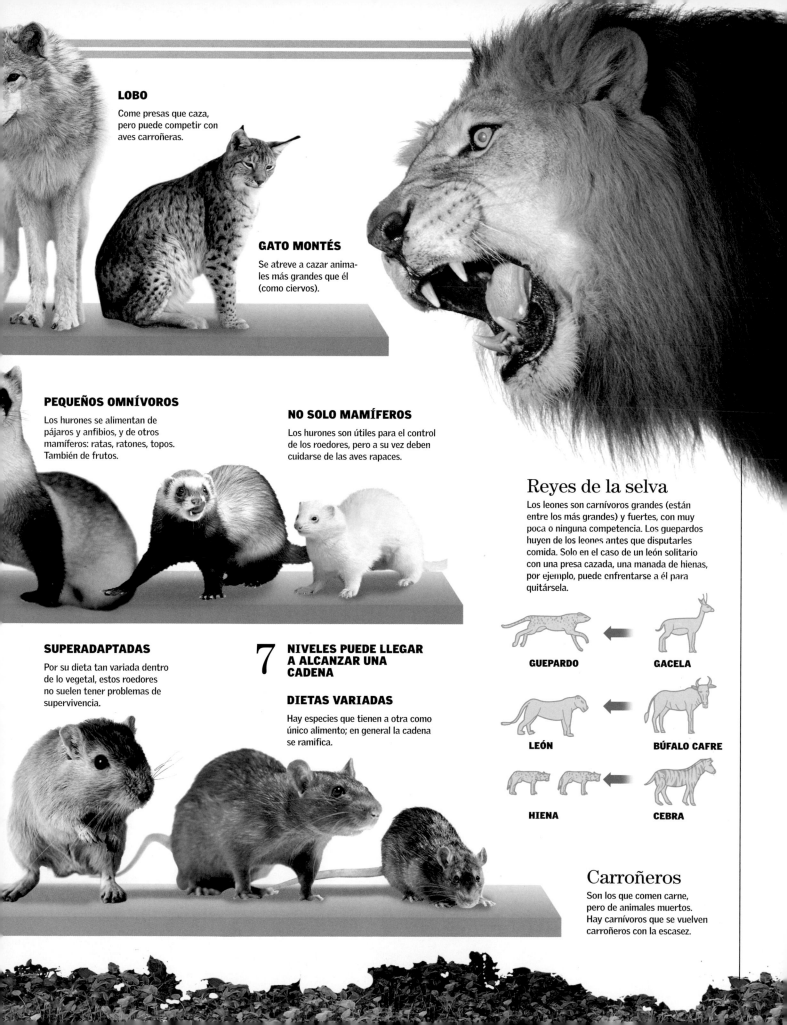

LOBO

Come presas que caza, pero puede competir con aves carroñeras.

GATO MONTÉS

Se atreve a cazar animales más grandes que él (como ciervos).

PEQUEÑOS OMNÍVOROS

Los hurones se alimentan de pájaros y anfibios, y de otros mamíferos: ratas, ratones, topos. También de frutos.

NO SOLO MAMÍFEROS

Los hurones son útiles para el control de los roedores, pero a su vez deben cuidarse de las aves rapaces.

SUPERADAPTADAS

Por su dieta tan variada dentro de lo vegetal, estos roedores no suelen tener problemas de supervivencia.

7 NIVELES PUEDE LLEGAR A ALCANZAR UNA CADENA

DIETAS VARIADAS

Hay especies que tienen a otra como único alimento; en general la cadena se ramifica.

Reyes de la selva

Los leones son carnívoros grandes (están entre los más grandes) y fuertes, con muy poca o ninguna competencia. Los guepardos huyen de los leones antes que disputarles comida. Solo en el caso de un león solitario con una presa cazada, una manada de hienas, por ejemplo, puede enfrentarse a él para quitársela.

GUEPARDO ← **GACELA**

LEÓN ← **BÚFALO CAFRE**

HIENA ← **CEBRA**

Carroñeros

Son los que comen carne, pero de animales muertos. Hay carnívoros que se vuelven carroñeros con la escasez.

Uno para todos

Los suricatas son unos pequeños mamíferos que viven en colonias subterráneas. Un vigía guarda la entrada y dentro las madres cuidan de sus crías. Durante el día salen al aire libre para alimentarse, y de noche se meten en la madriguera para refugiarse del frío. En esta gran familia, constituida por decenas de miembros, cada cual cumple una función. Cuando acecha el peligro, recurren a diversas tácticas para defenderse. Una de ellas es el chillido que emite el vigía ante la menor amenaza.

SURICATA
Suricata suricatta

FAMILIA	*Herpestidae*
HÁBITAT	África
CRÍAS	2 a 7

30 cm

Peso
1 kg

Unos
30 **LA CANTIDAD DE INDIVIDUOS QUE PUEDEN COMPONER UN GRUPO**

Estructura social

Amplia y bien definida, cada individuo tiene un rol que cumplir. Los vigías (que pueden ser hembras o machos) se rotan para alertar sobre la llegada de extraños; uno recién alimentado reemplaza al que necesita renovar energía. La base de la alimentación de estos animales es carnívora. Comen pequeños mamíferos, además de insectos y arañas.

LAS HEMBRAS
Deben dedicar toda su energía al proceso de reproducción, alimentación y cría de los más pequeños.

LAS CRÍAS
Cuando el padre o la madre vigías dan el grito de alerta, todos corren a ocultarse en la madriguera.

CHACAL DE LOMO NEGRO
Es el más grande de sus predadores. Para los suricatas es primordial verlo antes que el chacal al grupo.

ÁGUILA MARCIAL
Es el enemigo más peligroso de los suricatas, el que los mata en mayor número.

El vigía

Cuando detecta a un depredador, avisa al grupo para que todos se oculten cuanto antes en algún agujero. El puesto es rotativo entre varios miembros del grupo y el aviso se lleva a cabo mediante un amplio repertorio de sonidos, cada uno con un significado concreto.

LOS SURICATAS TAMBIÉN SE COMUNICAN MEDIANTE VOCALIZACIONES

Defensa

1 EL ENEMIGO ESTÁ CERCA
Emiten una especie de chillido. Se mecen de delante atrás. Tratan de parecer más grandes y feroces de lo que son.

2 DE ESPALDAS
Si no les da resultado, se echan de espaldas para proteger el cuello y enseñan los colmillos y las garras.

3 PROTECCIÓN
Cuando el depredador es aéreo, corren a esconderse. Si los pillan por sorpresa, los adultos protegen a las crías.

VISIÓN
Binocular y en color, le permite localizar a sus más temidos depredadores, las aves rapaces.

CABEZA
La mantiene erguida, observando el entorno de la madriguera.

VIGILANCIA DESDE ARRIBA
Es normal verlos en los sitios más altos de su territorio, encima de rocas o en ramas de árbol.

PATAS DELANTERAS
Tiene fuertes garras para cavar y defenderse.

LOS MACHOS
Vigilan y defienden el territorio. El macho dominante es el reproductor.

Territorio

El grupo ocupa la extensión necesaria para proveerse de suficiente alimento. Los machos se dedican a su defensa, y cuando se agotan los recursos el grupo emigra a otro lugar.

MADRIGUERAS
Las excavan ellos mismos con sus afiladas garras y solo salen durante el día.

PATAS TRASERAS
Para vigilar, el suricata se pone de pie.

COLA DE TRÍPODE
Cuando están de pie, se acaban de equilibrar con la cola.

Diversidad

Existen mamíferos con características muy distintas, y para este capítulo hemos seleccionado unas cuantas especies que ilustran esas diferencias. Por ejemplo, aquí descubrirás que existen especies, como los murciélagos, que son expertas voladoras, mientras que otras, como el lirón, son capaces de pasar el invierno sumidas en un

RAYAS DISTINTIVAS
Las rayas de las cebras, que se extienden hasta el bajo vientre, confunden a los predadores.

sueño profundo, lo que les permite ahorrar energía en época de escasez de alimentos. También verás cómo el cuerpo de algunos mamíferos (los cetáceos) se adaptó a la vida acuática, y cómo el de los camellos, ante el intenso calor y la escasez de agua del desierto, que hacen muy difícil la vida allí, está preparado para reducir al mínimo la pérdida de líquidos.

Sueño profundo

Quién no ha oído nunca la expresión «¡Está dormido como un lirón!». Y la comparación tiene su razón de ser, aunque hay que aclarar que el lirón no duerme, sino que hiberna. En la estación fría, las bajas temperaturas y la escasez de alimentos llevan a muchos mamíferos a entrar en un estado letárgico. Su temperatura corporal desciende, disminuyen la frecuencia cardíaca y la respiración, y pierden la conciencia.

LIRÓN COMÚN
Muscardinus avellanarius

HÁBITAT	Casi toda Europa
HÁBITOS	Hiberna 4 meses al año
GESTACIÓN	De 22 a 28 días

Peso 51 g

10-17 cm

La cola es muy larga. Puede medir hasta 13,5 cm.

En actividad

La energía que consumen durante la hibernación la obtienen de la grasa subcutánea acumulada en otoño. Su alimentación es básicamente herbívora: hojas, cortezas, frutos secos, etc. Antes de la llegada del invierno se proveen de frutos secos por su aporte calórico, que les permite escalar con facilidad árboles y muros. Antes de la hibernación, dedican todo su tiempo a comer a fin de acumular reservas.

2 BOLA
Con esos materiales el lirón comienza a formar una bola, imitando la postura en la que hibernará.

1 MATERIA PRIMA
Para construir su nido, el lirón recolecta ramitas, hojas, musgos, plumas y pelos.

300 g
Es lo que puede llegar a pesar, una vez acumuladas las reservas necesarias para la hibernación.

HOJAS DE ROBLE
El lirón siente predilección por las distintas especies de robles.

35 °C
SU TEMPERATURA CORPORAL NORMAL

8 meses
ESTÁ CONSCIENTE Y ACTIVO

ABRIL

FRUTOS SECOS
Aunque come caracoles e insectos, antes de entrar en hibernación se alimenta de frutos otoñales.

CASTAÑA
Su aporte calórico aumenta sus reservas energéticas.

BELLOTA
El fruto del roble, del género *Quercus*, es la comida preferida de los lirones.

50 %
LO QUE PESA UNA VEZ CONSUMIDAS LAS RESERVAS

Construcción del nido

El lirón construye su nido con ramitas, musgo y hojas, aunque también puede hibernar en árboles, muros de piedra o edificios viejos acondicionando un nido con pelo, plumas y hojas. En él se acomodará formando una bola. Si el lirón no encuentra un refugio apropiado, puede acomodarse con total impunidad en nidos de aves.

3
BOLA HUECA
Los nidos de lirón son redondos y huecos como los de ciertas especies de aves.

4
NIDO TERMINADO
Una vez hecho el agujero de entrada, la bola hueca ya se ha convertido en nido.

NOVIEMBRE

DICIEMBRE

FEBRERO

4 meses
PERMANECE EL LIRÓN EN ESTADO DE HIBERNACIÓN

OTROS LUGARES DE HIBERNACIÓN

NIDO DE PÁJARO
Si no encuentra dónde construir su nido, puede apropiarse de uno de un ave.

HUECO EN UN ÁRBOL
Puede servir de madriguera para la hibernación.

Hibernación

Durante este período, el lirón entra en un profundo sueño. Su temperatura corporal baja hasta 1 °C, con lo que su ritmo cardíaco disminuye sensiblemente. De hecho, entre dos respiraciones pueden llegar a transcurrir hasta 50 minutos. A lo largo de estos meses va consumiendo lentamente sus reservas, y puede perder hasta el 50 % de su peso corporal. Su sistema endocrino está prácticamente inactivo: la tiroides no funciona, y tampoco lo hace el tejido intersticial de los testículos.

1°C
LA TEMPERATURA CORPORAL DEL LIRÓN DURANTE LA HIBERNACIÓN

POSICIÓN DEL CUERPO

COLA
Cubre parte del cuerpo.

CABEZA
Escondida detrás de la larga cola.

PATAS
Se mantienen flexionadas.

RESPIRACIÓN
Entre inspiración e inspiración pueden pasar 50 minutos.

ENERGÍA
La obtienen de la grasa subcutánea acumulada durante el otoño.

CORAZÓN
Los latidos se reducen considerablemente.

BIORRITMO DEL LIRÓN CUANDO HIBERNA

TEMPERATURA

PESO

RESPIRACIÓN

Alimentación previa | Hibernación profunda | Corta actividad | Hibernación profunda | Tras la hibernación

Récord de apnea

El cachalote es un animal único en su especie, que es extraordinaria por muchas razones. Por un lado, tiene la capacidad de sumergirse a una profundidad de hasta 3000 metros y permanecer bajo el agua sin oxígeno hasta dos horas. Se lo permite un mecanismo fisiológico complejo por el que, entre otras cosas, puede reducir su ritmo cardíaco, almacenar aire en los músculos y utilizarlo, y priorizar el envío de oxígeno a órganos vitales como el corazón y los pulmones. También es el cetáceo más grande con dientes, aunque solo los tiene en la mandíbula inferior.

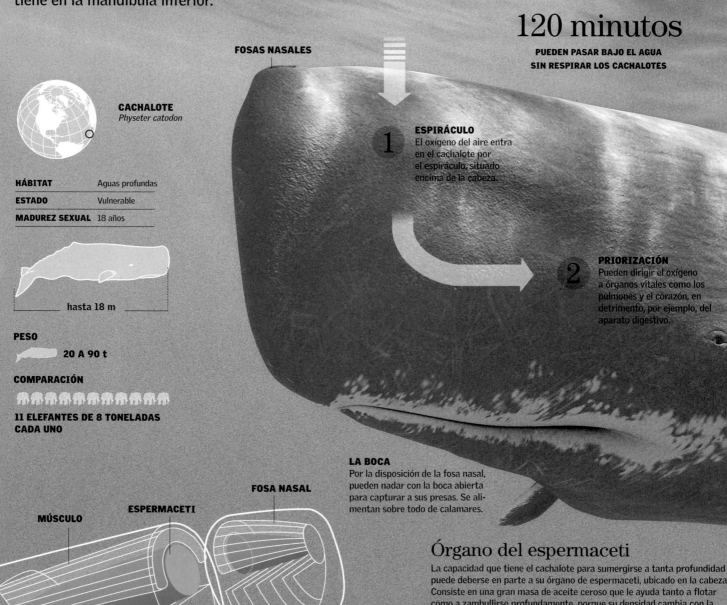

FOSAS NASALES

120 minutos

**PUEDEN PASAR BAJO EL AGUA
SIN RESPIRAR LOS CACHALOTES**

CACHALOTE
Physeter catodon

HÁBITAT	Aguas profundas
ESTADO	Vulnerable
MADUREZ SEXUAL	18 años

hasta 18 m

PESO
20 A 90 t

COMPARACIÓN

**11 ELEFANTES DE 8 TONELADAS
CADA UNO**

1 ESPIRÁCULO
El oxígeno del aire entra en el cachalote por el espiráculo, situado encima de la cabeza.

2 PRIORIZACIÓN
Pueden dirigir el oxígeno a órganos vitales como los pulmones y el corazón, en detrimento, por ejemplo, del aparato digestivo.

LA BOCA
Por la disposición de la fosa nasal, pueden nadar con la boca abierta para capturar a sus presas. Se alimentan sobre todo de calamares.

MÚSCULO

ESPERMACETI

FOSA NASAL

**HUESO DE LA
MANDÍBULA**

DIENTES
Tiene de 18 a 25 dientes cónicos de hasta un kilo de peso en cada lado de la mandíbula inferior.

Órgano del espermaceti

La capacidad que tiene el cachalote para sumergirse a tanta profundidad puede deberse en parte a su órgano de espermaceti, ubicado en la cabeza. Consiste en una gran masa de aceite ceroso que le ayuda tanto a flotar como a zambullirse profundamente, porque su densidad cambia con la temperatura y la presión. También, como el melón del delfín, dirige el sonido a modo de radar enfocando chasquidos, porque sus ojos, lejos de la luz, son de poca utilidad.

**COMPOSICIÓN
EL 90 % DEL ACEITE DE ESPERMACETI**
son ésteres y triglicéridos.

Adaptación de la respiración

Cuando se sumergen a gran profundidad, los cachalotes activan todo un mecanismo fisiológico para aprovechar al máximo sus reservas de oxígeno. Se produce un colapso torácico y pulmonar: el aire pasa de los pulmones a la tráquea, lo que reduce la absorción de nitrógeno, que es tóxico. También realizan una transmisión rápida del nitrógeno de la sangre a los pulmones al final de la inmersión, reduciendo así la circulación de sangre a los músculos. Además, los músculos del cachalote contienen una gran cantidad de mioglobina, proteína que almacena oxígeno y les permite estar mucho más tiempo bajo el agua.

ESPIRÁCULO
Al sumergirse se llena de agua, que enfría el aceite de espermaceti y le da densidad.

CORAZÓN
El ritmo cardíaco se ralentiza en la inmersión, lo que limita el consumo de oxígeno.

SANGRE
Un flujo amplio de sangre, rica en hemoglobina, transporta altos niveles de oxígeno al cuerpo y al cerebro.

EN LA SUPERFICIE
El cachalote deja el espiráculo abierto para inspirar la mayor cantidad de oxígeno posible antes de la inmersión.

BAJO EL AGUA
Unos poderosos músculos mantienen cerrada la abertura del espiráculo para que no entre agua.

VASOS
Una red de vasos sanguíneos filtra la sangre que entra en el cerebro.

PULMÓN
Los pulmones absorben oxígeno con gran eficacia.

LA COLA
Grande y dispuesta en un plano horizontal, constituye el primer órgano propulsor.

3 BRADICARDIA
Durante la inmersión, el ritmo cardíaco baja para que se reduzca el consumo de oxígeno. Es lo que se llama bradicardia.

Inmersión

Verdadero campeón de buceo, el cachalote puede bajar hasta los 3000 metros de profundidad y a una velocidad de hasta tres metros por segundo en busca de su comida: pulpos y calamares. Sus inmersiones normales duran unos 50 minutos, pero puede permanecer debajo del agua hasta dos horas. Antes de iniciar una inmersión profunda, saca del agua la aleta caudal. Carece de aleta dorsal, pero tiene unas gibas triangulares en la parte posterior del cuerpo.

0 m
EN LA SUPERFICIE
Aspiran aire cargado de oxígeno por la fosa nasal que tienen en lo alto de la cabeza.

1000 m
90 MINUTOS
Guardan el 90 % del oxígeno en los músculos, por lo que pueden estar sumergidos mucho tiempo.

0 m
EN LA SUPERFICIE
Exhalan todo el aire de los pulmones en un solo chorro.

Aprovechar el oxígeno

Si los cachalotes se sumergen más y permanecen más tiempo bajo el agua que cualquier otro mamífero es porque tienen varios recursos para ahorrar oxígeno: capacidad de almacenarlo en los músculos, un metabolismo que puede funcionar anaeróbicamente, y la inducción de la bradicardia durante la inmersión.

15%
EL PORCENTAJE DE AIRE RENOVADO EN UNA RESPIRACIÓN

85%
EL PORCENTAJE DE AIRE RENOVADO EN UNA RESPIRACIÓN

Acrobacias en el aire

Los gatos sorprenden por su habilidad para caer siempre de cuatro patas. El secreto está en su esqueleto, más flexible y con más huesos que el de cualquier otro mamífero. Además, sus reflejos le permiten retorcerse en virtud del principio físico de conservación del momento angular, señalado por Isaac Newton: todo cuerpo que describe un movimiento circular posee una energía que tiende a ser constante. Así, cuanto más se estira el animal hacia su propio eje de rotación, más despacio gira, redistribuyendo la energía total del sistema; y si se encoge, gira más rápido.

FUERZA DE GRAVEDAD

EJE

1 **CAÍDA DE ESPALDAS**
El gato empieza a caer patas arriba y será capaz de girar 180 grados sobre su eje (en dos tiempos) para aterrizar de pie sobre las cuatro patas.

2 **PRIMERA TORSIÓN**
En esta maniobra el gato gira la mitad anterior del cuerpo 180 grados sobre el eje de su cuerpo. La otra mitad solo gira levemente para compensar el sistema.

GIRO ACUSADO   **GIRO LEVE**

EJE

MITAD POSTERIOR

MITAD ANTERIOR

3 **CON INDEPENDENCIA**
Como una patinadora que para regular la velocidad de su giro extiende o recoge los brazos, el gato mueve las patas traseras y delanteras, pero independientemente unas de otras.

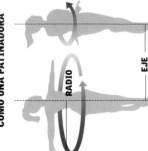

COMO UNA PATINADORA

RADIO

EJE

REDUCCIÓN DE LA VELOCIDAD
Abre los brazos para aumentar el radio de giro.

AUMENTO DE VELOCIDAD
Cierra los brazos para reducir su radio de giro.

EL «ACELERADOR»
El gato dobla las patas delanteras hacia el eje para aumentar la velocidad de giro de esta parte. Gira 180°.

EL «FRENO»
Extiende las patas traseras para alinearlas con el eje y reduce la velocidad de giro de esta parte.

Recoge las patas traseras hacia el eje del cuerpo.

Estira las patas delanteras transversalmente al eje.

NOMBRE	Gato domestico
FAMILIA	*Felidae*
ESPECIE	*Felis catus*
PESO ADULTO	2 a 7 kilos
LONGEVIDAD	15 años
DIMENSIONES	

25 cm

30 cm

10 cm

Estrategia

Aunque pueda parecer contradictorio, se ha demostrado que un gato puede salir peor parado al caerse desde una altura pequeña que grande. Cuando un gato percibe que está cayendo, compacta el cuerpo y estira las patas para poder amortiguar el impacto al llegar al suelo. Si cae desde una altura de menos de un piso, no le da tiempo a adoptar esa postura.

RELAJACIÓN

VELOCIDAD TERMINAL

POSTURA DEFENSIVA

PRIMER GIRO

ALTURA

DAÑO

LA MITAD ANTERIOR
Las patas extendidas disminuyen la velocidad de giro de esta parte. Gira 180°.

LA MITAD POSTERIOR
Ahora las patas plegadas aumentan la velocidad de giro de esta parte.

La cola estabiliza el peso del cuerpo durante el descenso.

Equilibrio

El oído interno, en el hueso temporal, se divide en cóclea, vestíbulo y tres canales semicirculares. Dentro hay un sistema de cilios (receptores sensoriales) y una sustancia viscosa (endolinfa). Del contacto entre los dos depende el sentido del equilibrio.

SECCIÓN DE UN CANAL SEMICIRCULAR

AMPOLLA
Contiene los cilios receptores del equilibrio.

Durante un giro, la endolinfa mueve los cilios en sentido opuesto al movimiento del cuerpo.

SACUDIDA RÁPIDA Y PRECISA
Durante el giro puede entrar algo de endolinfa en los canales semicirculares. Para devolver el líquido a su sitio, el gato efectúa una rápida sacudida de la cabeza.

OÍDO INTERNO

CARACOL

4

SEGUNDA TORSIÓN
El gato baja las patas traseras y completa el giro total sobre su eje. Nuevamente realiza dos giros, uno más intenso que el otro:

GIRO LEVE

GIRO ACUSADO

EJE

MITAD ANTERIOR

MITAD POSTERIOR

5

LAS CUATRO PATAS BAJO EL CUERPO
Con las patas ya bajo el cuerpo, el gato arquea la columna vertebral como un paracaídas y luego solo perfecciona la postura para el aterrizaje.

Extiende las patas traseras a la altura de las delanteras.

11% DE CAPACIDAD DE ELONGACIÓN

FLEXIBILIDAD EXTREMA
Los gatos carecen de clavículas, y las articulaciones de sus vértebras son más flexibles que las de la mayoría de los mamíferos. De un salto pueden salvar cinco veces la longitud de su cuerpo.

1/8 de segundo
TARDA EN GIRAR, Y CAE DE PIE 1/2 SEGUNDO DESPUÉS

6

ATERRIZAJE
El primer contacto con el suelo lo hace con las patas delanteras, luego apoya las traseras y, al final, relaja la cola.

En el momento del aterrizaje, el gato flexiona ligeramente las patas para amortiguar el golpe.

Constructor natural

Sin ladrillos ni cemento, el castor, roedor semiacuático, se las ingenia para construir unas madrigueras que son auténticas bellezas arquitectónicas. El trabajo no lo llevan a cabo individuos solos, sino grupos familiares. Todos colaboran en la construcción del hogar, que por lo general sitúan junto a ríos o lagos rodeados de zonas boscosas y al que solo se puede entrar por túneles acuáticos. No solo la tarea es ardua, sino que el castor no deja de perfeccionar la madriguera en toda su vida, mejorando o restaurando su casa.

CASTOR
Castor canadensis

HÁBITAT	Bosques templados de Estados Unidos y Canadá
FAMILIA	*Castoridae*
ALIMENTACIÓN	Herbívora

Hasta
70 cm

Peso
30 kg

30 cm

IMPACTO AMBIENTAL
Los castores pueden tener efectos positivos y negativos. Crean humedales para otras especies y en algunos casos evitan la erosión. Pero sus diques también pueden producir inundaciones o estancar las aguas, y así destruir otros hábitats.

La madriguera

Son estructuras únicas y existen varios tipos, que varían de una región a otra. Las construyen con palos, ramas, hierbas y musgo entretejidos, y presentan una cámara central a la que se accede por debajo del agua, aunque el suelo de la cámara está por encima del nivel del agua. La cámara tiene dos entradas y puede medir más de dos metros de ancho y uno de alto.

CAMBIOS
Su introducción en nuevos ambientes puede producir cambios en el equilibrio ecológico del lugar, de manera que se convierten en plaga.

LAS CRÍAS
Viven con los padres y se independizan a los tres años.

Cuenca
ocular

Incisivos

DIENTES
Tienen unos incisivos fuertes que no les dejan de crecer en toda la vida, pero siempre los tienen de un largo manejable debido al desgaste que implica el permanente trabajo de talar árboles.

ENTRADA BAJO EL AGUA

TÚNEL SUBACUÁTICO
Entran y salen a través de túneles subacuáticos secretos. Por lo general están unos cinco minutos debajo del agua.

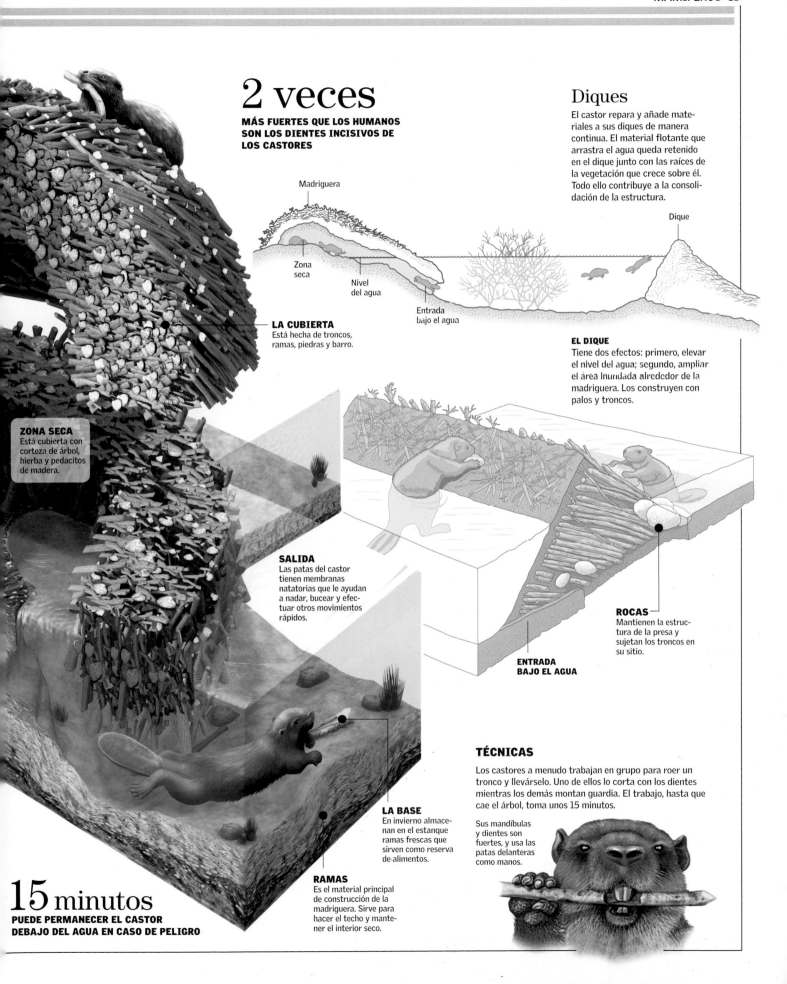

2 veces

MÁS FUERTES QUE LOS HUMANOS SON LOS DIENTES INCISIVOS DE LOS CASTORES

Madriguera

Zona seca

Nivel del agua

Entrada bajo el agua

LA CUBIERTA
Está hecha de troncos, ramas, piedras y barro.

Diques

El castor repara y añade materiales a sus diques de manera continua. El material flotante que arrastra el agua queda retenido en el dique junto con las raíces de la vegetación que crece sobre él. Todo ello contribuye a la consolidación de la estructura.

Dique

EL DIQUE
Tiene dos efectos: primero, elevar el nivel del agua; segundo, ampliar el área inundada alrededor de la madriguera. Los construyen con palos y troncos.

ZONA SECA
Está cubierta con corteza de árbol, hierba y pedacitos de madera.

SALIDA
Las patas del castor tienen membranas natatorias que le ayudan a nadar, bucear y efectuar otros movimientos rápidos.

ROCAS
Mantienen la estructura de la presa y sujetan los troncos en su sitio.

ENTRADA BAJO EL AGUA

TÉCNICAS

Los castores a menudo trabajan en grupo para roer un tronco y llevárselo. Uno de ellos lo corta con los dientes mientras los demás montan guardia. El trabajo, hasta que cae el árbol, toma unos 15 minutos.

Sus mandíbulas y dientes son fuertes, y usa las patas delanteras como manos.

LA BASE
En invierno almacenan en el estanque ramas frescas que sirven como reserva de alimentos.

RAMAS
Es el material principal de construcción de la madriguera. Sirve para hacer el techo y mantener el interior seco.

15 minutos

PUEDE PERMANECER EL CASTOR DEBAJO DEL AGUA EN CASO DE PELIGRO

Vuelo nocturno

Los murciélagos son los únicos mamíferos capaces de volar. Científicamente se engloban en la familia Quirópteros, término derivado del griego que significa «manos aladas». Y es que sus extremidades anteriores están modificadas y se han transformado en manos con larguísimos dedos unidos por una membrana (el patagio) que conforma la superficie del ala. Los sentidos de estos mamíferos están desarrollados hasta tal punto que les permiten volar y cazar con gran rapidez en la oscuridad.

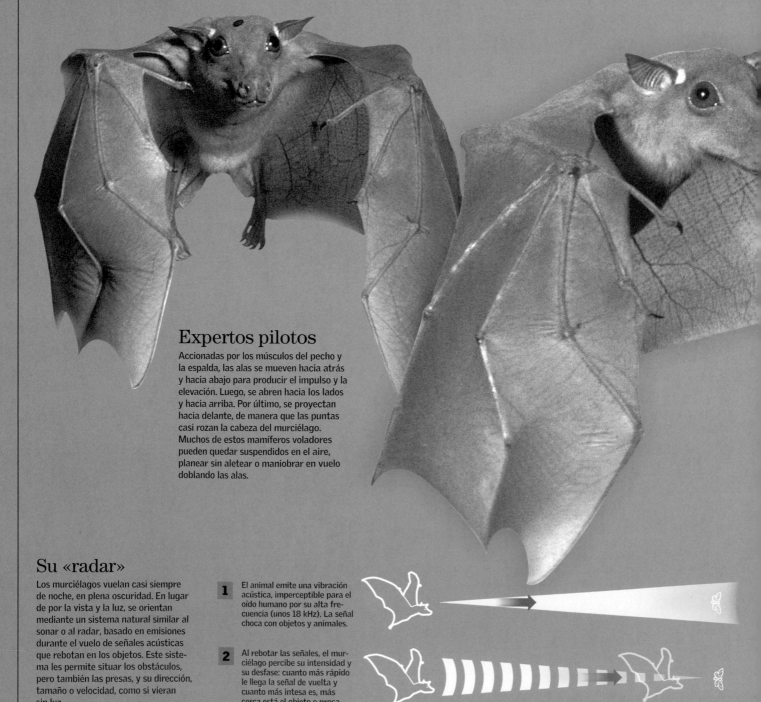

Expertos pilotos

Accionadas por los músculos del pecho y la espalda, las alas se mueven hacia atrás y hacia abajo para producir el impulso y la elevación. Luego, se abren hacia los lados y hacia arriba. Por último, se proyectan hacia delante, de manera que las puntas casi rozan la cabeza del murciélago. Muchos de estos mamíferos voladores pueden quedar suspendidos en el aire, planear sin aletear o maniobrar en vuelo doblando las alas.

Su «radar»

Los murciélagos vuelan casi siempre de noche, en plena oscuridad. En lugar de por la vista y la luz, se orientan mediante un sistema natural similar al sonar o al radar, basado en emisiones durante el vuelo de señales acústicas que rebotan en los objetos. Este sistema les permite situar los obstáculos, pero también las presas, y su dirección, tamaño o velocidad, como si vieran sin luz.

1 El animal emite una vibración acústica, imperceptible para el oído humano por su alta frecuencia (unos 18 kHz). La señal choca con objetos y animales.

2 Al rebotar las señales, el murciélago percibe su intensidad y su desfase: cuanto más rápido le llega la señal de vuelta y cuanto más intesa es, más cerca está el objeto o presa.

97 km/h

LA VELOCIDAD DE VUELO QUE PUEDEN ALCANZAR CIERTOS MURCIÉLAGOS

Hibernación

Los murciélagos pasan el invierno aletargados, colgados de las patas, cabeza abajo, en cuevas y lugares oscuros. El murciélago es un animal de sangre caliente mientras está activo, y de sangre fría cuando está dormido. Entran en estado de hibernación con más rapidez y facilidad que cualquier otro mamífero, y pueden sobrevivir muchos meses a temperaturas frías, incluso en el interior de frigoríficos, sin necesidad de alimentarse.

MURCIÉLAGO DE LA FRUTA
Epomops franqueti

HÁBITAT	Bosques en Ghana y Congo
FAMILIA	*Pteropodae*
LARGO DEL ALA ABIERTA	36 cm

HÚMERO RADIO PULGAR

SEGUNDO DEDO

CUARTO DEDO

TERCER DEDO

PATAGIO

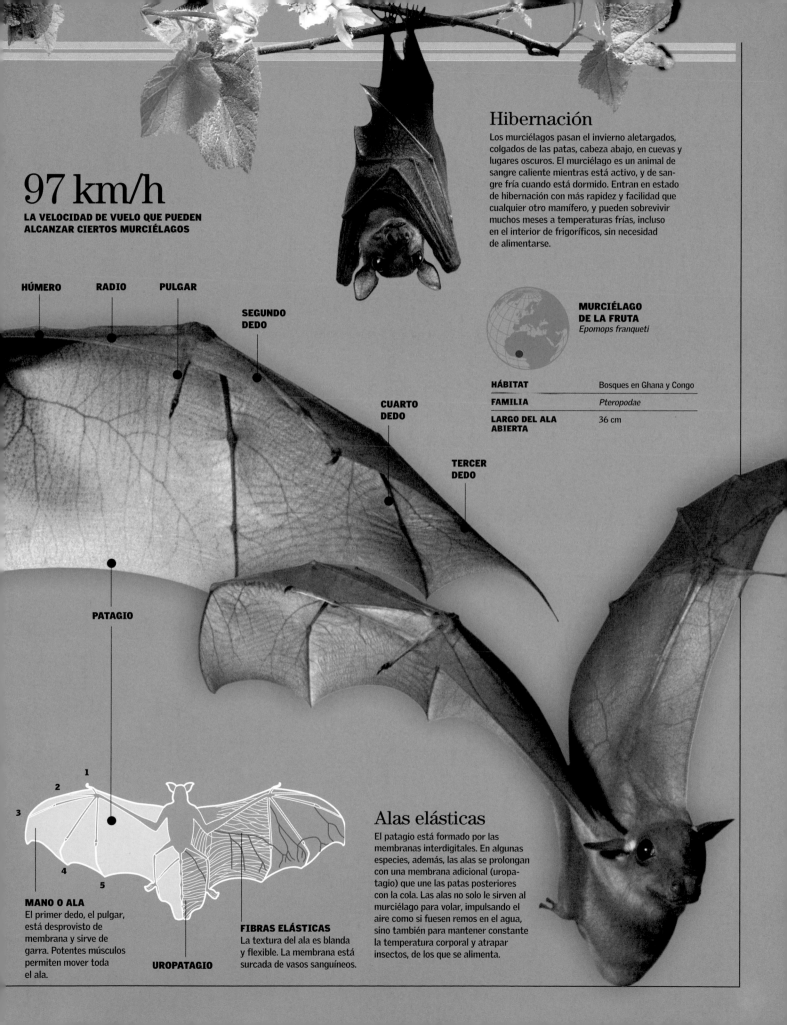

1
2
3
4
5

MANO O ALA
El primer dedo, el pulgar, está desprovisto de membrana y sirve de garra. Potentes músculos permiten mover toda el ala.

UROPATAGIO

FIBRAS ELÁSTICAS
La textura del ala es blanda y flexible. La membrana está surcada de vasos sanguíneos.

Alas elásticas

El patagio está formado por las membranas interdigitales. En algunas especies, además, las alas se prolongan con una membrana adicional (uropatagio) que une las patas posteriores con la cola. Las alas no solo le sirven al murciélago para volar, impulsando el aire como si fuesen remos en el agua, sino también para mantener constante la temperatura corporal y atrapar insectos, de los que se alimenta.

Camuflaje

Como otras especies del reino animal, algunos mamíferos que habitan el medio salvaje quedan camuflados y pasan más desapercibidos gracias a la coloración o el aspecto de su cuerpo. Unos imitan objetos del ambiente que los rodea, otros, el aspecto de otros animales. Las rayas de la cebra, por ejemplo, le dan una apariencia muy vistosa, pero en su medio natural y en movimiento la ayudan a mimetizarse. A veces se distingue mimetismo de cripsis, que es la capacidad natural de pasar inadvertido no asociada a ninguna conducta. Pero muchas veces las formas y colores del camuflaje serían inútiles si no los acompañara un comportamiento mimético, cuestión que el animal sí puede perfeccionar, a diferencia de su aspecto natural.

Adaptaciones evolutivas

El mimetismo se define como la capacidad que tienen algunos seres vivos de imitar el aspecto de otro ser vivo o de un objeto inanimado de su entorno habitual. El mimetismo protector es el camuflaje de los animales que no tienen otra defensa. El mimetismo agresivo, por el contrario, sirve a otras especies para sorprender y atacar a sus presas. Se da, por ejemplo, en felinos salvajes (gatos monteses, ocelotes, linces), cuyo color de pelo y cuyos dibujos favorecen que pasen inadvertidos en su ecosistema. Las cebras a su vez, andan en manadas como una forma natural de autoprotección. La coloración disruptiva de su pelaje dificulta a los predadores, basados en su rapidez de movimientos y en la agudeza de sus sentidos, la distinción entre una y otra. A coces y dentelladas se defienden unas a otras de los ataques de felinos, que, valiéndose también de estrategias de camuflaje, atacan cuerpo a cuerpo. Muchos animales se camuflan a la perfección aprovechando elementos de su entorno, incluso otros organismos vivos. Un ejemplo sería el perezoso, que, al ser el más lento de los mamíferos, no tiene más remedio que dejarse cubrir de algas para pasar desapercibido.

RAYAS
La coloración del pelaje cambia con la incidencia y la intensidad de la luz solar.

MOTEADO
Permite a la jirafa disimularse entre las altas hojas que alcanza gracias a su largo cuello.

DIBUJOS
Formas irregulares permiten al tigre acechar a sus presas desde la espesura.

Distintos patrones

Las rayas del pelaje de una cebra no imitan con exactitud ni las formas ni el color de los objetos de su entorno ambiental. Ahora bien, combinadas con ciertas conductas y maneras de moverse, desdibujan su aspecto en más de un escenario de su hábitat natural. En el caso de los animales árticos, por ejemplo, es el color blanco uniforme del ambiente invernal el que determina el recurso mimético de distintas especies.

En movimiento

Los dibujos de su pelaje disimulan los contornos del tigre entre las matas y arbustos de las praderas por donde caza, especialmente cuando está en movimiento. Los cuernos del alce, por el contrario, solo disimulan al animal entre la vegetación, a la que se parecen mucho, mientras se está quieto.

Coloración disruptiva

Consiste en manchas de color mucho más oscuras o más claras que el resto del pelaje y desdibuja el contorno del cuerpo del animal.

Parte del escondite

Las ardillas rayadas *(Sciuridae tamias sp.)* viven en bosques de coníferas o de hoja caduca y son frugívoras: se alimentan de frutos secos. Los colores de su pelaje les resultan fundamentales porque, si bien son muy hábiles para moverse por las ramas, su pequeño tamaño y sus patas cortas las hacen muy vulnerables cuando están en el suelo.

ENTORNO PROTECTOR
A muchas el color del pelaje les cambia en función del entorno.

EL PELAJE
Presenta matices y diferencias de color similares a las de los troncos de los árboles y las hojas secas.

El lenguaje del agua

Las formas que tienen los cetáceos de comunicarse con sus congéneres están entre las más sofisticadas del reino animal. En el caso de los delfines, suelen chasquear repetidamente con las mandíbulas cuando tienen problemas y silban mucho cuando están asustados o excitados. Durante el cortejo y el apareamiento se rozan y acarician. También comunican con señales visuales, como saltos, que hay comida cerca. Tienen una amplia variedad de formas de transmitir información importante.

DIVERTIDOS

El juego, como en otros mamíferos, tiene un papel fundamental en la conformación de los estratos sociales.

NOMBRE COMÚN	Delfín mular
FAMILIA	*Delphinidae*
ESPECIE	*Tursiops truncatus*
PESO ADULTO	150 a 650 kg
LONGEVIDAD	30 a 40 años

2 a 4 m

ALCANZAN LOS 35 km/h

MELÓN

Es un órgano lleno de lípidos de baja densidad que concentra las pulsaciones emitidas y las envía hacia delante. El animal puede variar la forma del melón para enfocar mejor los sonidos.

ESPIRÁCULO

LABIOS DE MONO

SACO AÉREO NASAL

ALETA DORSAL
Le permite mantener el equilibrio en el agua.

ALETA CAUDAL
Es horizontal, a diferencia de la de los peces, y tiene una función impulsora.

ALETA PECTORAL

LARINGE

1 Emisión

Los sonidos los genera el paso de aire por las cavidades respiratorias. Pero es en el melón donde se produce y amplifica la resonancia. Así se amplía el abanico de frecuencias e intensidades.

CÓMO SE PRODUCE EL SONIDO

1 INSPIRACIÓN
Se abre el espiráculo para que entre oxígeno.

ESPIRÁCULO

Aire de los pulmones

2 Los sacos aéreos nasales se hinchan.

Puede estar doce minutos sin tomar oxígeno.

4 Los sacos aéreos nasales se desinflan.

Melón

SONIDO

Aire en los pulmones

3 ESPIRACIÓN
El aire resuena en los sacos nasales y sale a presión por el espiráculo.

Cerebro

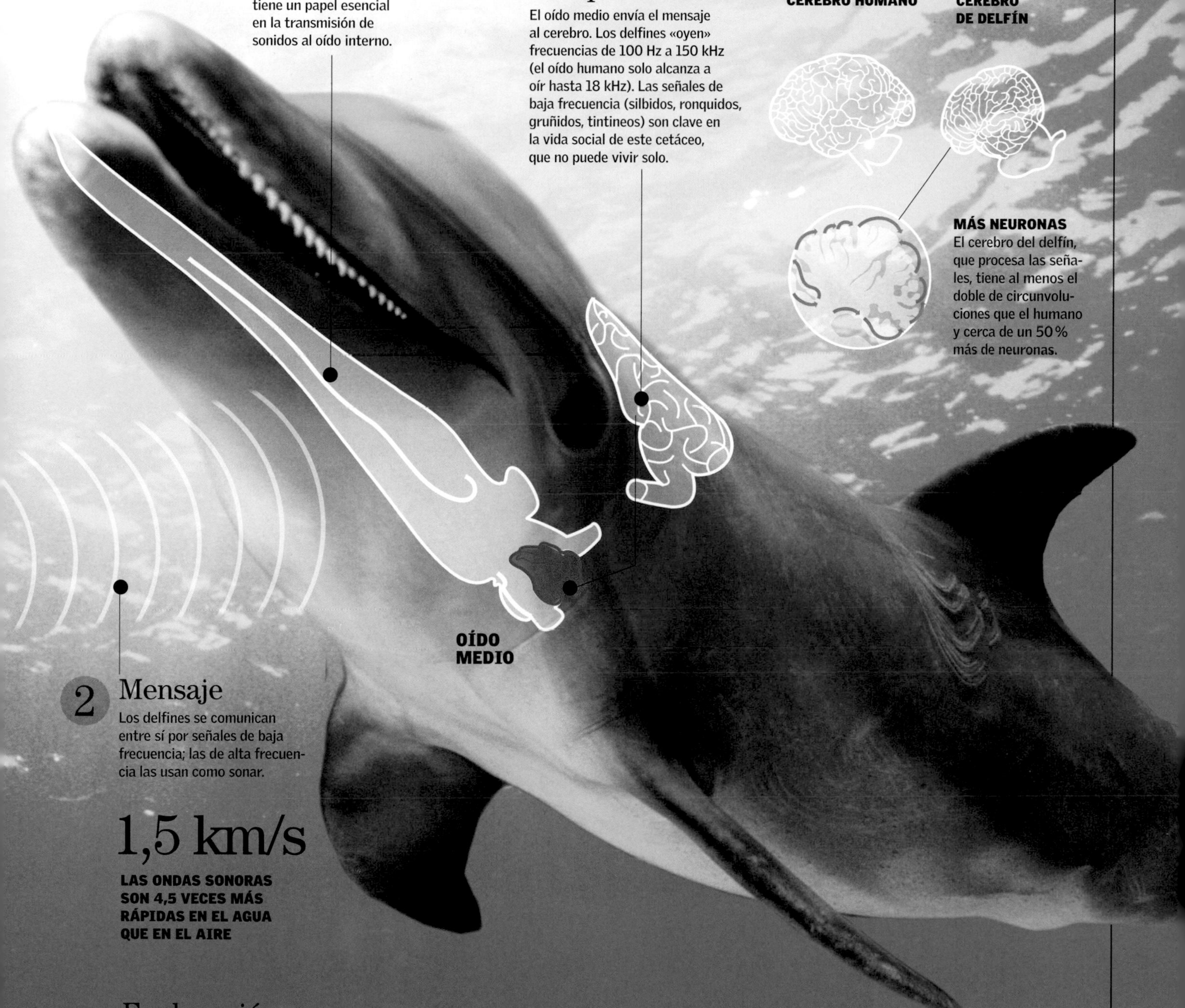

MANDÍBULA

La mandíbula inferior
tiene un papel esencial
en la transmisión de
sonidos al oído interno.

3 Recepción e
interpretación

El oído medio envía el mensaje
al cerebro. Los delfines «oyen»
frecuencias de 100 Hz a 150 kHz
(el oído humano solo alcanza a
oír hasta 18 kHz). Las señales de
baja frecuencia (silbidos, ronquidos,
gruñidos, tintineos) son clave en
la vida social de este cetáceo,
que no puede vivir solo.

1,4 kg
CEREBRO HUMANO

1,7 kg
CEREBRO
DE DELFÍN

MÁS NEURONAS

El cerebro del delfín,
que procesa las seña-
les, tiene al menos el
doble de circunvolu-
ciones que el humano
y cerca de un 50 %
más de neuronas.

**OÍDO
MEDIO**

2 Mensaje

Los delfines se comunican
entre sí por señales de baja
frecuencia; las de alta frecuencia las usan como sonar.

1,5 km/s

**LAS ONDAS SONORAS
SON 4,5 VECES MÁS
RÁPIDAS EN EL AGUA
QUE EN EL AIRE**

Ecolocación

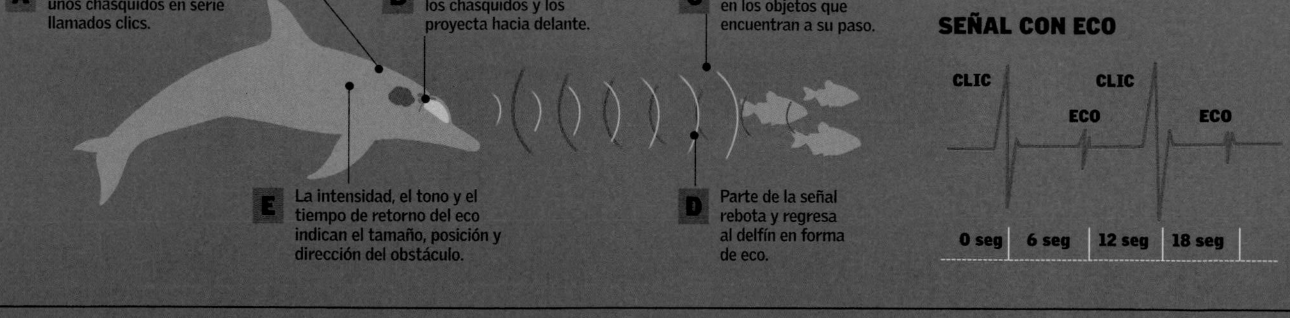

A Emite en la cavidad nasal
unos chasquidos en serie
llamados clics.

B El melón concentra
los chasquidos y los
proyecta hacia delante.

C Las ondas rebotan
en los objetos que
encuentran a su paso.

E La intensidad, el tono y el
tiempo de retorno del eco
indican el tamaño, posición y
dirección del obstáculo.

D Parte de la señal
rebota y regresa
al delfín en forma
de eco.

SEÑAL CON ECO

CLIC

CLIC

ECO

ECO

0 seg   6 seg   12 seg   18 seg

2 AVES

Cómo son

Muchos científicos aseguran que las aves descienden de los dinosaurios porque se han hallado fósiles de ejemplares con plumas. Como grupo, las aves cuentan con una vista privilegiada y son las que tienen los ojos más grandes en relación con el tamaño del cuerpo. Sus huesos son muy livianos, adaptados para alcanzar altura.

BÚHO DEL CABO
(Bubo capensis)
Es natural del África.
Se alimenta de aves y
mamíferos.

Al igual que el pico, las patas de las aves también se han modificado de acuerdo con las funciones y necesidades de las especies. Por ejemplo, en aves caminadoras —como en otros grupos de vertebrados— existe una marcada tendencia a la reducción del número de dedos. El avestruz solo tiene dos. En el caso de algunas rapaces, como las águilas, las patas son verdaderos garfios.

Esqueleto y musculatura

igero y resistente a la vez, el esqueleto de las aves tuvo que adaptarse al vuelo y sufrió cambios fundamentales. Algunos huesos, como los del cráneo y las alas, se fusionaron para hacerlos más livianos, y en total tienen menos piezas que otros vertebrados. Huecos, con cámaras aéreas en su interior, la suma de su peso es menor que la de la totalidad de las plumas. La columna tiende a ser muy móvil en la parte cervical y rígida hacia la caja torácica, donde un hueso frontal, largo y curvo llamado esternón tiene una gran quilla en la que se insertan los músculos pectorales. Estos son grandes y fuertes para generar el batido de las alas, aunque aves corredoras como el avestruz tienen los músculos más desarrollados en las patas.

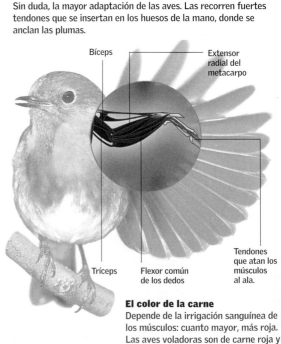

ÓRBITA OCULAR

Batido de las alas

Levantar el vuelo requiere una enorme dosis de energía y fuerza. En consecuencia, los músculos responsables del batido del ala se hipertrofian, y pueden alcanzar con facilidad el 15 % del peso de un ave voladora. Dos pares de pectorales, mayor y menor, funcionan como depresores y elevadores del ala, trabajando de forma simétrica y opuesta: cuando uno se contrae, el otro se relaja. Su ubicación dentro de la caja torácica se corresponde más o menos con el centro de gravedad del ave. Por otra parte, el ala necesita de fuertes tendones para moverse.

EL COLIBRÍ
Por su adaptación al vuelo estacionario, los músculos pectorales pueden llegar al 40 % del peso del animal.

CRÁNEO
Ligero debido a la fusión de huesos. No tiene dientes, barra mandibular ni músculos trituradores.

MANDÍBULA SUPERIOR DEL PICO
En algunas especies tiene movilidad.

MANDÍBULA INFERIOR DEL PICO
Móvil, les permite abrir mucho la boca.

FÚRCULA
Son las clavículas soldadas en forma de horquilla. Es un hueso propio únicamente de las aves.

ESTERNÓN
Hiperdesarrollado en aves voladoras, con su larga quilla facilita la inserción de los pectorales.

BATIDO DESCENDENTE

Ala derecha — Húmero — Tendón — Ala izquierda
Coracoides

1

LOS PECTORALES MAYORES SE CONTRAEN

Quilla — Patas

2

SE PRODUCE EL BATIDO DESCENDENTE DE LAS ALAS

LOS PECTORALES MENORES SE RELAJAN

BATIDO ASCENDENTE

Tendón
Ala derecha — Coracoides — Ala izquierda
Húmero

1

LOS MÚSCULOS PECTORALES MAYORES SE RELAJAN

Patas

2

LOS PECTORALES MENORES SE CONTRAEN Y LEVANTAN LAS ALAS

LAS ALAS

Sin duda, la mayor adaptación de las aves. Las recorren fuertes tendones que se insertan en los huesos de la mano, donde se anclan las plumas.

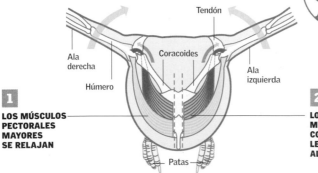

Bíceps

Extensor radial del metacarpo

Tendones que atan los músculos al ala

Tríceps — Flexor común de los dedos

El color de la carne
Depende de la irrigación sanguínea de los músculos: cuanto mayor, más roja. Las aves voladoras son de carne roja y las no voladoras, de carne blanca (pollo).

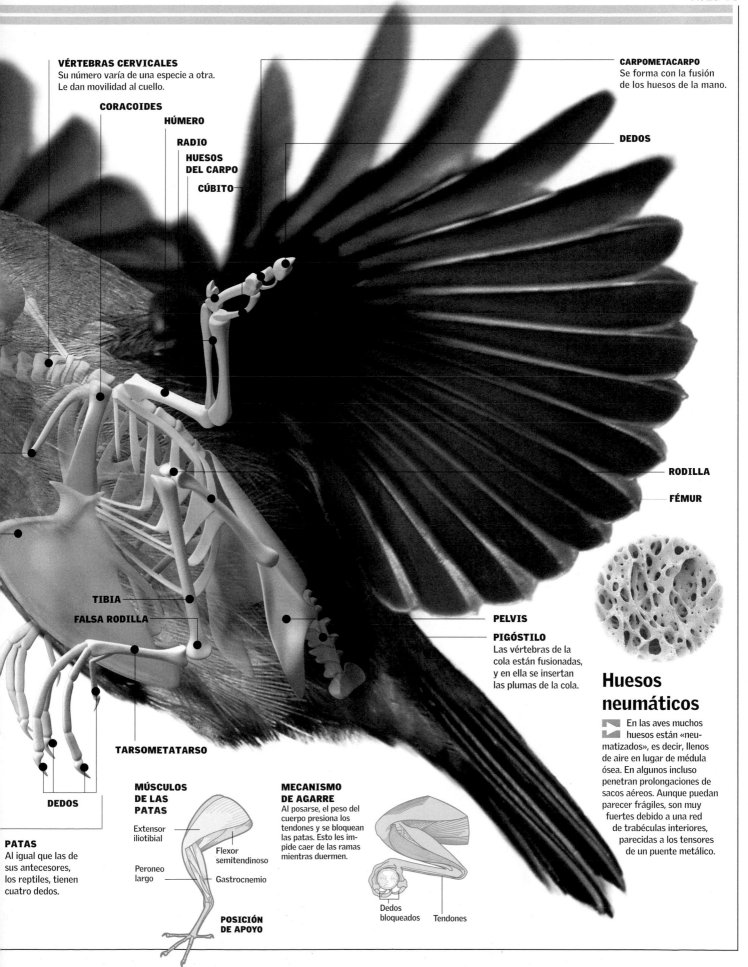

VÉRTEBRAS CERVICALES
Su número varía de una especie a otra.
Le dan movilidad al cuello.

CORACOIDES

HÚMERO

RADIO

**HUESOS
DEL CARPO**

CÚBITO

CARPOMETACARPO
Se forma con la fusión
de los huesos de la mano.

DEDOS

RODILLA

FÉMUR

TIBIA

FALSA RODILLA

TARSOMETATARSO

DEDOS

PATAS
Al igual que las de
sus antecesores,
los reptiles, tienen
cuatro dedos.

PELVIS

PIGÓSTILO
Las vértebras de la
cola están fusionadas,
y en ella se insertan
las plumas de la cola.

Huesos
neumáticos

En las aves muchos
huesos están «neu-
matizados», es decir, llenos
de aire en lugar de médula
ósea. En algunos incluso
penetran prolongaciones de
sacos aéreos. Aunque puedan
parecer frágiles, son muy
fuertes debido a una red
de trabéculas interiores,
parecidas a los tensores
de un puente metálico.

**MÚSCULOS
DE LAS
PATAS**

Extensor
iliotibial

Flexor
semitendinoso

Peroneo
largo

Gastrocnemio

**POSICIÓN
DE APOYO**

**MECANISMO
DE AGARRE**
Al posarse, el peso del
cuerpo presiona los
tendones y se bloquean
las patas. Esto les im-
pide caer de las ramas
mientras duermen.

Dedos
bloqueados

Tendones

Órganos internos

Las aves en vuelo pueden consumir oxígeno a un ritmo que un atleta bien entrenado no podría sostener siquiera unos minutos. Y todos sus órganos han tenido que adaptarse a ello. Los pulmones, aunque más pequeños que los de un mamífero de tamaño similar, son mucho más eficientes. Cuentan con varias bolsas de aire llamadas sacos aéreos, que permiten optimizar el sistema de ventilación y, al mismo tiempo, aligerar el peso del ave. El aparato digestivo presenta una particularidad: un buche en el esófago donde la comida queda almacenada para la digestión o para alimentar a las crías. El tamaño del corazón es en proporción cuatro veces más grande que el del hombre, porque el esfuerzo muscular que realiza el ave es muy intenso.

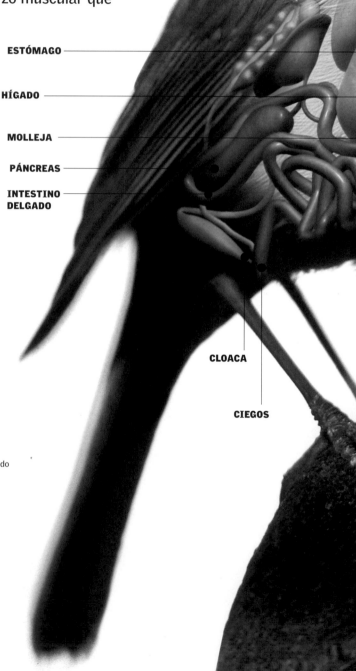

Gorrión
(género *Passer*)

ESTÓMAGO

HÍGADO

MOLLEJA

PÁNCREAS

INTESTINO
DELGADO

CLOACA

CIEGOS

Aparato digestivo

Las aves no tienen dientes. Por eso ingieren el alimento sin masticar, y es el estómago el encargado de triturarlo. Está dividido en dos cavidades: una glandular, el proventrículo, que secreta ácidos, y otra muscular, la molleja, cuyas paredes musculosas trituran lo ingerido. En general el proceso es muy rápido porque el vuelo consume mucha energía, que se debe reponer pronto. El aparato termina en la cloaca, el orificio excretor, compartido con el sistema urinario. Las aves asimilan casi toda el agua que beben.

RECORRIDO DEL ALIMENTO

1 **ALMACENAMIENTO**
Algunas aves tienen buche, lo que les permite almacenar alimento para digerirlo después; así están menos expuestas a los predadores.

2 **SECRECIÓN DE JUGOS**
El proventrículo secreta los jugos gástricos que inician la digestión.

3 **TRITURACIÓN**
En la molleja, una bolsa fuerte y musculosa, los alimentos son triturados con ayuda de piedras o arena que el ave traga y funcionan como sustitutos de los dientes.

4 **ASIMILACIÓN DE AGUA**
Tiene lugar en el intestino delgado, por lo general a partir de los alimentos.

5 **EXCRECIÓN**
La cloaca expulsa las heces mezcladas con la orina procedente del sistema excretor.

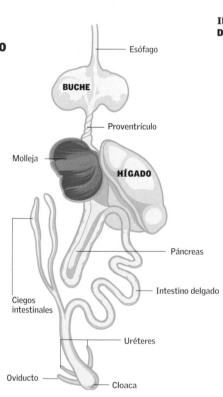

Esófago

BUCHE

Proventrículo

Molleja

HÍGADO

Páncreas

Intestino delgado

Ciegos
intestinales

Uréteres

Oviducto

Cloaca

TIPOS DE MOLLEJAS

DE AVES GRANÍVORAS
Con paredes musculares muy gruesas y recia mucosa (piel interior) para romper las semillas.

DE AVES CARNÍVORAS
Con paredes musculares más delgadas, porque la digestión tiene lugar en el proventrículo.

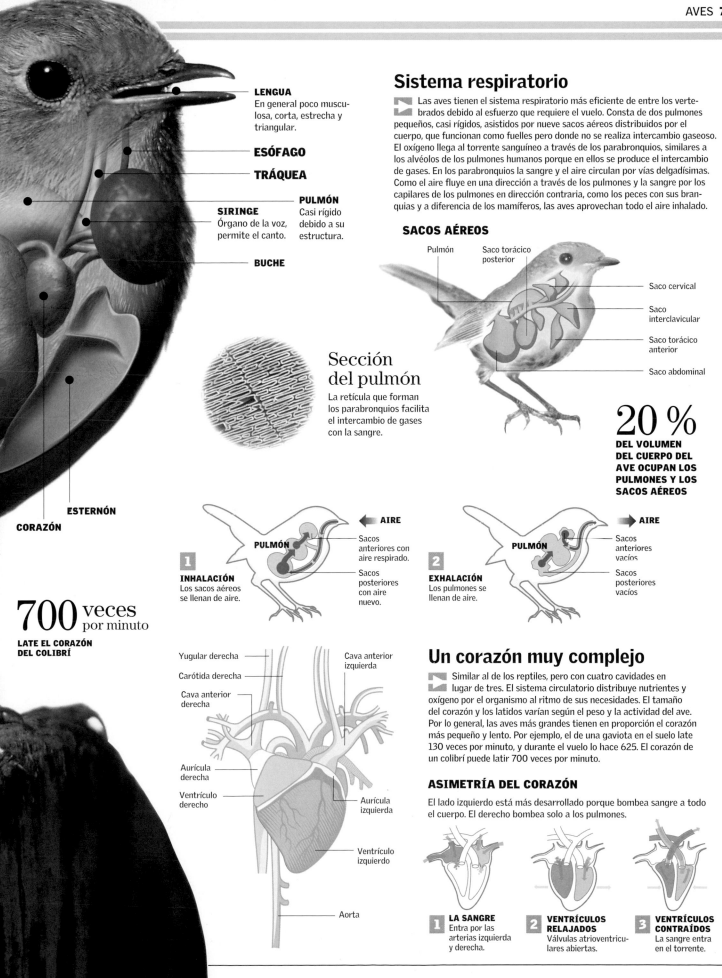

Sistema respiratorio

Las aves tienen el sistema respiratorio más eficiente de entre los vertebrados debido al esfuerzo que requiere el vuelo. Consta de dos pulmones pequeños, casi rígidos, asistidos por nueve sacos aéreos distribuidos por el cuerpo, que funcionan como fuelles pero donde no se realiza intercambio gaseoso. El oxígeno llega al torrente sanguíneo a través de los parabronquios, similares a los alvéolos de los pulmones humanos porque en ellos se produce el intercambio de gases. En los parabronquios la sangre y el aire circulan por vías delgadísimas. Como el aire fluye en una dirección a través de los pulmones y la sangre por los capilares de los pulmones en dirección contraria, como los peces con sus branquias y a diferencia de los mamíferos, las aves aprovechan todo el aire inhalado.

SACOS AÉREOS

Pulmón
Saco torácico posterior
Saco cervical
Saco interclavicular
Saco torácico anterior
Saco abdominal

20 %
DEL VOLUMEN DEL CUERPO DEL AVE OCUPAN LOS PULMONES Y LOS SACOS AÉREOS

LENGUA
En general poco musculosa, corta, estrecha y triangular.

ESÓFAGO
TRÁQUEA

SIRINGE
Órgano de la voz, permite el canto.

PULMÓN
Casi rígido debido a su estructura.

BUCHE

Sección del pulmón
La retícula que forman los parabronquios facilita el intercambio de gases con la sangre.

ESTERNÓN
CORAZÓN

1 INHALACIÓN
Los sacos aéreos se llenan de aire.

◄ AIRE
Sacos anteriores con aire respirado.
Sacos posteriores con aire nuevo.

2 EXHALACIÓN
Los pulmones se llenan de aire.

► AIRE
Sacos anteriores vacíos
Sacos posteriores vacíos

PULMÓN

700 veces por minuto
LATE EL CORAZÓN DEL COLIBRÍ

Yugular derecha
Carótida derecha
Cava anterior derecha
Cava anterior izquierda
Aurícula derecha
Ventrículo derecho
Aurícula izquierda
Ventrículo izquierdo
Aorta

Un corazón muy complejo

Similar al de los reptiles, pero con cuatro cavidades en lugar de tres. El sistema circulatorio distribuye nutrientes y oxígeno por el organismo al ritmo de sus necesidades. El tamaño del corazón y los latidos varían según el peso y la actividad del ave. Por lo general, las aves más grandes tienen en proporción el corazón más pequeño y lento. Por ejemplo, el de una gaviota en el suelo late 130 veces por minuto, y durante el vuelo lo hace 625. El corazón de un colibrí puede latir 700 veces por minuto.

ASIMETRÍA DEL CORAZÓN

El lado izquierdo está más desarrollado porque bombea sangre a todo el cuerpo. El derecho bombea solo a los pulmones.

1 LA SANGRE
Entra por las arterias izquierda y derecha.

2 VENTRÍCULOS RELAJADOS
Válvulas atrioventriculares abiertas.

3 VENTRÍCULOS CONTRAÍDOS
La sangre entra en el torrente.

Los sentidos

En las aves, los órganos de los sentidos están centralizados en la cabeza, excepto el tacto, que se localiza en todo el cuerpo. Las aves tienen una vista privilegiada, con los ojos más grandes en relación con el cuerpo. Eso les permite ver objetos muy distantes con considerable precisión. Su campo de visión es muy amplio, de más de 300 grados, pero en general tienen poca visión binocular. El oído, del que se ve un simple orificio pero que es muy refinado en las cazadoras nocturnas, les permite percibir sonidos inaudibles para el ser humano, lo que les facilita la detección de presas en pleno vuelo. El tacto y el olfato, en cambio, solo en algunas aves cobran relevancia, y el gusto es casi inexistente.

El oído

El oído del ave es más simple que el de los mamíferos. Las aves no tienen orejas, y en algunos casos el oído externo está cubierto por plumas rígidas. En el interior destaca la columela, hueso que también tienen los reptiles. El oído de las aves está bien desarrollado, y es muy agudo: donde un hombre percibe una nota, un ave puede distinguir muchas más. El oído resulta fundamental para el equilibrio, factor clave en el vuelo, y se cree que en ciertas especies funciona también como barómetro, indicando la altura.

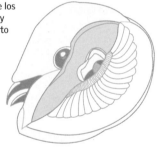

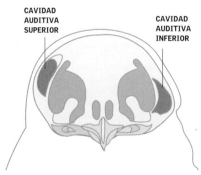

CAVIDAD
AUDITIVA
SUPERIOR

CAVIDAD
AUDITIVA
INFERIOR

UBICACIÓN DE LOS OÍDOS

En el ave los oídos externos están situados a diferente altura, lo que hace que la audición se produzca con un ligero desfase temporal. En las cazadoras nocturnas, como los búhos, esa asimetría permite triangular los sonidos y ubicar la presa con un mínimo margen de error.

Tacto, gusto y olfato

El tacto está bien desarrollado en el pico y la lengua de muchas aves, sobre todo en las que buscan alimento con ellos, como las costeras o los pájaros carpinteros. En general la lengua es estrecha, con pocas papilas gustativas, pero alcanzan a distinguir los gustos salado, dulce, amargo y ácido. El olfato está poco desarrollado: aunque la cavidad correspondiente es amplia, el epitelio olfativo es reducido. Solo en algunas especies, como en el kiwi y en las carroñeras (como el cóndor) está más desarrollado.

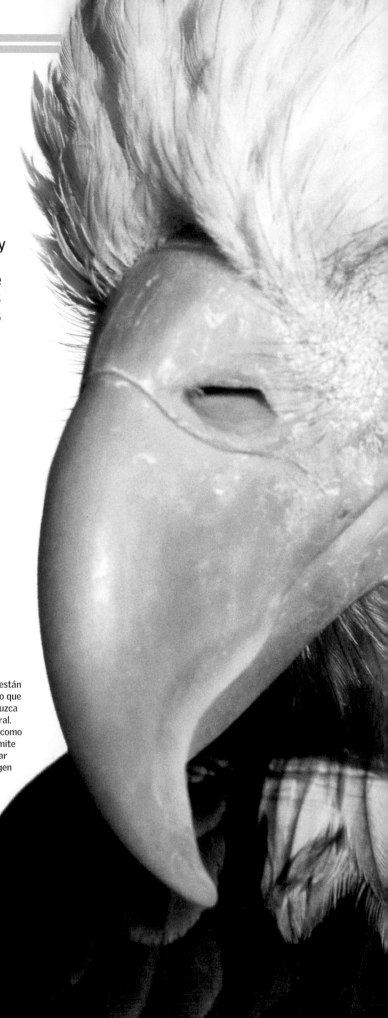

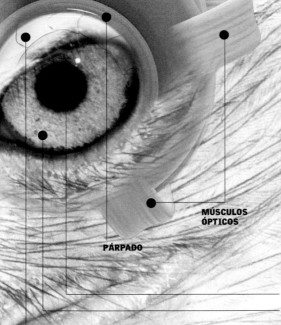

MÚSCULOS ÓPTICOS

PÁRPADO

La vista

Es el sentido más desarrollado de las aves, porque de él dependen tanto el éxito de ciertas maniobras de vuelo como el reconocimiento del alimento desde la distancia. Los ojos de las aves son grandes en proporción, y en la mayoría de ellas penetran poco en el cráneo, porque el cristalino y la córnea —sostenida por una serie de placas escleróticas óseas— se proyectan fuera de la órbita. En las cazadoras, los ojos son casi tubulares. Los músculos de alrededor deforman el ojo y modifican el cristalino para obtener mayor agudeza visual: el aumento medio es de 20 veces, con casos de 60, como en algunas buceadoras, en relación a la vista humana. También su sensibilidad a la luz es notable, e incluso hay especies que reconocen espectros de luz invisibles para el hombre.

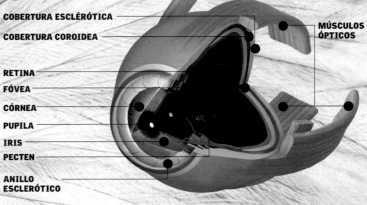

COBERTURA ESCLERÓTICA

COBERTURA COROIDEA

MÚSCULOS ÓPTICOS

RETINA

FÓVEA

CÓRNEA

PUPILA

IRIS

PECTEN

ANILLO ESCLERÓTICO

Campo visual

Los ojos de la mayoría de las aves están ubicados a los lados de la cabeza y generan un campo de visión amplio, de más de 300 grados. Cada ojo ve zonas diferentes, y ambos solo se focalizan en un objeto cuando el animal mira al frente, en un estrecho campo de visión binocular.

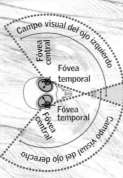

Campo visual del ojo izquierdo

Fóvea central

Fóvea temporal

Fóvea temporal

Fóvea central

Campo visual del ojo derecho

ÁREA DE VISIÓN HOMBRE

Los ojos, situados en la parte frontal de la cabeza, se mueven a la par sobre una misma zona. El hombre solo tiene visión binocular porque no puede mover los ojos de forma independiente.

Campo visual del ojo izquierdo

Campo binocular

Campo visual del ojo derecho

ÁREA DE VISIÓN BINOCULAR COMPARADA

La visión binocular es fundamental para calcular distancias sin errores. El cerebro procesa la imagen que genera cada ojo por separado como si fuera una sola: las pequeñas diferencias entre ambas le permiten construir otra en profundidad o en tres dimensiones. Las aves cazadoras, en las que la distancia a los objetos es asunto de vida o muerte, tienden a tener los ojos más hacia delante de la cara, lo que favorece unas áreas más grandes de visión binocular. Las otras, con los ojos situados a los lados, calculan la distancia moviendo la cabeza, pero perciben un campo más amplio para ver antes a sus depredadores. El búho es el ave con mayor visión binocular: hasta 70 grados.

CAMPO VISUAL DEL AVE CAZADORA

Los ojos situados delante reducen el campo visual total pero abren un rango más amplio de visión binocular.

CAMPO DE VISIÓN BINOCULAR

CAMPO DE VISIÓN MONOCULAR

CAMPO VISUAL DEL AVE NO CAZADORA

Los ojos a los lados de la cabeza abren el campo visual hasta 360 grados, pero se reduce el rango binocular.

CAMPO DE VISIÓN MONOCULAR

CAMPO DE VISIÓN BINOCULAR

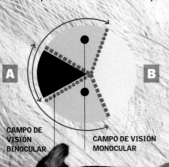

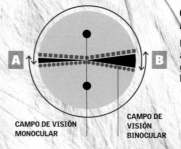

Las plumas

Las plumas son la característica que distingue a las aves del resto de los animales. Son las que les proporcionan su llamativo colorido, las protegen del frío y el calor, les permiten desplazarse fácilmente por el aire y el agua y las ocultan a sus enemigos, además de ser una de las causas por las que el hombre las ha domesticado y cazado. El conjunto de plumas se denomina plumaje, y su colorido es vital en el éxito reproductivo.

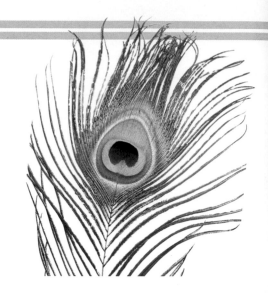

Estructura

La estructura de una pluma presenta dos partes: el eje y la lámina. El eje se denomina raquis y la parte que se inserta en la piel del ave se llama cálamo. En esa zona del raquis se genera el movimiento de las plumas. La lámina, por su parte, está formada por barbas que, a su vez, se ramifican en bárbulas. En aquellas plumas en que las bárbulas presentan en el extremo una serie de ganchillos, la lámina se denomina vexilo. El entretejido que se forma con los ganchillos del vexilo constituye una red que aporta rigidez y resistencia, contribuye a que la pluma sea impermeable y, además, define la forma aerodinámica característica de las plumas. Cuando una pluma se desgasta, crece otra nueva que la sustituye.

1 En la epidermis del ave se desarrolla un engrosamiento o papila.

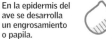

2 En la papila, células especiales de la epidermis forman un folículo.

3 En el folículo crece un tubo que se elongará desde la base y se convertirá en la pluma.

RAQUIS
Eje principal de la pluma, similar a una caña hueca.

BORDE
Presenta un perfil aerodinámico óptimo para el vuelo.

OMBLIGO INFERIOR
Es el orificio de la base del cálamo donde penetra la papila dérmica. Por él reciben los nutrientes las plumas en crecimiento.

INTERIOR HUECO

PULPA INTERIOR DEL CAÑÓN

CÁLAMO
Aporta los nutrientes necesarios durante el crecimiento de la pluma. En la base hay terminaciones nerviosas que se estimulan con el movimiento de la pluma. Así, el ave puede detectar cambios en su entorno.

OMBLIGO SUPERIOR
Contiene algunas barbas sueltas y en algunas plumas se inserta un raquis secundario: el hiporraquis.

BARBAS
Son ramificaciones delgadas y rectas que crecen perpendiculares al raquis.

Tipos de plumas

Existen tres tipos principales de plumas, que se clasifican según su ubicación: las más próximas al cuerpo se llaman plumón; por encima se encuentran las plumas de contorno; y las grandes plumas de las alas y la cola, las plumas de vuelo, reciben a menudo el nombre de remeras (las de las alas) y rectrices o timoneras (las de la cola).

PLUMÓN

Son plumas, ligeras y sedosas que protegen al ave del frío. El raquis es corto o inexistente, las barbas son largas y las bárbulas carecen de ganchillos. Por lo general, es el primer tipo de pluma que les sale a las aves.

CONTORNO

También llamadas plumas coberteras, se caracterizan por ser cortas y redondeadas. Son más rígidas que el plumón y, como recubren todo el cuerpo del ave, incluidas la cola y las alas, son las que le dan su forma en vuelo.

Qué es la queratina

La queratina es una proteína que hay en la capa más externa de la piel de las aves, como en la de otros animales vertebrados. Es el principal componente de las plumas, el pelo y las escamas. Su particular resistencia contribuye a que no se desarme el entretejido de ganchillos en el vexilo. Así, la forma de la pluma se mantiene a pesar de la presión del aire durante el vuelo.

BARBAS

BÁRBULAS

GANCHILLOS O BARBICELOS

VEXILO O LÁMINA
En la porción externa hay gran cantidad de barbicelos.

25 000

EL NÚMERO DE PLUMAS QUE PUEDEN TENER AVES GRANDES, POR EJEMPLO, UN CISNE
En cambio, un ave pequeña, como un gorrión, posee una cantidad de plumas que oscila entre las 2000 y las 4000.

ESCOTADURA
Las turbulencias durante el vuelo se atenúan gracias a esta muesca presente en el extremo del ala.

ACICALAMIENTO

El ave necesita arreglarse las plumas con el pico no solo para mantenerlas limpias y sin parásitos, sino para preservar su lubricación y así resistir mejor las inclemencias del tiempo. Pasan el pico por la glándula uropigial y distribuyen por todo el plumaje el aceite y la cera que allí se producen. Esta tarea es una cuestión de supervivencia.

LIMPIEZA CON HORMIGAS

Algunas aves, como determinadas tángaras, pican hormigas con el pico, las muelen y se untan las plumas con ellas. Se cree que los jugos ácidos de las hormigas machacadas funcionan sobre el plumaje como repelente contra piojos y otros parásitos externos.

BAÑOS DE POLVO
Se los dan aves como faisanes, perdices, avestruces, palomas y gorriones. Esta conducta está asociada con el control del equilibrio de grasa en las plumas.

PTERILOS Y APTERILOS

A simple vista, el cuerpo de un ave está recubierto de plumas. Sin embargo, no es así: solo le crecen en zonas concretas llamadas pterilos, donde están las papilas que dan origen a nuevas plumas. Los pterilos tienen una forma y disposición particular en cada especie y están rodeados de zonas desnudas llamadas apterilos en las que no crecen plumas. Los pingüinos son las únicas aves que tienen plumas en todo el cuerpo, particularidad que les permite habitar regiones de clima frío.

GARZA IMPERIAL
El plumón de talco mantiene su plumaje impermeable.

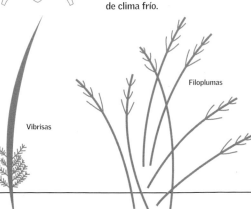

ESPECIALES

Las vibrisas son plumas especiales formadas por un solo filamento y a veces con barbas sueltas en la base, con una función táctil. Se disponen alrededor de la base del pico, de las narinas o de los ojos. Son muy finas y generalmente están mezcladas con plumas de contorno.

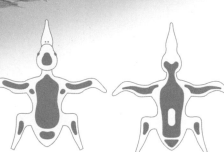

Vibrisas

Filoplumas

PLUMÓN DE TALCO

Es un tipo especial de plumas que se presenta en algunas aves acuáticas: crece constantemente por el extremo, deshaciéndose en pequeñas escamas cerosas. Ese «talco» se distribuye por el plumaje para su protección.

Alas

Las alas son brazos muy modificados que por su estructura y forma especiales permiten volar a la mayoría de las aves. Las hay de distintos tipos, según la especie. También las aves que no vuelan tienen alas especializadas: los pingüinos, por ejemplo, las usan para nadar. Entre las alas que han existido en el reino animal, las de las aves son las mejores para volar: livianas, resistentes y en algunos casos hasta modificables en vuelo para optimizar su efectividad. Para entender la relación entre el ala y el peso del ave se recurre al concepto de carga alar, que ayuda a explicar el tipo de vuelo de cada especie.

Alas en el reino animal

Desde las de los primeros modelos, las de los pterosaurios, hasta las de las aves modernas, las alas siempre han sido brazos modificados. Las alas han evolucionado a partir de la adaptación de los huesos. Las de otros animales tienen una superficie membranosa compuesta de piel flexible que se extiende entre los huesos de la mano y el cuerpo, generalmente hasta las patas, según la especie. Las de las aves, en cambio, se basan en un principio muy distinto: el brazo y la mano forman un complejo de piel, hueso y músculo, con una superficie alar constituida por plumas. El ala de ave adopta, además, diferentes formas según la adaptación al medio de la especie.

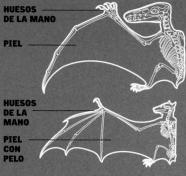

HUESOS DE LA MANO

PIEL

PTERODÁCTILO
Conservaban la garra y extendían el ala con un solo dedo.

HUESOS DE LA MANO

PIEL CON PELO

MURCIÉLAGO
Cuatro dedos extienden la membrana, y el pulgar queda como garra.

HUESOS DE LA MANO

PLUMAS

AVES
Los dedos están fusionados y forman la punta del ala, donde se insertan las plumas remeras o primarias.

Tipos de alas

Según el medio en el que viven y el tipo de vuelo que realizan, las aves presentan diferentes formas de alas que les permiten economizar energía y ser más eficientes en vuelo. La forma del ala también depende del tamaño del animal. En consecuencia, el número de plumas primarias y secundarias cambia de acuerdo con las necesidades de vuelo de la especie.

LAS PRIMARIAS EXTERNAS SON MÁS LARGAS.

ALA RÁPIDA
Plumas remeras grandes y apretadas para el batido; superficie reducida para evitar una fricción excesiva.

PRIMARIAS MÁS EXTERNAS MÁS CORTAS QUE LAS CENTRALES.

ALA ELÍPTICA
Funcional para vuelos mixtos, ofrece una gran maniobrabilidad. Es habitual en muchos pájaros.

ANCHA EN LA BASE Y CON LAS PUNTAS DE LAS PLUMAS SEPARADAS

ALA DE PLANEO EN TIERRA
Ancha, sirve para volar a poca velocidad. Las remeras separadas evitan turbulencias en el planeo.

PLUMAS SECUNDARIAS MUY NUMEROSAS

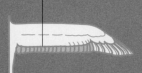

ALA DE PLANEO SOBRE EL MAR
Es larga y estrecha, lo que la hace ideal para planear con el viento en contra, como lo suele requerir el vuelo.

PLUMAS CORTAS EN TODA EL ALA

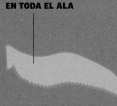

ALA DE NADADORA
En el ala del pingüino, adaptada al nado, las plumas están acortadas y funcionan básicamente como aislante.

Dimensiones y carga alar

La envergadura de un ave es la distancia que hay entre las puntas de sus alas abiertas. Junto con el ancho, determina la superficie de sustentación, fundamental para el vuelo de un ave. No cualquier ala puede sustentar a cualquier ave. Muy al contrario, existe una estrecha relación entre el peso del animal y la superficie de sus alas. Esa relación es la que se conoce como carga alar, y es clave para entender el vuelo de ciertas especies: un albatros, con sus alas grandes, tiene una carga alar baja y resulta un gran planeador, mientras que un colibrí, de alas pequeñas, tiene que batirlas muy deprisa para sustentar su peso. En general, cuanto menor es la carga alar, más planeadora el ave, y cuanto mayor, más veloz.

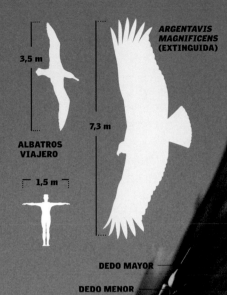

3,5 m

ALBATROS VIAJERO

7,3 m

ARGENTAVIS MAGNIFICENS (EXTINGUIDA)

1,5 m

DEDO MAYOR

DEDO MENOR

CARPOMETACARPO

DEDO ALULAR
Controla el álula, una línea de plumas que recorre el borde frontal del ala.

CÚBITO

RADIO

HÚMERO

CORACOIDE

ESTERNÓN O QUILLA

PRIMARIAS
Encargadas de la propulsión, también se llaman remeras.

COBERTORAS ALARES PRIMARIAS
Cubren las remeras y, junto con el álula, modifican a voluntad la forma alar.

COBERTORAS ALARES MEDIAS
Con una ligera elevación, cambian la sustentabilidad del ala.

SECUNDARIAS
Su número varía mucho de una especie a otra. Completan la superficie alar.

COBERTORAS ALARES MAYORES
Agrandan la superficie alar; cubren el punto de inserción de las terciarias.

TERCIARIAS
Junto con las secundarias, ofrecen la superficie alar.

PLUMAS SUELTAS
A veces no hay barbicelas y las plumas del ala se separan, quedando abiertas y alborotadas.

PLUMAS PRIMARIAS
Las aves que vuelan tienen de nueve a doce; en las corredoras llegan a dieciséis.

Alas que no vuelan

Entre ellas, las del pingüino son un caso extremo de adaptación: preparadas para remar bajo el agua, funcionan como aletas. En las aves corredoras su principal función es aportar equilibrio en carrera. También están relacionadas con el cortejo, con plumas ornamentales que se exhiben especialmente durante la época de apareamiento, abriendo o batiendo las alas. En cuanto a la regulación de la temperatura, usándolas como abanicos las aves ventilan su cuerpo con rapidez y eficacia.

FUNCIÓN
Las alas del avestruz cumplen las funciones de balance y regulación térmica y también participan del cortejo.

Colas

En el transcurso de la evolución, las vértebras de la cola se fueron fusionando en el pigóstilo, donde surgieron plumas de diferentes tamaños y colores con múltiples usos. Pueden dirigir el vuelo durante maniobras aéreas, actuar como freno en el aterrizaje y emitir ruidos. Además, los machos las exhiben durante el cortejo para deslumbrar y conquistar a la hembra. Por lo general, la cola está formada por plumas timoneras que varían en número, longitud y rigidez de una especie a otra.

La clave de su funcionamiento

La variedad de funciones de la cola es posible gracias al movimiento y la forma de las plumas. Los poderosos músculos que se insertan en el pigóstilo preparan el plumaje para el vuelo o la parada nupcial, dan equilibrio al caminar y posarse en los árboles, o bien sirven de timón en la natación.

ABIERTA

CERRADA

ABIERTA

ATERRIZAJE I
Se despliega el plumaje y el eje principal del cuerpo se coloca paralelo al suelo.

ATERRIZAJE II
Se inclina el cuerpo hacia atrás y la cola se cierra. Las patas se aprestan para agarrar la rama.

ATERRIZAJE III
Las plumas desplegadas de la cola y un fuerte aleteo permiten frenar y acomodar el cuerpo al posarse.

Parada nupcial

En los gallos lira, la cola de la hembra es recta pero la del macho tiene forma de media luna. En general la mantienen cerrada y cerca del suelo, pero durante el cortejo la levantan y la despliegan para exhibirla. Para completar el espectáculo, el macho corretea delante de la hembra.

ABIERTA

CERRADA

TIMONERAS
O rectrices. Las plumas caudales se pueden desgastar y desflecar por la fricción del aire durante el vuelo o por el roce con la vegetación.

GALLO LIRA
Lyrurus tetrix
El macho se distingue por su plumaje negro azulado y la carúncula roja sobre los ojos.

INFRACAUDALES
Son plumas que cubren la parte inferior de las timoneras evitando su desgaste por la fricción del aire.

Timoneras

En las aves voladoras son ligeras y aerodinámicas. En las arborícolas trepadoras, como los pájaros carpinteros o los vencejos, son rígidas, lo que les permite servirse de ellas como apoyo (cola acuminada). En los pavos reales macho las coberturas están más desarrolladas que las timoneras y son las que exhiben en el pavoneo.

COLA BIFURCADA
Golondrinas y fragatas. Las plumas externas son muy largas. Adquiere aspecto de tijera.

COLA REDONDA
En algunas paseriformes las plumas centrales apenas sobresalen entre las externas.

COLA GRADUADA
Trogones y martines pescadores. Cerrada, la cola tiene una forma escalonada.

COLA EMARGINADA
Azulejos. Las plumas centrales son más cortas que las externas.

COLA CUADRADA
Codornices. Es corta y recta.

Planeo

Consiste en aprovechar las corrientes del aire para volar largas distancias ahorrando energía. Existen dos tipos de planeadoras, las aves terrestres y las marinas, cada una con adaptaciones a diferentes fenómenos atmosféricos. Las terrestres se elevan gracias a las corrientes termales, ascendentes; las marinas se ayudan de las corrientes oceánicas superficiales. Una vez alcanzada altura, se deslizan en trayectorias rectilíneas. Van perdiendo altura poco a poco hasta encontrar otra corriente que las vuelve a empujar hacia arriba. Todas, terrestres y marinas, tienen las alas grandes.

TIPOS DE ALAS PLANEADORAS

PLANEADORA TERRESTRE
Gran superficie alar, para aprovechar las corrientes de aire ascendentes a velocidades moderadas.

PLANEADORA MARINA
Largas y delgadas, para aprovechar los vientos constantes de superficie y ofrecer menor resistencia al avance.

El despegue

Suele bastar con un potente salto seguido del batir vertical de las alas. Al bajar las alas, las plumas externas se solapan y se aprietan formando una superficie que impide el paso del aire e impulsa al ave hacia arriba. Cuando levanta las alas para repetir el movimiento, las plumas se inclinan y abren para no oponer resistencia hasta llegar al punto máximo, antes de volver a bajar. Con un par de aleteos el ave está en vuelo. Las más grandes tienen que tomar carrerilla para elevarse, ya sea en tierra o en el agua.

AIRE

2 Al bajar las alas las plumas primarias permanecen cerradas y no dejan pasar el aire.

3 Ascenso

ALETEO FUERTE Y RÁPIDO

1 Al subirlas, las plumas primarias se abren ofreciendo menor resistencia al aire.

SALTO INICIAL

CARRERA

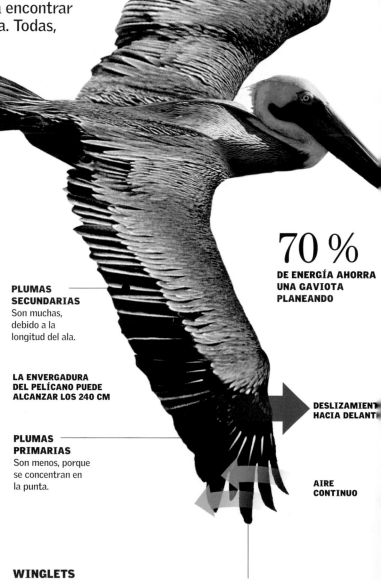

PLUMAS SECUNDARIAS
Son muchas, debido a la longitud del ala.

LA ENVERGADURA DEL PELÍCANO PUEDE ALCANZAR LOS 240 CM

PLUMAS PRIMARIAS
Son menos, porque se concentran en la punta.

70 %
DE ENERGÍA AHORRA UNA GAVIOTA PLANEANDO

DESLIZAMIENTO HACIA DELANTE

AIRE CONTINUO

WINGLETS

Las planeadoras terrestres suelen tener, hacia la punta del ala, las plumas primarias separadas. Eso les sirve para disminuir el ruido y las tensiones generadas allí por el deslizamiento del aire. Los aviones modernos copian su diseño.

Las plumas de la punta funcionan como los winglets de los aviones.

Winglets de aviones: los hay de una o varias piezas.

Las aves marinas

El veleo o vuelo dinámico lo realizan aves que tienen alas largas y delgadas, como los albatros. Están diseñadas para aprovechar con eficacia las corrientes de aire horizontales, las responsables de la formación de las olas en el océano. El resultado es un vuelo en espiral que eleva al ave de cara al viento y la desplaza cuando lo tiene de cola. Este vuelo es posible en todo momento.

VIENTO MÁS RÁPIDO

VIENTO MÁS LENTO

LES PERMITE RECORRER GRANDES DISTANCIAS EN LA DIRECCIÓN QUE QUIEREN

1-10 m
Es el rango de altura de un planeo dinámico.

PATRONES DE VUELO

La formación es un recurso para ahorrar energía en el vuelo batido. El que dirige experimenta mayor resistencia al avance, pero los otros vuelan en su estela con mayor comodidad. Existen dos formaciones básicas: «en L» y «en V», propias de pelícanos y gansos respectivamente.

RELEVO
Cuando el líder se cansa, otro ocupa su lugar.

14 %
LOS ALETEOS QUE LOS GANSOS SE AHORRAN CUANDO VUELAN EN FORMACIÓN

FORMACIÓN EN L

LÍDER
Es el que realiza el mayor esfuerzo al «cortar» el aire.

RESTO DE LA FORMACIÓN
Aprovechan la turbulencia que produce el batido del líder para elevarse tras él.

FORMACIÓN EN V

El principio es el mismo, pero forman dos líneas con un vértice. Es la propia de gansos, patos y garzas.

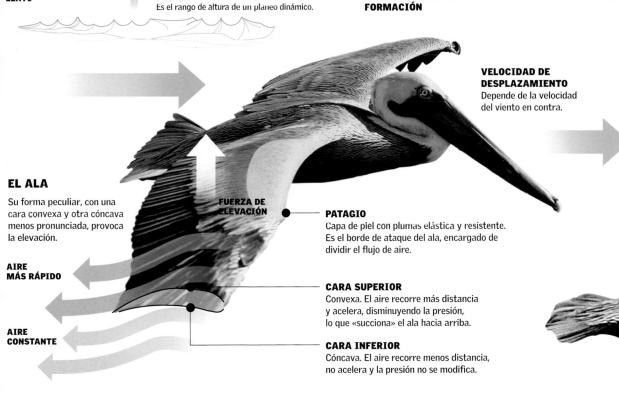

VELOCIDAD DE DESPLAZAMIENTO
Depende de la velocidad del viento en contra.

EL ALA

Su forma peculiar, con una cara convexa y otra cóncava menos pronunciada, provoca la elevación.

FUERZA DE ELEVACIÓN

AIRE MÁS RÁPIDO

AIRE CONSTANTE

PATAGIO
Capa de piel con plumas elástica y resistente. Es el borde de ataque del ala, encargado de dividir el flujo de aire.

CARA SUPERIOR
Convexa. El aire recorre más distancia y acelera, disminuyendo la presión, lo que «succiona» el ala hacia arriba.

CARA INFERIOR
Cóncava. El aire recorre menos distancia, no acelera y la presión no se modifica.

LAS AVES TERRESTRES

Se valen de corrientes de aire caliente y ascendente generadas por convección en la atmósfera o por el choque de corrientes de aire con riscos o montañas. Luego planean en vuelo rectilíneo. Solo pueden hacerlo durante el día.

1 ASCENSO
Cuando encuentran una corriente de aire caliente se elevan sin aletear.

2 PLANEO RECTO
Alcanzada la máxima altura posible, se deslizan en trayectorias rectilíneas.

3 DESCENSO
Bajan planeando lentamente.

4 ASCENSO
Vuelven a subir con otra corriente de aire caliente.

Térmica: aire caliente

Aire frío

Corriente de aire caliente

Vuelo batido

Es el que practican la mayoría de las aves voladoras. Consiste en avanzar por el aire como si remaran con las alas. Con cada batido (subida y bajada), las alas soportan el cuerpo a la vez que lo empujan hacia delante. Existen distintos tipos de vuelos batidos y diferentes frecuencias: cuanto más grande el ave, más poderosos pero más espaciados los batidos. Como el batido es una actividad que consume mucha energía, las aves han adaptado sus modalidades de vuelo: unas lo hacen de forma permanente, como el colibrí, y otras lo alternan con cortos planeos. La forma de las alas también varía de acuerdo con las necesidades del ave. Las que recorren grandes distancias tienen unas alas largas y estrechas, y las que vuelan entre árboles, cortas y redondeadas.

LA CABEZA
Hacia atrás, para acercarla al centro de gravedad (entre las alas) y equilibrarse.

LA COLA
Ligeramente curvada, funciona como timón en vuelo y freno en el aterrizaje.

LAS PATAS
Permanecen en reposo hasta el aterrizaje. Quedan pegadas al cuerpo.

EL PICO
Proyectado hacia delante, su forma aerodinámica reduce la resistencia al aire que ofrece el ave.

ÁNGULO DEL ALA
Variable con el movimiento del ala. Cuando rema, se cierra.

50 km/h
LA VELOCIDAD MEDIA DE UN PELÍCANO ADULTO EN VUELO EN UN DÍA SIN VIENTO

Especialización

El vuelo batido es una actividad que requiere mucho esfuerzo, y para llevarlo a cabo las aves deben consumir gran cantidad de comida. Una golondrina que emigra consume 4000 calorías cada 2,5 km, mientras que un mamífero pequeño gasta solo 25 calorías en recorrer la misma distancia.

VUELO DE TRAYECTORIA ONDULADA

Ideal para altas velocidades, consiste en batir las alas para ganar altura y luego plegarlas para dejarse caer en la trayectoria del vuelo. Después se vuelven a batir, aprovechando la inercia de la caída para recuperar altura. Una variante consiste en añadir un planeo entre batido y batido.

1 PROPULSIÓN
El ave bate las alas enérgicamente para ascender.

2 DESCENSO
El ave mantiene las alas pegadas al cuerpo para ahorrar energía a intervalos cortos.

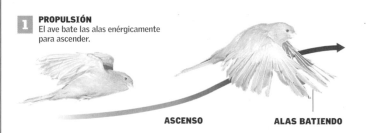

ASCENSO   **ALAS BATIENDO**   **ALAS PLEGADAS**   **DESCENSO**

① Arriba

Cuando las alas se levantan, las plumas remeras se separan y abren para reducir la fricción. La sustentación recae en el patagio, la piel que cubre los huesos y en la que se anclan las plumas.

FUERZA

Para ganar altura al despegar, las aves suelen aletear en arcos grandes, de una forma generalmente ruidosa.

② Abajo

Al bajar las alas, las plumas remeras se solapan, aprietan y cierran, y las propias alas se adelantan un poco para ganar sustentación extra. Además, las puntas se doblan, lo que empuja al ave como si remara.

La potencia muscular se transmite a toda el ala, aunque en especial a la punta.

El remo del ala es el encargado de la propulsión.

BUCHE
Es de una piel elástica y puede cargar alimento durante el vuelo.

ALA REMERA
Funciona como un remo, atrapando aire y empujando al ave hacia delante.

VUELO EN MOLINETE: EL COLIBRÍ

Para libar el néctar de las flores, el colibrí se mantiene volando en un punto. A diferencia de otras aves, el colibrí las tiene unidas únicamente a los hombros, lo que les da mayor movilidad. Eso le permite sustentarse en el aire durante las dos fases del batido, la elevación y la bajada de las alas. El colibrí debe batir las alas hasta 4800 veces por minuto tanto durante el vuelo direccional como estático.

El ala tiene huesos cortos y robustos; los músculos son muy poderosos.

Gran capacidad de maniobra: son las únicas aves capaces de volar hacia atrás.

Recorrido de la punta del ala durante el vuelo.

80 VECES POR SEGUNDO BATEN LAS ALAS EN UN VUELO NORMAL

PARADA NUPCIAL
Hay especies de colibríes que durante el cortejo llegan a batir las alas hasta 200 veces por segundo.

Aterrizaje

Requiere reducir la velocidad hasta quedar inmóviles y posarse. El ave se coloca de cara al viento y despliega la cola, las alas y las álulas (muy rígidas) como un paracaídas, a la vez que yergue el cuerpo y extiende las patas hacia delante para ofrecer una mayor superficie de contacto con el aire. A esa posición suma un fuerte batido en dirección contraria al vuelo. Todo opera como un freno aerodinámico. Algunas aves, como los albatros, que tienen las alas largas y estrechas, suelen tener problemas en el momento de frenar, al menos en tierra, donde es común verlas posarse dando tumbos poco elegantes. En el mar, por el contrario, las patas les sirven de deslizadores y «esquían» hasta detenerse.

ALETEO EN DIRECCIÓN CONTRARIA AL VUELO

ALAS ABIERTAS

VIENTO

COLA DESPLEGADA

DESLIZAMIENTO

Patas abiertas antes de posarse: presentan mayor resistencia y ayudan a frenar.

La vida de las aves

a conducta de las aves está muy vinculada con los cambios de estación. Para sobrevivir, deben anticipar la llegada del otoño y el invierno y ajustar su comportamiento a los cambios. El albatros errante, por ejemplo, puede recorrer entre 2900 y 15 000 kilómetros planeando sobre los mares en busca de alimento. A la hora de elegir pareja,

HUEVOS DE LAGÓPODO ESCOCÉS
(Lagopus lagopus scoticus)
La hembra pone los huevos a
intervalos de uno a dos días,
y también es ella quien los incuba.

machos y hembras se comportan de forma distinta; ellos ponen en práctica distintas tácticas para seducir a sus compañeras y convencerlas de que son los mejores. Ciertas parejas de aves son para toda la vida, mientras que otras cambian cada año. En cuanto al cuidado de los polluelos y la construcción de los nidos, en la mayoría de las especies participan ambos padres.

Cómo se comunican

El sonido es la forma principal de expresión de las aves. Los sonidos que emiten pueden ser de dos tipos: llamadas y canto. Las primeras tienen una estructura acústica simple, con pocas notas; están asociadas con la coordinación de las actividades del grupo y sirven para establecer la comunicación entre padres e hijos y mantener el contacto entre individuos durante las migraciones. El canto, en cambio, es más complejo en ritmo y modulación, y está bajo el control de las hormonas sexuales, principalmente las masculinas: por eso son los machos los que producen las melodías más variadas. Los cantos están ligados al comportamiento sexual y la defensa del territorio. En general, las aves los heredan o los aprenden.

1 El canto en el cerebro

Las aves tienen un cerebro bien desarrollado para esta función. La testosterona actúa en el centro vocal superior del cerebro, que es el encargado de memorizar, identificar y emitir las órdenes para la ejecución del canto.

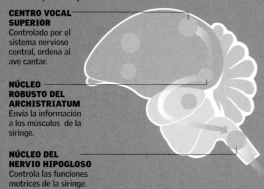

CENTRO VOCAL SUPERIOR
Controlado por el sistema nervioso central, ordena al ave cantar.

NÚCLEO ROBUSTO DEL ARCHISTRIATUM
Envía la información a los músculos de la siringe.

NÚCLEO DEL NERVIO HIPOGLOSO
Controla las funciones motrices de la siringe.

2 Envío de aire a los bronquios

El aire almacenado en los sacos aéreos y los pulmones se expulsa hacia el exterior y, a su paso por la siringe, situada entre los bronquios y la tráquea, hace vibrar las membranas timpaniformes. Estas membranas equivalen a las cuerdas vocales humanas.

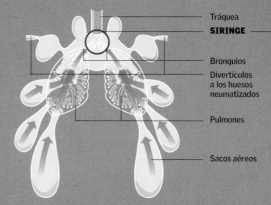

Tráquea
SIRINGE
Bronquios
Divertículos a los huesos neumatizados
Pulmones
Sacos aéreos

3 Producción de sonido en la siringe

Para la producción de sonidos es indispensable la participación de los músculos esternotraqueales y de cinco a siete pares de músculos pequeños internos que posibilitan la elongación y contracción de la siringe, que varía el tono del sonido. En cuanto a los sacos aéreos, son también esenciales porque añaden presión externa para que se tensen las membranas timpaniformes. El esófago hace de caja de resonancia y amplifica el sonido. La articulación de los sonidos tiene lugar en la cavidad bucofaríngea. Existen dos tipos de articulaciones: gutural y lingual.

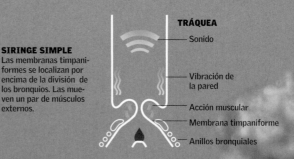

TRÁQUEA
Sonido

SIRINGE SIMPLE
Las membranas timpaniformes se localizan por encima de la división de los bronquios. Las mueven un par de músculos externos.

Vibración de la pared
Acción muscular
Membrana timpaniforme
Anillos bronquiales

SIRINGE

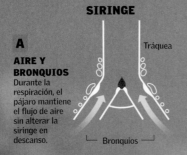

A
AIRE Y BRONQUIOS
Durante la respiración, el pájaro mantiene el flujo de aire sin alterar la siringe en descanso.

Tráquea
Bronquios

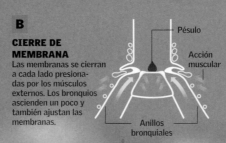

B
CIERRE DE MEMBRANA
Las membranas se cierran a cada lado presionadas por los músculos externos. Los bronquios ascienden un poco y también ajustan las membranas.

Pésulo
Acción muscular
Anillos bronquiales

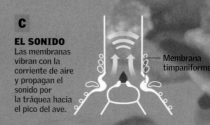

C
EL SONIDO
Las membranas vibran con la corriente de aire y propagan el sonido por la tráquea hacia el pico del ave.

Membrana timpaniforme

Territorialidad y alcance

Una de las funciones más estudiadas del canto de los pájaros es la demarcación del territorio. Cuando un pájaro ocupa un territorio, canta para anunciar su pertenencia a otros competidores, como el bisbita arbóreo de la izquierda. Cuando varios deben compartir un territorio, como en las colonias, desarrollan dialectos que son variaciones de sonidos de la especie. Un ave nacida y criada en un determinado lugar, al trasladarse debe aprender el dialecto del nuevo territorio para ser aceptada y participar en la comunidad. También están los sonidos mecánicos, producidos por golpes de alas, patas y pico. En una demostración de defensa territorial, el atajacaminos coludo combina el canto con golpes de alas.

4000 especies de aves

COMPARTEN CON LOS SERES HUMANOS Y LOS CETÁCEOS LA NECESIDAD DE QUE «ALGUIEN» LES ENSEÑE A VOCALIZAR (PÁJAROS CANTORES, COLIBRÍES Y LOROS)

53	**INTENSIDAD SONORA**	
	Decibelios	
59		
65		

333,3   166,3   83

DISTANCIA
Centímetros

315,8

1247,6

5021,4   **SUPERFICIE ABARCADA**
Metros cuadrados

INTENSIDAD

Puede variar mucho de unas aves a otras. Cuanto mayor el territorio, mayor el alcance. Y también las frecuencias cambian: cuanto más baja, mayor cobertura.

Estrechar vínculos

Algunas aves canoras desarrollan rituales de canto muy complejos. El dueto es quizás el más impactante, porque requiere un repertorio compartido y una buena coordinación entre los dos pájaros. Por lo general es el macho el que inicia el canto, con una introducción repetida; a partir de ahí, la hembra va introduciendo diferentes frases. El fraseo permite variaciones más o menos cíclicas que lo hacen único. Se cree que de esta forma se estrechan los vínculos de pareja (además de insistirse en la demarcación del territorio), al tiempo que se estimulan el uno al otro para la realización de tareas como la construcción del nido.

FRASE INTRODUCTORIA   FRASE A   FRASE B

Frase macho
Frase hembra

FRECUENCIA EN KHz

8
6
4
2
0

1   2   3   **TIEMPO (SEGUNDOS)**

Parada nupcial

Encontrar pareja no es fácil para ninguna especie. En las aves, la exhibición de plumajes de vistosos colores y la presentación de ofrendas y regalos, así como danzas y unos vuelos especialmente elaborados, son algunos de los comportamientos particulares que se ven durante el cortejo o parada nupcial. El macho recurre a todos esos gestos estratégicos para atraer y retener la atención de la hembra. Algunos de esos ritos son sumamente complicados, y otros, muy tiernos y delicados.

A

Cuando está en su máxima excitación sexual, el macho del aguilucho pálido *(Circus cyaneus)* vuela realizando profundas ondulaciones para atraer a la hembra.

B

Durante el cortejo, el macho del aguilucho pálido hace como si atacara a la hembra.

EXHIBICIONES AÉREAS

Ciertas aves, como los azores o los aguiluchos pálidos, realizan el cortejo en vuelo. Se elevan en el aire describiendo amplios círculos para dejarse caer en temerarios picados.

BAILES Y CORTEJOS MUTUOS

Los somormujos lavancos *(Podiceps cristatus)* realizan increíbles danzas acuáticas. Se hacen reverencias, se zambullen y corren por el agua uno al lado del otro.

Cortejo especial

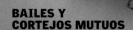 El cortejo de las aves es un fenómeno que, según la especie, puede manifestarse por diferentes ritos. El lek es una de las formas de parada nupcial más curiosas, en la que los machos se reúnen en un territorio pequeño llamado arena donde realizan sus despliegues nupciales para las hembras. Ellas forman en círculo alrededor y terminan apareándose con el macho que tiene los caracteres secundarios sexuales más llamativos. El lek es un sistema regido por un macho dominante que termina apareándose con la mayoría de las hembras (poliginia). Los menos experimentados se aparean con pocas o ninguna. En algunas especies los rituales lek pueden llegar a ser muy complejos. Al menos 85 especies llevan a cabo este cortejo especial, entre ellas los saltarines, los faisanes, los cotingas y los colibríes. Los saltarines hacen una fila y van realizando sus representaciones por turno.

EXHIBICIÓN DE ATRIBUTOS FÍSICOS

Para encontrar pareja, aves como la garcita blanca recurren a una serie de señales muy elaboradas, como cantos, posturas, bailes, vuelos, ruidos y la exhibición de plumas ornamentales.

CONSTRUCCIÓN DE ESCENARIOS

Las llamadas aves de emparrado australianas construyen para atraer a la hembra unas estructuras que decoran con papeles y telas de colores. Ellas no se pueden resistir.

OBSEQUIOS

Otra de las estrategias del cortejo es la entrega de obsequios. Las águilas macho regalan a la hembra una presa, mientras que los abejarucos les entregan un insecto. Es la llamada alimentación de cortejo.

CUÁNDO SE REALIZA

El despliegue nupcial está directamente relacionado con los ciclos reproductivos y se realiza antes de la cópula, aunque puede continuar después.

PRENUPCIAL
El cortejo prenupcial comienza con el establecimiento del territorio y la búsqueda de la pareja. Ambas acciones pueden darse simultáneamente.

POSTNUPCIAL
Con su actuación, el somormujo lavanco asegura la continuidad de la pareja aun una vez puestos los huevos.

1,8 m

ES LA ANCHURA DE LA COLA DEL PAVO REAL CUANDO, EN EL MOMENTO DEL PAVONEO, EXTIENDE SUS MÁS DE 200 BRILLANTES PLUMAS EN UN ABANICO PARA ATRAER A LA HEMBRA

GRULLA REAL GRIS
Balearica regulorum
Dos grullas ejecutan una danza de cortejo, que consiste en una serie de saltos muy vistosos.

PINGÜINO EMPERADOR
Aptenodytes forsteri
Es una especie monógama. Las parejas se reconocen por la voz y pasan toda su vida juntas.

Monogamia o poligamia

El sistema más común de apareamiento es la monogamia, en la que participa un miembro de cada sexo, formándose así parejas. La pareja puede durar una temporada de reproducción o bien toda la vida. Pero también existe la poligamia, aunque no es tan común. La poligamia se divide en dos clases. Por un lado está la poliginia, en la que el macho se aparea con varias hembras, y, por el otro, la poliandria, en la que la hembra se aparea con varios machos y hasta puede llegar a reunirlos en un harén. Tanto en un caso como en el otro, uno de los miembros de la pareja carga con la responsabilidad del cuidado de los huevos y los polluelos. También existe un caso excepcional dentro de la poligamia, la promiscuidad: en ese caso no se forma una pareja, sino que la relación se limita a la cópula.

Hogar, dulce hogar

La mayoría de las aves ponen sus huevos en un nido, donde los incuba con su calor corporal un adulto que se sienta sobre ellos. La pareja suele construir el nido con barro mezclado con saliva, piedras, ramitas y plumas. Cuando el nido está en un lugar visible, el ave lo cubre con líquenes o ramas sueltas para esconderlo de los depredadores. La forma del nido varía de un grupo a otro: los hay en forma de cuenco, otros, como el del pájaro carpintero, son agujeros en los árboles, y otros, tubos excavados en laderas de tierra o arena. Incluso hay aves que aprovechan los nidos de otras especies.

ALGUNOS TIPOS DE NIDOS

TEJIDOS
Los tejedores entrecruzan hierbas para formar una estructura común. Las entradas están debajo.

CAVADOS
El loro y el martín pescador excavan sus nidos en márgenes arenosos y verticales de ríos.

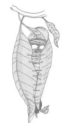

COSIDO
El pájaro sastre cose con hierbas dos hojas grandes y hace dentro el nido.

PLATAFORMA
El gavilán acumula gran cantidad de ramas y construye una base sólida y alta para sus huevos.

Tipos y ubicación

Los nidos se clasifican por su formato, material y ubicación. Son distintos según las necesidades de calor de la especie, y también según el grado de protección que ofrecen: cuanto mayor es la presión de un predador sobre una especie, más altos y ocultos sus nidos. Buenos ejemplos de ello serían los que simulan plataformas elevadas aisladas, o los que ocupan cavidades en el suelo o en troncos, que resultan muy seguros y calientes; los construidos con barro son muy duros. Entre los más típicos están los que parecen un cuenco, que las aves construyen por lo general entre dos o tres ramas altas.

Cómo se hace el nido

Un nido en forma de cuenco se construye en una horqueta entre dos o tres ramas. El ave va colocando allí ramitas, hierbas y palitos, como si construyera una plataforma. Luego entrelaza algunas briznas con el árbol para darle solidez, y a partir de ahí entreteje en forma circular. A medida que el nido se va formando, los materiales son más ligeros y adhesivos, como barro, tela de araña, seda de gusano y ciertas fibras vegetales. Mientras que por fuera su aspecto es tosco, por dentro el nido queda forrado con plumas para que brinde suavidad y calor. Por lo general, si participan macho y hembra, unos cientos de vuelos bastan para terminar. Hay especies, como algunos tejedores, en que los machos deben presentar un nido en el cortejo, y otras que aprovechan el mismo de un año para otro, como las africanas águilas cafre.

El tejedor enmascarado

Construye nidos sólidos «tejiendo» hojas y hierbas. A veces el macho construye varios nidos antes de que la hembra se decida por él.

PAREDES
Son el componente principal de la construcción, y le dan su forma característica. Los materiales varían de un hábitat a otro.

BASE
Son los cimientos del nido, lo primero que dispone el ave. Es sólida y suele estar construida con elementos gruesos.

FORRO
Formado por fibras, pelos, plumas y plumón. Sirve para aislar del frío los huevos, lo que ayuda en su incubación.

1 BASE
En una horqueta, el pájaro junta ramas y palitos para construir una plataforma a modo de cimientos del nido. Luego la ata al árbol para consolidarla.

2 FORMA
A continuación, va entrelazando hierbas, palitos y pelos dándoles una forma circular. A medida que la construcción avanza, va incorporando materiales adhesivos, como telas de araña.

3 FINAL
El acabado incluye musgos y plumas para suavizar el interior, así como para aislarlo frente al viento y al frío y poder incubar mejor.

Estructura

La forma cóncava es necesaria para evitar que los huevos rueden y se caigan. El uso de distintos elementos, además de facilitar la construcción del nido, ayuda a robustecerlo en la medida en que fracciones cada vez más pequeñas y flexibles consolidan su estructura, de la base a la pared y al forro. La mezcla de materiales también es más aislante, impidiendo que penetre el frío y se disipe el calor durante la incubación y la cría. Para reforzar esta función las aves suelen engrosar la pared que da a los vientos dominantes y aligerar la que recibe el sol, de manera que todo el nido se comporte como una incubadora que aprovecha y conserva otras fuentes de energía. Por último, un acabado exterior camufla el nido entre las ramas y lo oculta de los predadores.

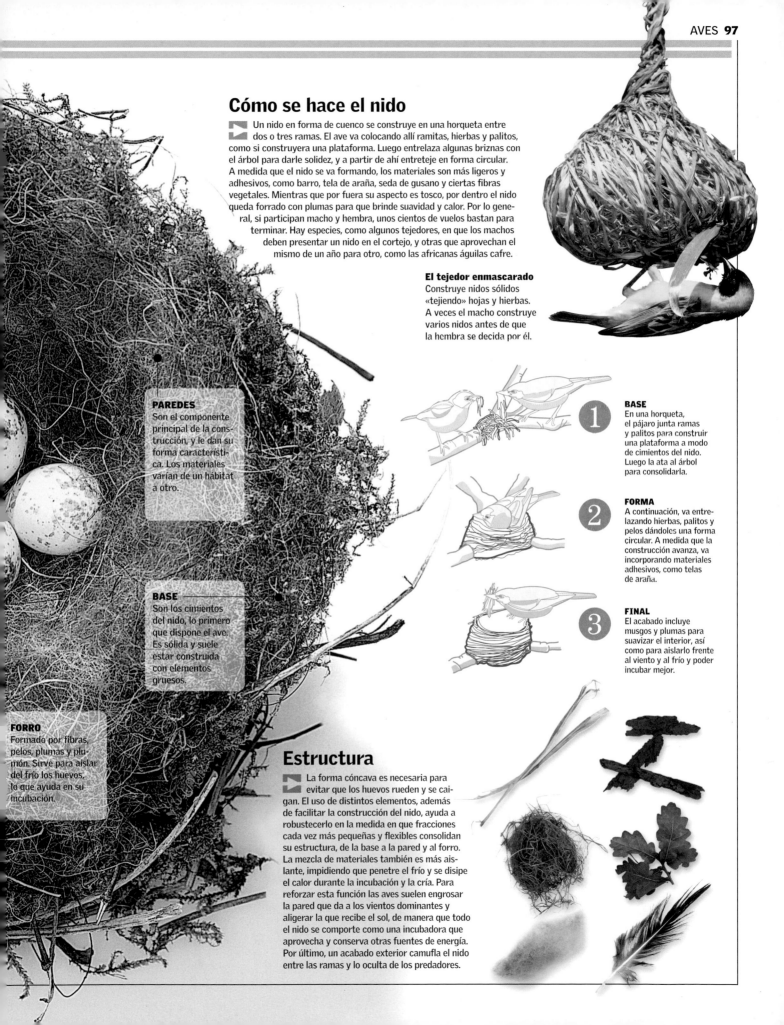

Primero, el huevo

L as aves han conservado el método de reproducción de sus antecesores, los reptiles terópodos. En general, ponen tantos huevos como crías podrán cuidar hasta que sean independientes. Muy adaptados al medio, los huevos varían en color y forma de una especie a otra. Esas diferencias están destinadas a defenderlos mejor de los depredadores. También varían mucho en tamaño: uno de avestruz es dos mil veces más grande que el de un colibrí.

3 La mayoría de los órganos del ave se forman a las pocas horas de incubación.

Formación

Las aves tienen un solo ovario funcional (el izquierdo), que crece drásticamente en la época de apareamiento. El óvulo puede descender y formar lo que se llaman huevos infecundos (son los que por lo general tenemos en la cocina). En caso de ser fecundados, se inicia el desarrollo embrionario. El óvulo (fecundado o no) desciende hasta la cloaca en pocas horas o días. A partir del istmo, se forma la cáscara por secreción de calcio. Blanda al principio, la cáscara se endurece al entrar en contacto con el aire.

2 El embrión se alimenta para crecer, y produce desechos que quedan alojados en una bolsa especial.

1 ÓVULOS
Están en folículos semejantes a un racimo de uvas.

ÓVULO

2 DESCENSO
Una vez fecundado, el huevo baja por el oviducto hasta el istmo.

ISTMO

3 CÁSCARA
Las membranas de la cáscara se forman en el istmo.

5 CLOACA
Una gallina expulsa el huevo 24 horas después (promedio).

4 ÚTERO
El huevo adquiere el pigmento y se endurece la cáscara.

CLOACA

BOLSA DE DESECHOS

CORION
Dentro quedan protegidos el embrión y su alimento.

YEMA

SACO VITELINO

ALBUMEN

1 El huevo contiene un embrión alojado a un lado de la yema, que se mantiene en medio de la clara (albumen) sujeta por un cordón de proteínas y aislada del mundo exterior.

EMBRIÓN

CORDÓN PROTEICO (CHALAZA)

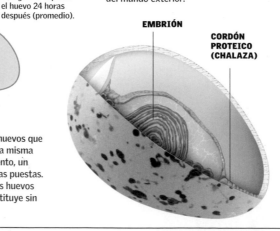

PUESTAS
Así se llama el grupo de huevos que se ponen de una vez. En la misma temporada de apareamiento, un gorrión puede hacer varias puestas. Si se retiran unos cuantos huevos del nido, el pájaro los sustituye sin dificultad.

FORMA
Depende de la presión de las paredes del oviducto. Sale primero el extremo romo.

Oval: el más frecuente

Cónico: reduce el riesgo de caída

Esférico: reduce la superficie

COLOR Y TEXTURA
Tanto la textura como el color sirven para que los padres puedan localizarlos.

Huevo claro

Huevo oscuro

Huevo moteado

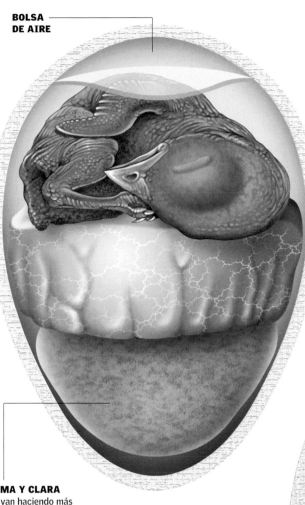

BOLSA DE AIRE

4

El pico y las escamas de las patas se endurecen hacia el final, cuando el polluelo está formado y es casi tan grande como el huevo. Luego inicia la rotación para posicionarse y romper el cascarón.

TAMAÑO

No existe una proporción exacta entre el tamaño del ave y el de su huevo.

500 g

HUEVO DE KIWI

60 g

HUEVO DE GALLINA

5

Cuando el polluelo está preparado para romper el cascarón, ocupa la totalidad del huevo. Está encogido, con las patas contra el pecho, de forma que con los mínimos movimientos y la ayuda de un endurecimiento protuberante que tiene en la punta del pico, llamado diente de huevo, logra romper la cáscara

YEMA Y CLARA
Se van haciendo más pequeñas.

EL CASCARÓN

Formado por una capa sólida de carbonato de calcio (calcita), tiene poros que permiten al polluelo respirar. La entrada de bacterias la impiden dos membranas que recubren el huevo, una por dentro y otra por fuera.

PORO　**MEMBRANA**　**MEMBRANA EXTERIOR E INTERIOR**

OXÍGENO

CO_2 Y VAPOR DE AGUA

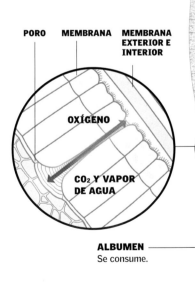

ALBUMEN
Se consume.

YEMA
Desaparece en el cuerpo.

8 %

EL PORCENTAJE MEDIO DEL HUEVO QUE CORRESPONDE A LA CÁSCARA

La eclosión

Cuando la eclosión está a punto, el polluelo empieza a hacer ruido desde el interior del huevo para comunicarse con sus padres. Luego comienza a picar el cascarón con el minúsculo diente de huevo que pierde después de nacer. A continuación, gira dentro del huevo y abre una grieta con nuevas perforaciones, presionando a la vez con el cuello y las patas hasta que logra asomar la cabeza. Este trabajo, que requiere un gran esfuerzo, puede llevarle entre veinte y treinta minutos o tardar incluso tres o cuatro días en el caso de los kiwis y albatros. En la mayoría de las especies los recién nacidos son ciegos y están desnudos, y solo saben abrir el pico para recibir alimento.

INCUBACIÓN

Para que el embrión se desarrolle necesita una temperatura constante de entre 37 y 38 °C. Los padres la garantizan echándose sobre los huevos y calentándolos con el parche de cría.

PARCHE DE CRÍA

Durante la incubación, en algunas especies se pierden las plumas del pecho y aumenta la cantidad de vasos sanguíneos en la zona. Otras se arrancan plumas. El contacto directo con los huevos favorece el aporte de calor.

DURACIÓN POR ESPECIE
El tiempo de incubación es muy variable: entre 10 y 80 días, según la especie.

PALOMA
Hembra y macho se turnan. Desarrollan el parche de cría.

18 días

PINGÜINO
Incuban macho y hembra. El macho emperador tiene un saco especial para ello.

62 días

ALBATROS
Sin parche, ambos padres sostienen el huevo entre las patas y el abdomen.

80 días

Rotura del cascarón

 El proceso tiene una duración variable de desde unos minutos hasta tres o cuatro días, según la especie. En general los padres no intervienen ni ayudan a los polluelos y, cuando el cascarón queda vacío, lo tiran del nido, según se cree para evitar llamar la atención de los predadores.

En las especies nidífugas, cuyas crías nacen ya con plumas, la eclosión es clave: se ha observado que el canto de los polluelos estimula a los rezagados y retarda a los adelantados; que estén todos listos al mismo tiempo es importante para que puedan abandonar el nido todos juntos.

35 minutos
EL TIEMPO APROXIMADO QUE TARDA UN GORRIÓN EN SALIR DEL HUEVO

① Rajadura del huevo

El polluelo gira dentro del huevo hasta quedar con el pico apuntando hacia su eje menor. Luego perfora la bolsa de aire y con reiterados intentos rompe el cascarón. Entonces respira por primera vez.

RECLAMO DE AYUDA

El polluelo llama a sus padres desde el interior. La respuesta lo estimula a continuar con el esfuerzo.

SECUENCIA DE PICADO

Entre cada secuencia de picado, el polluelo debe descansar un buen rato.

Adaptaciones para la eclosión

 Salir del huevo es una operación compleja, ya que el espacio es reducido y los músculos tienen poco vigor. Las aves cuentan para ello con algunas adaptaciones, como el diente de huevo y el músculo de eclosión. El diente sirve para realizar la primera perforación y permitir que entre aire en el huevo. El músculo ejerce la fuerza necesaria, a la vez que estimula la motricidad del polluelo para que intensifique el trabajo. Ambos desaparecen poco tiempo después de roto el cascarón.

MÚSCULO DE ECLOSIÓN
Ejerce presión contra el cascarón y ayuda a romperlo.

DIENTE DE HUEVO
Es una protuberancia del pico que perfora el huevo y no la desarrollan todas las especies.

Nace el polluelo

Una vez fuera, casi sin plumas, el polluelo busca calor y alimento en sus padres. En algunas nidícolas no todos los huevos eclosionan a la vez, lo que favorece al primogénito si la comida escasea.

UN GRAN ESFUERZO
Salir del cascarón requiere mucha energía del polluelo.

MEMBRANA DE LA CÁSCARA

CÁSCARA DEL HUEVO

Salida del huevo

Una vez abierta la tapa, el polluelo se empuja hacia fuera con las patas, arrastrándose sobre el abdomen. En las especies nidícolas es más difícil porque los polluelos están menos desarrollados.

La grieta se abre

Tras haber agujereado la cáscara por un punto, el polluelo abre una grieta picando en otros puntos. Entra aire y seca la membrana, lo que le facilita la tarea.

¿Qué sale primero?
La cabeza suele ser lo primero que sale, porque es el pico lo que antes rompe el cascarón. La mayoría de las aves salen del huevo empujándose con las patas. En las zancudas y otras terrestres, sin embargo, lo que se suele desplegar primero son las largas patas.

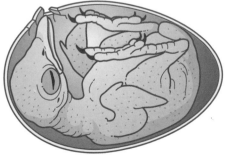

Desarrollo posnatal

El ritmo de desarrollo de los polluelos después de la eclosión varía mucho de una especie a otra. Algunas aves nacen cubiertas por una espesa capa de plumón, tienen los ojos abiertos y pueden alimentarse por sí mismas. Por eso se llaman precoces o nidífugas. Patos, ñandúes, avestruces y determinadas aves de playa pueden andar y nadar desde el momento en que nacen. Otras especies nacen desnudas y desarrollan las plumas más tarde. Tienen que permanecer un tiempo en el nido y necesitan que los adultos atiendan todas sus necesidades. Son las nidícolas. Las que nacen más desvalidas son las crías de las aves canoras y los colibríes, que necesitan recibir calor de sus padres para hacerse fuertes.

Crías nidífugas

 Las crías nidífugas nacen desarrolladas hasta tal punto que pueden moverse e incluso dejar el nido, de ahí su nombre. Esta adaptación requiere mayor tiempo de incubación. Es el caso de las conocidas como aves incubadoras, los megápódidos, que inician su vida independiente por el mundo nada más salir del cascarón. Los patos siguen a sus padres pero se alimentan por sí mismos, mientras que los pollitos de gallina también lo hacen, pero necesitan que los padres les muestren dónde encontrar el alimento.

OJO
Nacen con los ojos abiertos.

PLUMAS
El cuerpo sale del huevo cubierto de un plumón húmedo. A las tres horas está seco y sedoso.

Perdiz roja
Alectoris rufa

DESPLAZAMIENTO
A las pocas horas de haber nacido, el ave nidífuga puede corretear.

21 días
Ya se considera adulta. Sus vuelos son más largos. Su alimentación se compone de vegetales en un 97 % y el resto son líquenes e insectos.

15 días
Comienza a realizar cortos vuelos. Su alimentación se invierte e ingiere:
66 %
Semillas y flores. El resto, invertebrados.

ETAPAS DEL CRECIMIENTO

30 horas
Con el cuerpo cubierto de plumón, la cría conserva su calor corporal. Puede caminar y empieza a recibir alimento de sus padres.

7-8 días
El crecimiento se acelera y aparecen las primeras plumas cobertoras en la punta del ala. Sale del nido. Su alimentación se basa en:
66 %
Invertebrados. El resto, semillas y flores.

24 horas
EL TIEMPO MÍNIMO QUE TARDA EL PATO DE CABEZA NEGRA EN ESTAR LISTO PARA VOLAR

COMPARACIÓN DE TAMAÑOS

NIDÍFUGOS
El huevo es más grande, nacen desarrollados y el período de incubación es más largo que en los nidícolas.

NIDÍCOLAS
El huevo es más pequeño y el período de incubación, breve, y las crías nacen desvalidas.

Crías nidícolas

La mayoría de estos polluelos nacen desnudos y con los ojos cerrados, y tienen pocas fuerzas para salir del cascarón. Permanecen en el nido y los primeros días ni siquiera pueden regular su temperatura; los padres deben darles calor. A la semana les han salido algunas plumas, pero aún necesitan permanentes cuidados y alimentación. Forman un grupo muy numeroso y entre ellas están las de las aves canoras o paseriformes.

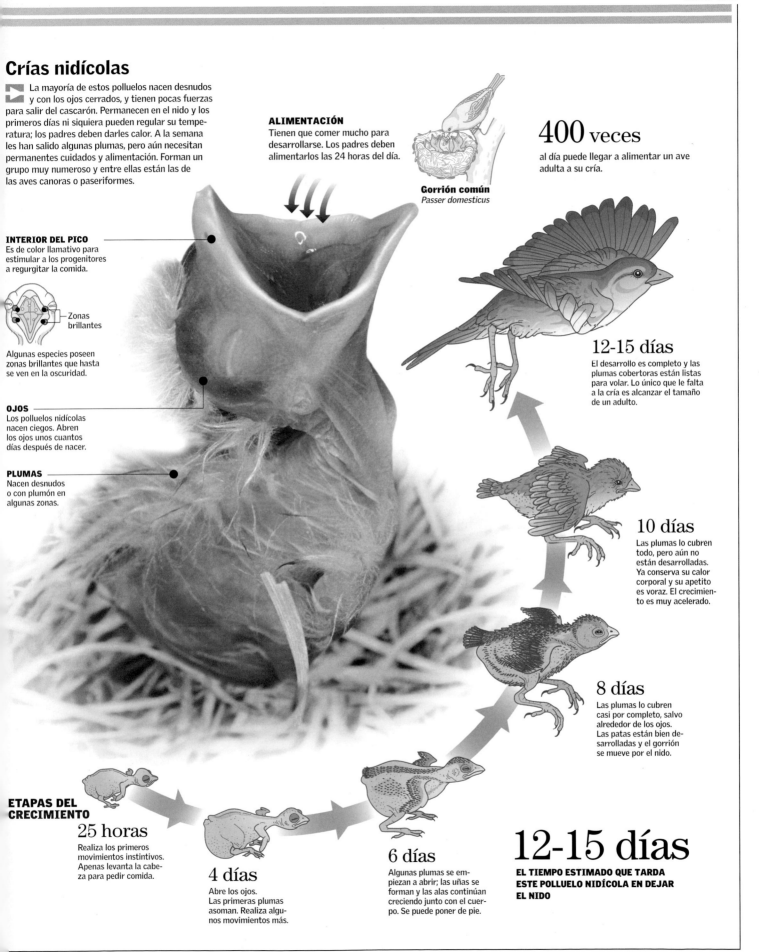

ALIMENTACIÓN
Tienen que comer mucho para desarrollarse. Los padres deben alimentarlos las 24 horas del día.

Gorrión común
Passer domesticus

400 veces
al día puede llegar a alimentar un ave adulta a su cría.

INTERIOR DEL PICO
Es de color llamativo para estimular a los progenitores a regurgitar la comida.

— Zonas brillantes

Algunas especies poseen zonas brillantes que hasta se ven en la oscuridad.

OJOS
Los polluelos nidícolas nacen ciegos. Abren los ojos unos cuantos días después de nacer.

PLUMAS
Nacen desnudos o con plumón en algunas zonas.

12-15 días
El desarrollo es completo y las plumas cobertoras están listas para volar. Lo único que le falta a la cría es alcanzar el tamaño de un adulto.

10 días
Las plumas lo cubren todo, pero aún no están desarrolladas. Ya conserva su calor corporal y su apetito es voraz. El crecimiento es muy acelerado.

8 días
Las plumas lo cubren casi por completo, salvo alrededor de los ojos. Las patas están bien desarrolladas y el gorrión se mueve por el nido.

ETAPAS DEL CRECIMIENTO

25 horas
Realiza los primeros movimientos instintivos. Apenas levanta la cabeza para pedir comida.

4 días
Abre los ojos. Las primeras plumas asoman. Realiza algunos movimientos más.

6 días
Algunas plumas se empiezan a abrir; las uñas se forman y las alas continúan creciendo junto con el cuerpo. Se puede poner de pie.

12-15 días
EL TIEMPO ESTIMADO QUE TARDA ESTE POLLUELO NIDÍCOLA EN DEJAR EL NIDO

Diversidad y distribución

E l entorno en que un organismo vive normalmente es lo que se llama su hábitat. En él las aves encuentran alimento, el mejor sitio para nidificar y vías de escape en caso de peligro. Un patrón casi universal respecto a la distribución de las especies indica que viven en mayor número en los trópicos que en cualquier otro lugar. Con la evolución, aves

PATO (familia *Anatidae*)
Es un pescador nato que
se alimenta de larvas
de insectos acuáticos
y caracoles.

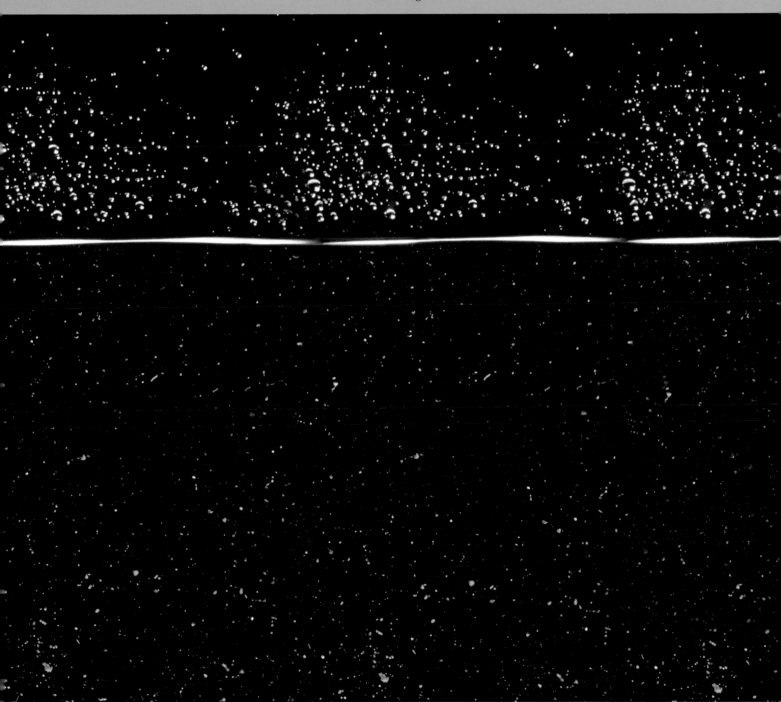

con un origen común se han diversificado para ocupar diferentes ambientes, en lo que se conoce como radiación adaptativa. Así, encontramos, por ejemplo, aves marinas, que para sobrevivir junto al mar han experimentado muchos cambios, y aves de agua dulce o de selvas o bosques, con particularidades físicas y de comportamiento resultado de ese proceso de adaptación.

Dónde viven

La movilidad de las aves les ha permitido conquistar todas las regiones de la Tierra. Sin embargo, a pesar de ese potencial colonizador, existen pocas especies cosmopolitas; es decir, la mayoría tienen su distribución específica, determinada por el clima y los accidentes geográficos. El primero en darse cuenta de que los seres vivos no estaban homogéneamente repartidos fue el conde de Buffon, en el siglo XVIII. Él analizó la dispersión de los animales alrededor de la Tierra y descubrió que en regiones distintas la fauna era también diferente. Después de los trabajos del naturalista Charles Darwin y del ornitólogo Philip Sclater, ya quedó bien claro que los organismos se reparten por el planeta en regiones biogeográficas específicas.

Neártico

732 **especies**
62 familias

7 %

CARACTERÍSTICAS

Barrera climática del frío y aislamiento oceánico

Mayoría de especies migratorias

Muchas insectívoras y acuáticas

Afinidad con el Paleártico

Avifauna endémica: **colimbos, frailecillos.**

AMÉRICA DEL NORTE

Océano Atlántico

Océano Pacífico

AMÉRICA CENTRAL

Frailecillo
Fratercula artica

Oceanía

187 **especies**
15 familias

2 %

CARACTERÍSTICAS

Área extensa con muchos climas

Planeadoras, buceadoras y nadadoras

Abundancia de piscívoras

Muchas especies cosmopolitas

Avifauna endémica: **albatros, palomas antárticas, petreles, pingüinos, gaviotas**

Adaptaciones según el entorno

Hay aves en todos los hábitats del mundo, aunque la mayoría residen en las regiones tropicales. Su capacidad de adaptación, sin embargo, es formidable. De las selvas a los desiertos, de las montañas a las costas e incluso al mar, las aves han logrado aclimatarse con éxito, llegando a desarrollar la más variada galería de modificaciones morfológicas y conductuales: el pingüino emperador no solo anida en la Antártida, sino que ambos padres incuban sus huevos entre 62 y 66 días; el macho de la ganga de Lichtenstein desarrolla una esponja de plumas para llevar agua a sus polluelos, y los colibríes tienen unas alas especiales que les permiten efectuar maniobras de todo tipo.

Neotrópico

3370 **especies**
86 familias

32 %

CARACTERÍSTICAS

Aislamiento geográfico que duró largo tiempo

Muchas especies primitivas

Gran cantidad de frugívoros

Avifauna endémica: **ñandúes, tinamúes, guácharos, hoacines, cotingas, pájaros hormigueros.**

Sin duda es la región con mayor diversidad de avifauna. La variedad de los trópicos sudamericanos es una vez y media más grande que la del África tropical, y la mayor del mundo. Colombia, Brasil y Perú, con más 1700 especies, son los países con mayor diversidad, pero incluso Ecuador, mucho más pequeño, supera las 1500.

AMÉRICA DEL SUR

Hoacín
Opisthocomus hoazin

Biodiversidad en el mundo

Las regiones más diversas en términos de poblaciones de aves son las tropicales debido a la abundancia de comida y el clima cálido. Las regiones templadas, sin embargo, con su marcada estacionalidad, funcionan como destinos migratorios de especies tropicales y polares. En las regiones frías, por el contrario, hay poca diversidad, pero las colonias de poblaciones que allí se forman son muy numerosas. La regla es que hay mayor diversidad de vida allí donde el medio reclama adaptaciones menos drásticas.

CANTIDAD DE ESPECIES

hasta 200
200-400
400-600
600-800
800-1000
1000-1200
1200-1400
1400-1600
1600-1800

Paleártico
937 especies
73 familias
9 %

CARACTERÍSTICAS

Barrera climática del frío y aislamiento oceánico

Escasa diversidad de especies

Mayoría de especies migratorias

Muchos insectívoros y acuáticos

Avifauna endémica: **urogallos, ampelis, tiránidos, grullas.**

ASIA

Por las similitudes de clima y condiciones, muchos autores unifican las regiones Paleártica y Neoártica en la que llaman Holártica.

EUROPA

ÁFRICA

Región afrotropical
1950 especies
73 familias
19 %

CARACTERÍSTICAS

Aislamiento marítimo y desértico

Gran cantidad de paseriformes

Muchas aves andadoras

Avifauna endémica: **avestruces, turacos, cucos.**

Océano Índico

Región indomalaya
1700 especies
66 familias
16 %

CARACTERÍSTICAS

Afinidades con la región afrotropical

Aves tropicales

Muchas frugívoras

Avifauna endémica: **ioras, pítidos, vencejos.**

PAÍSES CON MAYOR CANTIDAD DE ESPECIES

MÁS DE 1500
Colombia
Brasil
Perú
Ecuador
Indonesia

MÁS DE 1000
Bolivia
Venezuela
China
India
México
República Democrática del Congo
Tanzania
Kenia
Argentina

Océano Pacífico

OCEANÍA

Australasia
1590 especies
64 familias
15 %

CARACTERÍSTICAS

Prolongado aislamiento

Muchas aves andadoras y primitivas

Avifauna endémica: **emúes, kiwis, cacatúas, aves del paraíso.**

Avestruz
Struthio camelus

Colibrí
Archilochus colubris

Aves que no vuelan

Una minoría de las aves han perdido la capacidad de volar. Su característica principal es la pérdida o reducción de las alas, aunque en algunos casos quizá sea su enorme peso lo que les impide alzar el vuelo: pueden pesar más de 18 kilos. El grupo engloba las aves corredoras (avestruces, casuarios, emúes, ñandúes y kiwis); otras muy veloces que habitan en zonas remotas de Nueva Zelanda; y las nadadoras, como los pingüinos, que desarrollaron una extraordinaria habilidad en el medio acuático.

AVESTRUZ AFRICANO
Es una especie única que habita el este y el sur de África. Los adultos alcanzan los 2,75 m de altura y un peso de 150 kg.

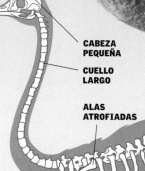

Supernadadoras

El pingüino tiene el cuerpo recubierto de tres capas de pequeñas plumas superpuestas, con las extremidades reducidas y una forma hidrodinámica que le ayudan a desplazarse ágil y velozmente por el agua. Su denso plumaje impermeable y su capa de grasa lo aíslan de las bajas temperaturas de las regiones que habita. Como sus huesos son compactos y pesados, se sumerge con facilidad. Esta adaptación lo distingue de las aves voladoras, cuyos huesos son huecos y livianos.

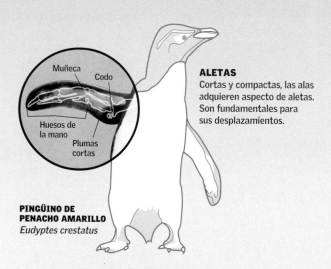

Muñeca
Codo
Huesos de la mano
Plumas cortas

ALETAS
Cortas y compactas, las alas adquieren aspecto de aletas. Son fundamentales para sus desplazamientos.

PINGÜINO DE PENACHO AMARILLO
Eudyptes crestatus

CABEZA PEQUEÑA

CUELLO LARGO

ALAS ATROFIADAS

PELVIS

ESTERNÓN PLANO

HUESO ROBUSTO

PINGÜINO EN EL AGUA

DURANTE LA CAZA
Las alas funcionan como aletas. Las patas, palmeadas y con cuatro dedos dirigidos hacia atrás, marcan junto con la cola el rumbo del buceo.

TOMAR AIRE
Cuando están buscando su comida bajo el agua, los pingüinos necesitan saltar fuera del agua de vez en cuando para tomar aire.

MOMENTO RELAX
Cuando están descansando, van despacio. Flotan en el agua con la cabeza en alto y equilibran el cuerpo con alas y patas.

PECHO DE CORREDOR

La forma de quilla del esternón de las aves voladoras y nadadoras ofrece mayor superficie de inserción a los músculos pectorales. El esternón plano de las corredoras tiene menor superficie y, por tanto, permite menos movilidad.

ESTERNÓN EN FORMA DE QUILLA

Las ratites

Las aves corredoras pertenecen al grupo de las ratites (*rata* = balsa, en alusión a su esternón plano). Sus extremidades anteriores están atrofiadas o tienen funciones no relacionadas con el vuelo. Las posteriores están equipadas con potentes músculos y huesos robustos y resistentes. Otra diferencia se presenta en el esternón: en su caso es un hueso plano sin quilla como la que presentan las aves voladoras y nadadoras. En estado salvaje solo se encuentran en el hemisferio Sur. Los tinámidos endémicos de América del Sur y Central forman parte de este grupo.

1,8 m

1,2 m

1,4 m

0,4 m

ESTRUCIONIFORMES
El avestruz es la única especie de este grupo. Las alas le sirven para equilibrarse en su veloz carrera. Solo tiene dos dedos en cada pata. El macho adulto puede llegar a pesar 150 kg.

REIFORMES
Los ñandúes. Son comunes en países de Sudamérica, como Argentina. Parecen pequeños avestruces. Pies con tres dedos les permiten correr tras sus presas. Con su largo cuello y una excelente vista, son hábiles cazadores.

CASUARIFORMES
Ágiles corredores y nadadores. Son distintivos los colores del cuello y la cabeza. Un casco óseo las protege en la carrera entre la vegetación. Tienen unas garras largas y afiladas.

APTERIFORMES
Los kiwis. Tienen cuatro dedos en cada pata y sus plumas parecen pelos porque no tienen bárbulas. Su agudo olfato les sirve para hallar insectos durante la noche. Ponen un solo huevo por puesta, grande.

Correr y patear

Los avestruces corren para escapar de sus depredadores y para cazar lagartijas y pequeños roedores. En ambos casos sus potentes patas les permite alcanzar una velocidad de 72 km/h y mantenerla 20 minutos. Cuando la carrera no es suficiente para la defensa, las patadas son el siguiente recurso para desalentar a los atacantes. En las paradas nupciales, fuertes pataleos sirven también para conquistar a las hembras.

ASIA

OCEANÍA

NUEVA ZELANDA

0,6 m

MAYOR DIVERSIDAD
Muchas de estas aves corredoras se pueden ver en distintas partes del mundo debido a la intervención del hombre. En Oceanía, por su aislamiento continental, es donde más se han diversificado las aves no voladoras.

18
VÉRTEBRAS
TIENE EL CUELLO DE UN AVESTRUZ

TARSO METATARSO

COJÍN FALÁNGICO

FALANGES

DEDO

UÑA

Sobre dos dedos
Al apoyar solo dos dedos, la superficie de contacto del pie con el suelo es muy reducida, lo que se traduce en una ventaja para el desplazamiento en tierra.

ALMOHADILLA PLANTAR

También caminan

Más de 260 especies, entre ellas las gallinas, pertenecen al orden de las galliformes, que incluye pavos y faisanes. Las aves de este grupo tienen quilla y realizan vuelos bruscos y rápidos, pero solo en situaciones extremas. Sus patas son aptas para andar, correr y escarbar la tierra. El grupo abarca a las aves de mayor provecho para el hombre en todo el mundo.

1 Toma carrerilla y salta.

2 Aleteo rápido y torpe.

3 Aterrizaje forzoso.

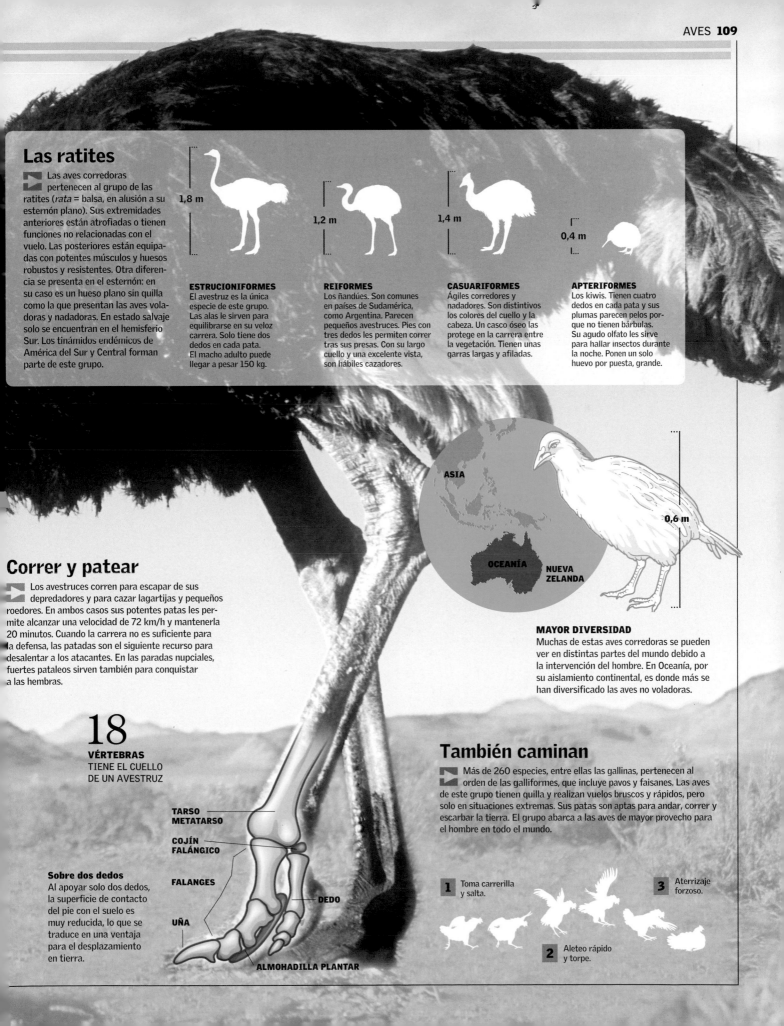

Aves marinas

De las más de diez mil especies de aves que pueblan la Tierra, solo unas trescientas han logrado adaptarse al medio marino. Para sobrevivir en el mar, han experimentado múltiples adaptaciones, como un aparato excretor más eficiente que el resto de las especies, con una glándula específica que ayuda a eliminar el exceso de sal. La mayoría de las aves marinas habitan las costas y tienen hábitos mixtos; otras son más acuáticas que aéreas, y unas pocas, como albatros, petreles y pardelas, pueden volar meses enteros sin posarse y van a tierra solo para criar a sus polluelos. Son las llamadas aves pelágicas.

PUNTA DE GANCHO
Evita que, una vez atrapado el pez se desli-ce y caiga.

Adaptaciones

Las aves marinas están preparadas para la vida acuática, sobre todo las pescadoras de mar adentro. Tienen el pico terminado en gancho, patas palmeadas y una flotabilidad admirable. La salinidad del agua no es un problema para ellas, pues pueden incluso beberla. En algunas pelágicas el olfato es tan agudo que pueden oler el aceite de los peces que están en el agua y localizar cardúmenes. También les sirve para encontrar su nido en las colonias.

DIVERSAS AVES MARINAS

CORMORÁN IMPERIAL
Phalacrocorax atriceps
Gran buceador costero, tiene unos huesos sólidos y fuertes patas nadadoras. No se engrasa el plumaje para sumergirse mejor.

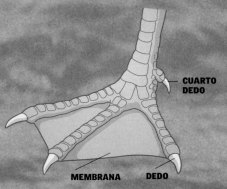

Pico cormorán

CUARTO DEDO

MEMBRANA   DEDO

PATAS TOTIPALMEADAS
Muchas aves marinas comparten la característica de tener el dedo posterior unido al resto por una membrana. Así la pata opone mayor superficie al agua, y por lo tanto gana empuje. Estas aves tienen unos andares torpes.

PELÍCANO PARDO
Pelecanus occidentalis
Se queda en las orillas. Va nadando con el buche abierto a modo de red de pesca.

GAVIOTA ARGÉNTEA
Larus argentatus
Voraz pescadora y buena planeadora. Existen muchas especies, algunas auténticas cosmopolitas.

45 m

LA PROFUNDIDAD MÁXIMA A LA QUE SE SUMERGEN, REGISTRADA EN COLIMBOS, AVES TÍPICAS DE AMÉRICA DEL NORTE QUE PASAN EL INVIERNO EN EL MAR

COLIMBO GRANDE
Gavia immer
Aunque casi incapaces de caminar, son excelentes nadadores y buceadores. En verano anidan en lagunas de tierra adentro.

ALCATRAZ DEL CABO
Morus capensis
Hábiles pescadores en picado. Habitan en colonias en África y para perder calor presentan una tira de piel desnuda en la garganta.

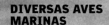

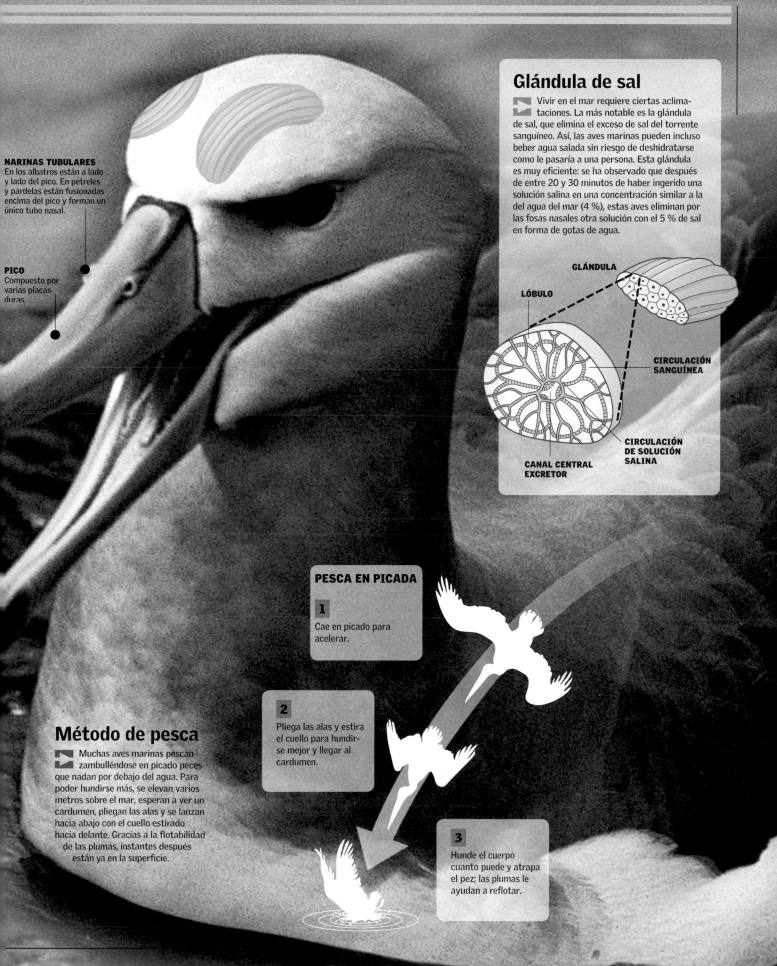

Glándula de sal

Vivir en el mar requiere ciertas aclimataciones. La más notable es la glándula de sal, que elimina el exceso de sal del torrente sanguíneo. Así, las aves marinas pueden incluso beber agua salada sin riesgo de deshidratarse como le pasaría a una persona. Esta glándula es muy eficiente: se ha observado que después de entre 20 y 30 minutos de haber ingerido una solución salina en una concentración similar a la del agua del mar (4 %), estas aves eliminan por las fosas nasales otra solución con el 5 % de sal en forma de gotas de agua.

GLÁNDULA

LÓBULO

CIRCULACIÓN SANGUÍNEA

CIRCULACIÓN DE SOLUCIÓN SALINA

CANAL CENTRAL EXCRETOR

NARINAS TUBULARES
En los albatros están a lado y lado del pico. En petreles y pardelas están fusionadas encima del pico y forman un único tubo nasal.

PICO
Compuesto por varias placas duras.

PESCA EN PICADA

1 Cae en picado para acelerar.

2 Pliega las alas y estira el cuello para hundirse mejor y llegar al cardumen.

3 Hunde el cuerpo cuanto puede y atrapa el pez; las plumas le ayudan a reflotar.

Método de pesca

Muchas aves marinas pescan zambulléndose en picado peces que nadan por debajo del agua. Para poder hundirse más, se elevan varios metros sobre el mar, esperan a ver un cardumen, pliegan las alas y se lanzan hacia abajo con el cuello estirado hacia delante. Gracias a la flotabilidad de las plumas, instantes después están ya en la superficie.

Aves de agua dulce

Componen un grupo de aves bien distintas entre sí, desde el martín pescador hasta patos y cigüeñas, cubriendo un amplio espectro. Habitan ríos, lagos y lagunas durante al menos una parte del año y están perfectamente adaptadas a la vida acuática. Algunas son excelentes nadadoras, otras, zambullidoras, y un grupo numeroso vadea los cursos de agua sobre sus altas patas mientras va pescando. Su dieta es variada, y en su mayoría son omnívoras.

Patos y primos lejanos

Patos, gansos, cisnes y ánsares forman uno de los grupos más conocidos de aves: las Anseriformes. Tienen las patas palmeadas y cortas, y el pico ancho y deprimido bordeado de lamelas (falsos dientes) que les permiten filtrar el alimento, atrapar peces o escarbar en el lecho de ríos y lagunas. En su mayoría son aves omnívoras y de hábitos acuáticos, ya sean de superficie o zambullidoras, aunque algunas especies llevan una vida más terrestre. Su distribución es amplia y el plumaje de los machos, muy colorido en épocas de cortejo.

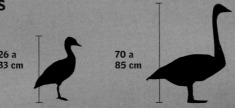

26 a
33 cm

PATO CRIOLLO
Cairina moschata

70 a
85 cm

CISNE DE CUELLO NEGRO
Cygnus melancoryphus

66 a
86 cm

ÁNSAR CARETO
Anser albifrons

MEMBRANA INTERDIGITAL PLEGADA

MEMBRANA INTERDIGITAL DESPLEGADA

QUÉ HACEN CON LAS PATAS AL NADAR

El pato hace dos movimientos: para avanzar, abre los dedos y rema con las membranas; para volver al punto de partida, los cierra. Si el ave quiere virar, empuja de lado con una sola pata.

ALIMENTACIÓN DEL PATO

 1
Nada por la superficie buscando comida por debajo del agua.

2
Hunde la cabeza en el agua, se impulsa de golpe con las patas y dobla el cuello hacia abajo.

 3
Flota cabeza abajo, hurgando con el pico en el fondo.

ORIFICIOS
Abiertos y ovalados.

LAMELAS
Alrededor de los bordes
interiores del pico.

PICOS DE PATO

Son planos, anchos y ligeramente deprimidos hacia el
centro. En general su forma no varía, pero hay especies
con el pico diminuto, como el pato mandarín.

5-10 cm   2,7 cm

PICO DE PALA:
característico de muchos
patos. Es de tamaño variable.

PICO DE PATO MANDARÍN:
una de las especies con el pico
más pequeño.

**SIRIRÍ
COLORADO**
*Dendrocygna
bicolor*

Aves zancudas

◧ Pertenecen a un orden artificial, ya que desde
el punto de vista genético son especies no
emparentadas. Se agrupan porque la adaptación
al mismo hábitat hizo que desarrollaran formas
similares: largos picos y cuellos para movimientos
ágiles, patas delgadas y estilizadas para vadear los
acuíferos durante la pesca. Las garzas forman un
grupo particular porque son cosmopolitas y porque
tienen plumón de talco. Ibis y cigüeñas también están
ampliamente distribuidos. Las aves con pico de zapato
y de martillo solo se encuentran en África.

IBIS (*Ibis* sp.): los hay
filtradores y pescadores.

CIGÜEÑA (*Ciconia* sp.):
pesca con su largo pico.

PICOZAPATO (*Balaeniceps rex*):
se alimenta entre papiros flotantes.

GARZA (*Egretta* sp.):
pesca con su agudo pico.

ESPÁTULA COMÚN
(*Platalea leucorodia*): come
varios tipos de animales
acuáticos.

AVE MARTILLO (*Scopus
umbretta*): pesca y caza
animales pequeños.

Zambullidoras y otras pescadoras

◧ Las zambullidoras pertenecen a la familia de las Podicipediformes.
Se alimentan de pececillos e insectos acuáticos y son muy torpes en
tierra firme. En el orden de los Coraciiformes, los martines pescadores y otras
aves similares localizan a sus presas observando atentamente el agua desde
alguna altura. Cuando ven cualquier pececillo, se lanzan en picado y lo capturan
con el pico. En el orden de los Charadriiformes, los alcaravanes deambulan por
los bordes de lagunas en busca de alimento. Sus patas largas los mantienen
lejos del agua. No son nadadores.

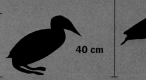

30-40 cm   40 cm   18 cm

SOMORMUJO
Podiceps sp.

ALCARAVÁN
Burhinus oedicnemus

MARTÍN PESCADOR
Alcedo atthis

PICO DE IBIS
Es largo y delgado, ideal
para sumergirlo en el barro
y buscar comida.

**IBIS BLANCO
AMERICANO**
Eudocimus albus

LAS PATAS DEL IBIS
Los mantienen por encima del
agua, pero lo bastante cerca
como para que puedan pescar
y remover el lecho de los
acuíferos.

Grandes cazadoras

Las aves rapaces, o de presa, son cazadoras y carnívoras por naturaleza: están perfectamente equipadas para alimentarse de animales vivos. Su vista es tres veces más aguda que la de los seres humanos; su oído está diseñado para determinar la situación de su presa con extremada precisión; sus garras son afiladas y fuertes; y pueden matar a un pequeño mamífero solo con la presión de sus patas. Además, con su pico ganchudo pueden matar de golpe a la víctima rompiéndole el cuello de un solo picotazo. Águilas, halcones, buitres, búhos y lechuzas son ejemplos de aves de presa. Pueden ser diurnas o nocturnas, y siempre están al acecho.

Diurnas y nocturnas

Águilas, halcones y buitres son aves rapaces diurnas, mientras que lechuzas y búhos son nocturnas, porque desarrollan su actividad durante la noche. Ambos grupos no están estrechamente emparentados. Las presas principales de estas aves incluyen mamíferos pequeños, reptiles e insectos. Cuando localizan a la víctima, se lanzan sobre ella. Las rapaces nocturnas están especialmente adaptadas: tienen una visión sumamente desarrollada, sus ojos están orientados hacia delante y tienen un oído muy fino. Las plumas de sus alas están dispuestas de tal modo que no hacen ruido cuando el ave vuela y, por otra parte, son de un color apagado que durante el día, mientras duerme, la hace pasar desapercibida en su entorno.

BÚHO REAL
Bubo bubo
Sus oídos asimétricos pueden determinar la situación de su presa con gran precisión.

ÁGUILA CALVA
Haliaeetus leucocephalus
Tiene un campo visual de 220° y uno bifocal de 50°.

CERA
Formación carnosa, abultada y blanda.

Pico

El pico de las aves rapaces es ganchudo, y en ocasiones presenta un diente que funciona como un cuchillo y les permite matar a sus presas, desgarrar la piel y los tejidos musculares, y extraer el alimento con total facilidad. La estructura y la forma del pico cambian de una especie a otra. Las carroñeras (como buitres y cóndores) tienen el pico más débil porque los tejidos de los animales en descomposición son más blandos. Otras especies, como los halcones, cazan la presa con las garras y, con el pico, la rematan de un violento picotazo en la nuca que les rompe la columna vertebral.

PUNTA
Aquí está el diente.

ORIFICIO NASAL
Canales olfatorios.

Aguilucho negro
Buteo albonotatus

ÁGUILA CALVA
Su pico ganchudo es común entre las aves rapaces.

GAVILÁN
Tiene un pico delgado con el que puede sacar caracoles de su concha.

HALCÓN
Con la parte superior del pico puede romper la espina dorsal de una presa.

AZOR
Con su fuerte pico puede cazar presas grandes como una liebre.

EGAGRÓPILAS
Los búhos y lechuzas producen egagrópilas: se tragan las presas enteras y regurgitan las sustancias indigeribles. El estudio de las egagrópilas permite determinar con precisión la fauna de zonas concretas.

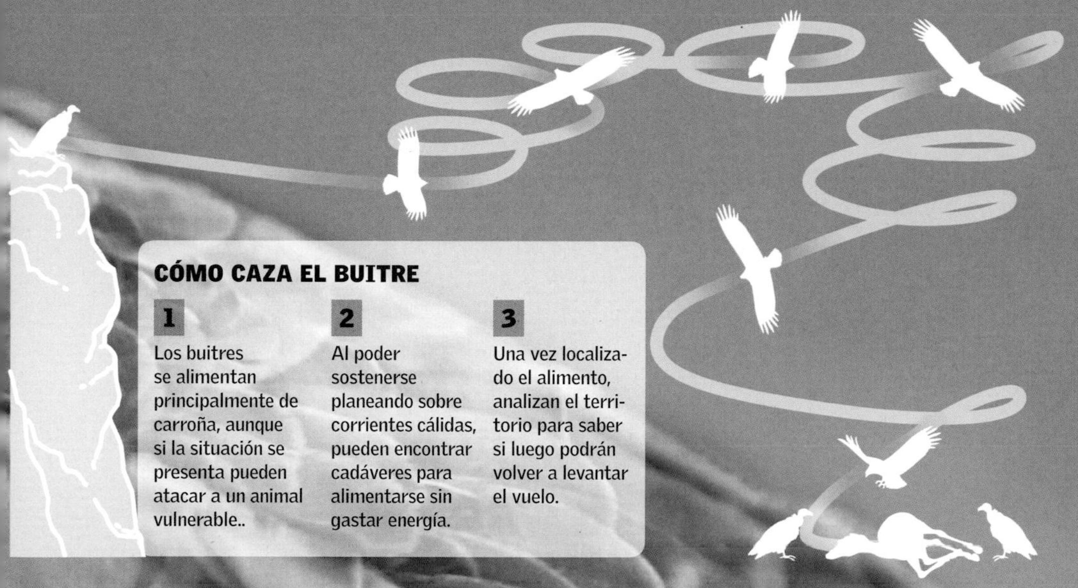

DIMENSIONES

Las alas de las aves rapaces están adaptadas para satisfacer sus necesidades de desplazamiento y llegan a envergaduras de casi tres metros.

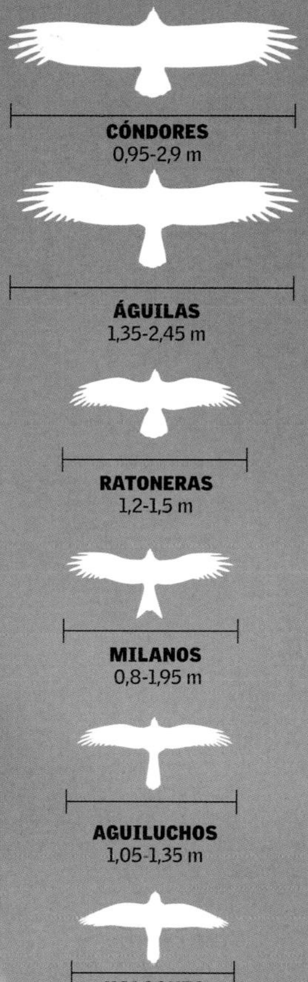

CÓNDORES
0,95-2,9 m

ÁGUILAS
1,35-2,45 m

RATONERAS
1,2-1,5 m

MILANOS
0,8-1,95 m

AGUILUCHOS
1,05-1,35 m

HALCONES
0,67-1,25 m

CÓMO CAZA EL BUITRE

1 Los buitres se alimentan principalmente de carroña, aunque si la situación se presenta pueden atacar a un animal vulnerable..

2 Al poder sostenerse planeando sobre corrientes cálidas, pueden encontrar cadáveres para alimentarse sin gastar energía.

3 Una vez localizado el alimento, analizan el territorio para saber si luego podrán volver a levantar el vuelo.

Patas

La mayoría de las rapaces atrapan y matan a las presas con las garras y desgarran la carne con el pico. Por eso las patas constituyen una de las características morfológicas de estas especies. Los dedos terminan en fuertes y afiladas uñas que hacen de tenazas para atrapar presas en vuelo. El gavilán pescador tiene además en la planta de las patas unas espinas que evitan que le resbalen los peces.

BUITRE LEONADO
Dedos largos con poca fuerza de agarre.

ÁGUILA PESCADORA
Dedos con escamas rugosas como espinas que le ayudan a cazar peces.

AZOR
Tiene callosidades en la punta de los dedos.

GAVILÁN
Las patas están dotadas de tarso y dedos cortos robustos.

El club de los pájaros

Las Paseriformes son el orden más amplio y diverso de entre las aves. ¿Cómo son? Tienen las patas con tres dedos dirigidos hacia delante y uno hacia atrás, lo que les facilita el agarrarse a las ramas, aunque también las hay que van por el suelo y entre matorrales. Ocupan ambientes terrestres en todo el mundo: desde desiertos hasta bosques. Sus sonidos y cantos complejos se originan en una siringe muy desarrollada. Los polluelos de las Paseriformes son nidícolas: nacen desnudos y ciegos. En las etapas juveniles son ágiles y vivaces, con un plumaje muy llamativo, abundante y colorido.

Los más pequeños

Todos estos pájaros son pequeños en comparación con otras aves: oscilan entre los 5 cm que mide el zunzuncito *(Mellisuga helenae)* o los 19 cm de la golondrina patagónica *(Tachycineta leucopyga)* y los 65 cm del cuervo común *(Corvus corax).*

COLIBRÍES
5 cm
Obtienen tanta energía del néctar, su comida, que pueden duplicar su peso corporal. Sin embargo, la consumen en su frenético vuelo.

GOLONDRINAS
19 cm
Las golondrinas son muy ágiles y diestras. Estas simpáticas migratorias tienen el cuerpo adaptado a largos viajes.

CUERVOS
65 cm
Comen de todo: frutas, insectos, reptiles, pequeños mamíferos y aves. Son hábiles ladrones de todo tipo de alimentos.

AVES PASERIFORMES
Se han clasificado 79 familias de estas aves, que se distribuyen en más de 5400 especies.

50 %
EL PORCENTAJE DE LAS AVES QUE SE INCLUYEN EN EL ORDEN DE LAS PASERIFORMES

Álbum de familia

Para favorecer el estudio de las familias, se han establecido cuatro grupos básicos: pájaros de pico ancho; pájaros de plumaje pardo y apagado, como el hornero, que destacan por su esmero en la construcción de nidos; aves lira, con dos plumas externas en la cola más largas que las otras; y pájaros cantores, que elaboran agradables cantos. Estos últimos constituyen el grupo más numeroso y variado, que incluye, por ejemplo, golondrinas, jilgueros, canarios, vireos y cuervos.

AVES LIRA
Solo existen dos especies de estas Paseriformes y son exclusivas de Australia. Son pájaros muy melódicos y excelentes imitadores de otras aves. Incluso pueden imitar el sonido de objetos inanimados, como los cascos de un caballo.

CANTORAS

La golondrina barranquera (*Notiochelidon cyanoleuca*) entona su canto agradable y gorjeante volando o al posarse. Calandrias, jilgueros, canarios y otros pájaros nos deleitan con sus trinos y sonidos.

PICO CORTO Y DURO

En las golondrinas el pico es muy corto y fuerte. Con él atrapan insectos en vuelo.

SIRINGE

Órgano fonador, situado en la porción final de la tráquea. Los músculos que se insertan en ella agitan las paredes bronquiales, que al paso del aire producen los sonidos melodiosos que caracterizan a las aves canoras.

CARTÍLAGO SIRÍNGEO

ANILLO TRAQUEAL

MÚSCULOS BRONQUIALES

ANILLO BRONQUIAL

DE PUNTA A PUNTA

Estas aves van de un hemisferio al otro. Crían a sus polluelos en el norte y pasan el invierno en el sur. Llegan hasta Tierra del Fuego. Su sentido de la orientación es sorprendente: cuando vuelven de su migración, encuentran su nido.

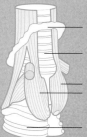

A En verano, durante la época de reproducción, viven en el hemisferio Norte, en Norteamérica. En general, se conocen como aves migratorias neotropicales las que se reproducen por encima del Trópico de Cáncer.

B Al llegar el invierno en el hemisferio Norte se desplazan hacia el sur en migraciones masivas. Ocupan la región del Caribe y Sudamérica. La golondrina común recorre 22 000 km en su viaje migratorio desde Estados Unidos hasta el sur de Argentina. También se encuentra en otras partes del mundo.

PATA PERCHERA

Tres dedos enfocados hacia delante y otro bien desarrollado hacia atrás les permite aferrarse con fuerza a las ramas.

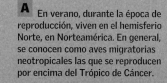

GOLONDRINA COMÚN

(*Hirundo rustica*)
Pasa la mayor parte del tiempo de viaje hacia zonas templadas.

PICO ANCHO

Son oriundos de África y Asia y habitan las zonas tropicales con vegetación densa. Se alimentan de insectos y frutos. Emiten sonidos no vocales con el aleteo. Lo hacen durante el cortejo y el sonido puede oírse a 60 m de donde lo producen.

HORNEROS Y PARIENTES

Sus nidos son una estructura totalmente cubierta, semejante a un horno. Otros miembros de esta familia fabrican nidos con hojas y pajitas tejiendo interesantes canastos. Otros excavan túneles en la tierra.

3 REPTILES

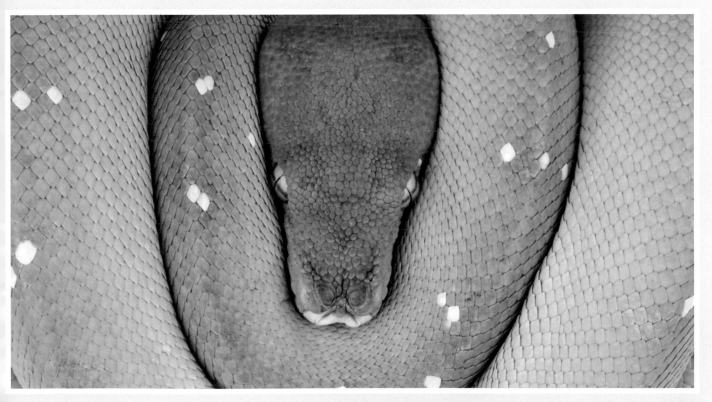

Reptiles: generalidades

El color tiene un papel esencial en la vida de iguanas y lagartos. Ayuda a distinguir los sexos y, a la hora de seducir, los miembros de la familia de las iguanas se comunican mostrando vistosos colores, crestas y pliegues de piel. Otra de las particularidades que los distinguen son las escamas epidérmicas que recubren su cuerpo.

BUENA VISIÓN
Las iguanas tienen muy buena vista. Ven los colores y tienen un párpado transparente que se cierra fácilmente.

Además, como todos los reptiles, no generan calor interno y dependen de factores externos para mantener su temperatura corporal. De ahí que sea tan frecuente verlos tendidos al sol.

En cuanto al tipo de alimentación, la mayoría son carnívoros; solo algunas tortugas son herbívoras. Este grupo se caracteriza por su total independencia del medio acuático.

Una piel con escamas

Los reptiles son vertebrados, es decir, animales con columna vertebral, y su piel es dura, seca y escamosa. Como las aves, la mayoría de ellos nacen de huevos con cáscara que la madre deposita en tierra. Las crías salen formadas por completo, sin pasar por una etapa larvaria. Los primeros reptiles aparecieron durante el alto Carbonífero, en la era Paleozoica. Durante el Mesozoico evolucionaron y florecieron, por lo que esta época también se conoce como era de los reptiles. Solo cinco de los 23 órdenes que existieron tienen aún representantes vivos.

ESCINCO DE COLA DE MONO
Corucia zebrata

MEMBRANAS EMBRIONARIAS
Desarrollan dos: un amnios protector y un alantoides respiratorio, una membrana vascular fetal.

OJOS
Casi siempre pequeños, en los animales diurnos con la pupila redondeada.

MEMBRANA NICTITANTE
Se extiende hacia delante desde el ángulo interno del ojo y lo cubre.

4765
SON LAS ESPECIES DE LAGARTOS QUE EXISTEN

Hábitat

Los reptiles tienen una gran capacidad de adaptación porque se adaptan a una increíble variedad de ambientes. Están en todas partes, excepto en la Antártida, y en la mayoría de los países hay, al menos, una especie de reptil terrestre. Se pueden encontrar tanto en el desierto más seco y caluroso como en la selva más húmeda, aunque donde son más comunes es en las regiones tropicales y subtropicales de África, Asia, Australia y América, donde las altas temperaturas y la gran diversidad de presas les permiten prosperar.

CAIMÁN NEGRO
Melanosuchus niger

Cocodrilos

Por lo general, son grandes. En la espalda, desde el cuello hasta la cola, tienen unas hileras de placas óseas que pueden dar la impresión de ser espinas o dientes. Los cocodrilos aparecieron a finales del Triásico y son los parientes vivos más cercanos de los dinosaurios y las aves. Su corazón está dividido en cuatro cámaras, su cerebro muestra un alto grado de desarrollo y la musculatura de su abdomen está tan desarrollada que parece la molleja de un ave. Las especies más grandes son muy peligrosas.

TÓRAX Y ABDOMEN
No están separados por un diafragma. La respiración se realiza con la ayuda de músculos de las paredes del cuerpo.

OVÍPAROS
La mayoría de los reptiles son ovíparos (ponen huevos), pero muchas especies de serpientes y lagartos son ovovivíparas (paren crías vivas).

ALIGÁTOR AMERICANO
Alligator mississippiensis

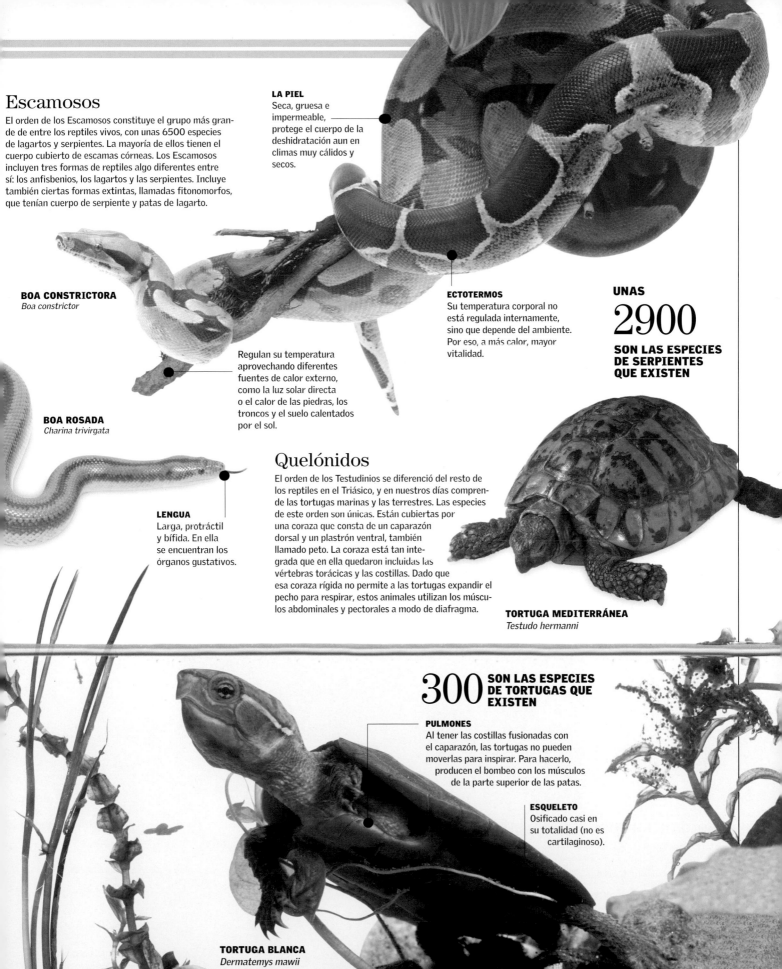

Escamosos

El orden de los Escamosos constituye el grupo más grande de entre los reptiles vivos, con unas 6500 especies de lagartos y serpientes. La mayoría de ellos tienen el cuerpo cubierto de escamas córneas. Los Escamosos incluyen tres formas de reptiles algo diferentes entre sí: los anfisbenios, los lagartos y las serpientes. Incluye también ciertas formas extintas, llamadas fitonomorfos, que tenían cuerpo de serpiente y patas de lagarto.

LA PIEL
Seca, gruesa e impermeable, protege el cuerpo de la deshidratación aun en climas muy cálidos y secos.

BOA CONSTRICTORA
Boa constrictor

Regulan su temperatura aprovechando diferentes fuentes de calor externo, como la luz solar directa o el calor de las piedras, los troncos y el suelo calentados por el sol.

BOA ROSADA
Charina trivirgata

ECTOTERMOS
Su temperatura corporal no está regulada internamente, sino que depende del ambiente. Por eso, a más calor, mayor vitalidad.

UNAS

2900

SON LAS ESPECIES DE SERPIENTES QUE EXISTEN

LENGUA
Larga, protráctil y bífida. En ella se encuentran los órganos gustativos.

Quelónidos

El orden de los Testudinios se diferenció del resto de los reptiles en el Triásico, y en nuestros días comprende las tortugas marinas y las terrestres. Las especies de este orden son únicas. Están cubiertas por una coraza que consta de un caparazón dorsal y un plastrón ventral, también llamado peto. La coraza está tan integrada que en ella quedaron incluidas las vértebras torácicas y las costillas. Dado que esa coraza rígida no permite a las tortugas expandir el pecho para respirar, estos animales utilizan los músculos abdominales y pectorales a modo de diafragma.

TORTUGA MEDITERRÁNEA
Testudo hermanni

300 **SON LAS ESPECIES DE TORTUGAS QUE EXISTEN**

PULMONES
Al tener las costillas fusionadas con el caparazón, las tortugas no pueden moverlas para inspirar. Para hacerlo, producen el bombeo con los músculos de la parte superior de las patas.

ESQUELETO
Osificado casi en su totalidad (no es cartilaginoso).

TORTUGA BLANCA
Dermatemys mawii

Órganos internos

L a anatomía de los reptiles está preparada para que vivan en tierra. Su piel, seca y escamosa, y la excreción de ácido úrico en lugar de urea reducen la pérdida de agua. Su corazón distribuye la sangre en un doble circuito. Los cocodrilos fueron los primeros vertebrados en tener un corazón cuatripartito; en el resto de los reptiles la separación de los ventrículos es incompleta. Los pulmones, más desarrollados que en los anfibios, contribuyen a la eficiencia cardíaca permitiendo un mayor intercambio de gases.

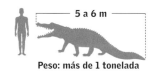

5 a 6 m

Peso: más de 1 tonelada

COCODRILO DEL NILO
Crocodylus niloticus

DIETA	Carnívoros
LONGEVIDAD	45 años en estado salvaje y 80 años en cautiverio

PIEL

Los reptiles poseen cromatóforos que modifican un poco su color. Dos características únicas de los cocodrilos son una piel de la cabeza con glándulas que regulan el balance iónico corporal, y una cloaca con glándulas que secretan sustancias esenciales para el apareamiento y la defensa.

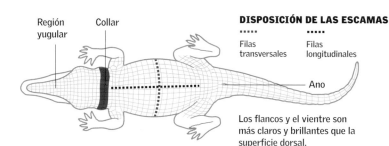

Región yugular   Collar

Ano

DISPOSICIÓN DE LAS ESCAMAS

Filas transversales

Filas longitudinales

Los flancos y el vientre son más claros y brillantes que la superficie dorsal.

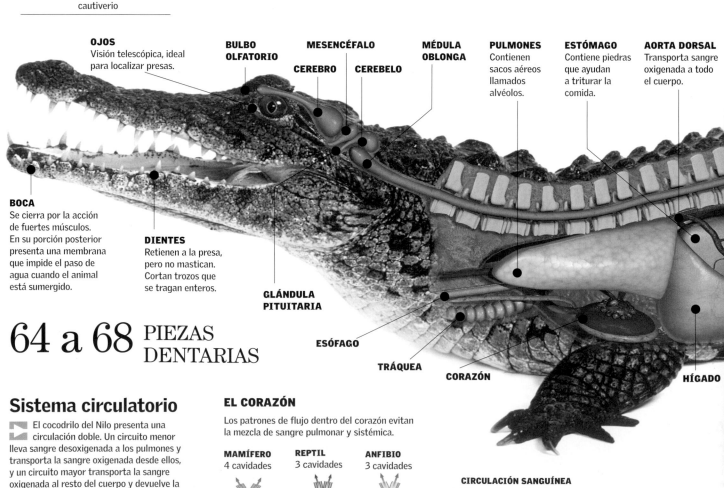

OJOS
Visión telescópica, ideal para localizar presas.

BULBO OLFATORIO

CEREBRO

MESENCÉFALO

CEREBELO

MÉDULA OBLONGA

PULMONES
Contienen sacos aéreos llamados alvéolos.

ESTÓMAGO
Contiene piedras que ayudan a triturar la comida.

AORTA DORSAL
Transporta sangre oxigenada a todo el cuerpo.

BOCA
Se cierra por la acción de fuertes músculos. En su porción posterior presenta una membrana que impide el paso de agua cuando el animal está sumergido.

DIENTES
Retienen a la presa, pero no mastican. Cortan trozos que se tragan enteros.

GLÁNDULA PITUITARIA

ESÓFAGO

TRÁQUEA

CORAZÓN

HÍGADO

64 a 68 PIEZAS DENTARIAS

Sistema circulatorio

El cocodrilo del Nilo presenta una circulación doble. Un circuito menor lleva sangre desoxigenada a los pulmones y transporta la sangre oxigenada desde ellos, y un circuito mayor transporta la sangre oxigenada al resto del cuerpo y devuelve la sangre desoxigenada al corazón. El corazón de los reptiles tiene dos aurículas y un solo ventrículo, parcialmente dividido por un tabique ventricular incompleto.

EL CORAZÓN

Los patrones de flujo dentro del corazón evitan la mezcla de sangre pulmonar y sistémica.

MAMÍFERO
4 cavidades

REPTIL
3 cavidades

ANFIBIO
3 cavidades

CIRCULACIÓN SANGUÍNEA
Una amplia y eficiente red de vasos sanguíneos se extiende por el cuerpo de los reptiles.

Cuestión de piel

La ausencia de extremidades y la fricción durante el desplazamiento ayudan a las serpientes a deslizarse y abandonar su vieja piel en un solo movimiento. En los demás reptiles la muda requiere que el animal se arranque a jirones su antigua piel. Los reptiles cambian la piel de forma regular, incluso en sus últimos años de vida.

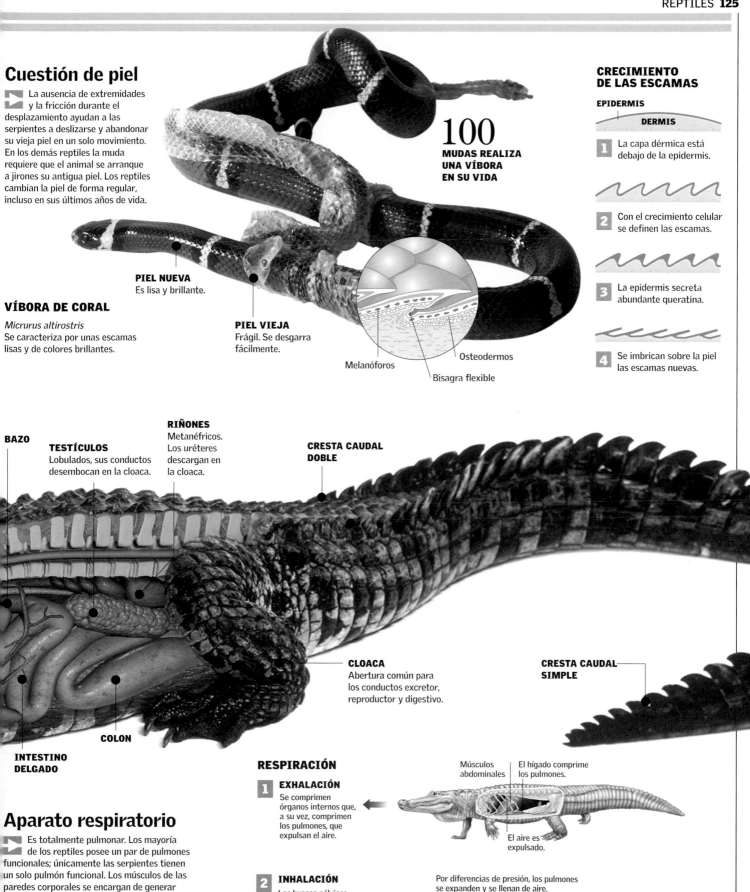

PIEL NUEVA
Es lisa y brillante.

VÍBORA DE CORAL

Micrurus altirostris
Se caracteriza por unas escamas lisas y de colores brillantes.

PIEL VIEJA
Frágil. Se desgarra fácilmente.

100
MUDAS REALIZA UNA VÍBORA EN SU VIDA

Melanóforos
Osteodermos
Bisagra flexible

CRECIMIENTO DE LAS ESCAMAS

EPIDERMIS

DERMIS

1 La capa dérmica está debajo de la epidermis.

2 Con el crecimiento celular se definen las escamas.

3 La epidermis secreta abundante queratina.

4 Se imbrican sobre la piel las escamas nuevas.

BAZO

TESTÍCULOS
Lobulados, sus conductos desembocan en la cloaca.

RIÑONES
Metanéfricos. Los uréteres descargan en la cloaca.

CRESTA CAUDAL DOBLE

CRESTA CAUDAL SIMPLE

CLOACA
Abertura común para los conductos excretor, reproductor y digestivo.

COLON

INTESTINO DELGADO

Aparato respiratorio

Es totalmente pulmonar. Los mayoría de los reptiles posee un par de pulmones funcionales; únicamente las serpientes tienen un solo pulmón funcional. Los músculos de las paredes corporales se encargan de generar las diferencias de presión para que circule el aire por las vías respiratorias, desde las fosas nasales hasta los alvéolos pulmonares.

RESPIRACIÓN

1 **EXHALACIÓN**
Se comprimen órganos internos que, a su vez, comprimen los pulmones, que expulsan el aire.

Músculos abdominales
El hígado comprime los pulmones.

El aire es expulsado.

2 **INHALACIÓN**
Los huesos pélvicos rotan hacia abajo, se extiende el abdomen y los músculos provocan la expansión de los pulmones.

Por diferencias de presión, los pulmones se expanden y se llenan de aire.

Menú al ras de suelo

Los reptiles son básicamente carnívoros, aunque algunos siguen otras dietas. Los lagartos se suelen alimentar de insectos; las serpientes, de pequeños vertebrados tales como pájaros, roedores, peces, anfibios e incluso otros reptiles. Para muchos, los huevos de aves y de otros reptiles son el bocado más suculento. La tortuga pintada es omnívora come tanto carne como plantas. Los reptiles, como cualquier otra especie, son parte de la cadena trófica: estos animales se comen a otros, y con ello preservan el equilibrio ambiental.

Herbívoros

En general lo son otros grupos de animales, pero también hay reptiles que se alimentan solo de hojas verdes y plantas. La iguana marina solo come las algas que encuentra bajo piedras en el lecho marino.

IGUANA VERDE

También llamada iguana común, es uno de los pocos reptiles herbívoros; se alimenta de hojas verdes y también de algunos frutos.

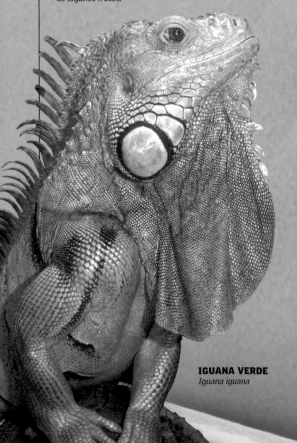

IGUANA VERDE
Iguana iguana

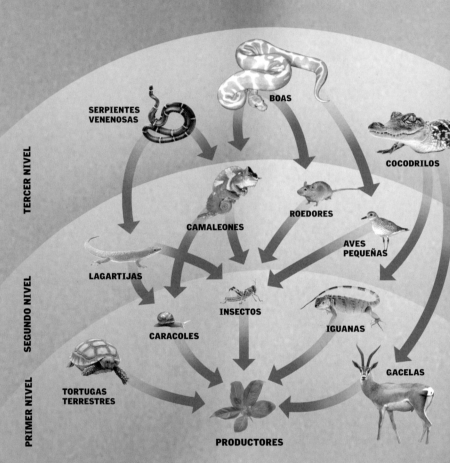

TERCER NIVEL

SEGUNDO NIVEL

PRIMER NIVEL

SERPIENTES VENENOSAS

BOAS

COCODRILOS

CAMALEONES

ROEDORES

AVES PEQUEÑAS

LAGARTIJAS

INSECTOS

IGUANAS

CARACOLES

TORTUGAS TERRESTRES

GACELAS

PRODUCTORES

Cadena trófica

La fotosíntesis, que permite transformar el carbono inorgánico en materia orgánica, hace de los vegetales los únicos «productores» de toda cadena trófica. Los herbívoros se alimentan de ellos y son los consumidores de primer orden.

Los animales que se alimentan de los herbívoros son los consumidores de segundo orden, y los animales que se comen a otros carnívoros, entre los cuales se encuentran algunos reptiles, son los consumidores de tercer orden de la red trófica.

Metabolismo

La digestión de las serpientes que se tragan presas enteras dura semanas, incluso meses. Sus jugos gástricos digieren hasta los huesos.

SERPIENTES

Pueden ensanchar la boca y partes del tracto digestivo para engullir enteras a sus presas: los dientes y colmillos no son para masticarlas, sino para cazarlas, envenenarlas y retenerlas.

IMAGEN DE RAYOS X
Esta serpiente se tragó entera una rana.

Carnívoros

Instinto oportunista, reflejos muy desarrollados, glándulas mucosas en la boca para lubricar a sus presas, un potente sistema inmunológico y lengua con terminales nerviosos olfativos son algunos de los elementos del «kit» del reptil depredador.

COCODRILOS

Son depredadores de otros vertebrados y de algunos invertebrados. Los jóvenes consumen principalmente invertebrados terrestres y acuáticos, mientras que los adultos se alimentan sobre todo de peces.

GALÁPAGO DE BOSQUE
Clemmys insculpta

Omnívoros

Las tortugas son lentas, pero muchas pueden añadir moluscos, gusanos o larvas de movimiento lento a su menú vegetal. La tortuga boba, marina, que mide más de dos metros, come esponjas, moluscos, crustáceos, peces y algas.

CRÓTALO CORNUDO DE SCHLEGEL
Bothriechis schlegeii

Reproducción

La mayoría de los reptiles son ovíparos. Algunas especies ponen grandes cantidades de huevos y luego dejan que se desarrollen solos, generalmente en nidos bien protegidos o escondidos bajo la tierra o la arena. Las tortugas marinas, en particular las tortugas verdes, van a la costa a poner los huevos en la arena, donde quedan a su suerte. En otras especies, como los cocodrilos o las pitones, las hembras custodian fieramente su puesta y pasan largos períodos cerca o enrolladas alrededor del nido, espantando a potenciales predadores.

ANACONDA COMÚN

Eunectes murinus
Puede llegar a tener más de cincuenta crías, que cuando nacen miden cerca de un metro.

La cáscara del huevo

La cría de reptil se desarrolla dentro de un huevo, en el interior de una bolsa de líquido amortiguador llamada amnios. Los huevos de la mayoría de los reptiles tienen una cáscara blanda y flexible, aunque otros la tienen dura. A través de la cáscara la cría absorbe el oxígeno y la humedad necesarios para su crecimiento, y la yema le proporciona el alimento.

Ovíparos

La reproducción ovípara incluye la puesta de huevos en el medio externo, donde se completan el desarrollo del animal antes de la eclosión. Algunas especies ponen grandes cantidades de huevos y dejan que se desarrollen solos, por lo general en nidos bien protegidos o escondidos bajo tierra o arena. En otras especies, como los cocodrilos, las hembras custodian fieramente su puesta.

EL APARATO REPRODUCTOR FEMENINO

Dos ovarios contienen los óvulos; de ahí, dos oviductos llegan a la cloaca. La fecundación tiene lugar en la parte anterior del oviducto.

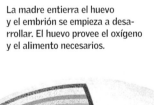

OVARIO
OVIDUCTO
CLOACA
CÁSCARA
ALBÚMINA
CLOACA

1 Crecimiento

La madre entierra el huevo y el embrión se empieza a desarrollar. El huevo provee el oxígeno y el alimento necesarios.

2 Rotura

La presión ejercida en la cáscara por los movimientos del animal en un espacio tan exiguo la rompe desde el interior.

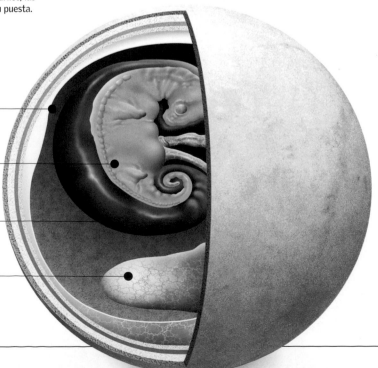

TORTUGA LEOPARDO

CÁSCARA
Permite la entrada de oxígeno para que respire el embrión.

EMBRIÓN
Protegido de la deshidratación, puede sobrevivir sin agua.

SACO VITELINO
Rodea el embrión y almacena alimento para el nacimiento.

ALANTOIDES
Prolongación del intestino embrionario.

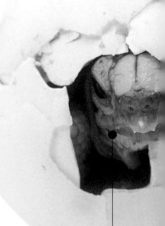

DIENTE DE HUEVO
Protuberancia córnea del pico para rasgar el cascarón durante la eclosión.

Ovovivíparos

Los huevos quedan retenidos y al cabo de un tiempo eclosionan en el interior del cuerpo de la madre, que pare crías desarrolladas. Son versiones diminutas de los padres, independientes, y no reciben cuidado alguno de sus progenitores.

De 145 a 160 días

EL PERÍODO DE INCUBACIÓN DE LA TORTUGA LEOPARDO.

4
Salida

La tortuga puede tardar hasta un día más en salir, y lo hará con un pequeño saco colgando del ombligo: el saco de la yema que la alimentó mientras se incubaba.

BOCA
Es lo primero que asoma

CAPARAZÓN
Su crecimiento hace que el huevo se rompa.

PATA
Ya tiene movilidad y le permite caminar.

CAPARAZÓN
Cuando nace ya se está formado por completo.

3
Eclosión

La tortuga ya está lista para salir y comienza a romper el huevo con el cuerpo. Se produce la eclosión.

TORTUGA LEOPARDO
Geochelone pardalis

HÁBITAT	África
DIETA	Herbívora
TAMAÑO	60-65 cm
PESO	35 kg

JERGÓN

Bothrops atrox
En una camada puede sacar hasta 80 crías de unos 34 cm de longitud.

CONSISTENCIA DE LOS HUEVOS
La cáscara del huevo puede ser blanda o dura. La blanda es la más habitual entre los lagartos y serpientes, y la dura en tortugas y cocodrilos.

DURA

BLANDA

Vivíparos

Como ocurre en la mayoría de los mamíferos, todo el ciclo del desarrollo embrionario se efectúa dentro del cuerpo de la madre y el embrión obtiene su alimento por estrecho contacto con los tejidos maternos.

Cocodrilos, lagartos, tortugas y serpientes

Un cuerpo alargado y fuerte y unos dientes afilados sitúan a los cocodrilos entre los predadores más peligrosos. Mientras son pequeños comen pececitos, ranas e insectos, pero de adultos pueden devorar animales grandes, incluso personas. ¿Sabías que los lagartos son los reptiles más abundantes en el mundo hoy día? Su grupo incluye una gran variedad de especies, de todos

PITÓN ARBORÍCOLA VERDE
La pitón arborícola verde se pasa la mayor parte
del tiempo enrollada en una rama esperando, con la
cabeza colgando, a que pase una presa para atacarla.
Se alimenta de pequeños mamíferos y de pájaros.

os tamaños y formas. Descubre el asombroso mundo de las serpientes, cómo son por dentro, dónde viven y cómo cazan a sus presas, y por qué unas se alimentan solo de huevos mientras que otras, como las constric-toras, las más primitivas, deben ahogar a sus presas enrollándose alrededor de ellas. Y muchas tortugas son cazadoras que comen desde pequeños invertebra-dos hasta peces y animales más grandes.

Lagartos

Entre los saurios, los lagartos representan el grupo más numeroso. Viven en todos los climas del mundo, salvo en las zonas muy frías porque no pueden regular su temperatura corporal. Existen lagartos terrestres, subterráneos, arborícolas e incluso semiacuáticos. Pueden caminar, trepar, excavar, correr, y algunos hasta planear. Los lagartos suelen tener la cabeza diferenciada, párpados móviles, una mandíbula inferior rígida, cuatro patas con cinco dedos, el cuerpo alargado cubierto de escamas y una cola larga. Algunos pueden desprenderse de su cola cuando se sienten amenazados.

GECO DIURNO
Phelsuma sp.

DEDOS ADHESIVOS

Camaleónidos

Habitan en África, especialmente en el sureste y Madagascar. Viven en ambientes forestales, donde suben a los árboles gracias a su cola y sus dedos prensiles; son excelentes trepadores. Su famosa capacidad de cambiar de color se activa ante un peligro o al iniciar un cortejo.

Camuflaje

Representa una ventaja adaptativa. Al poder confundirse con su entorno vegetal, pasan inadvertidos tanto ante sus depredadores como ante sus presas.

RECURSO VITAL
Entre vértebra y vértebra hay unos planos de ruptura que les permiten separar la cola del cuerpo.

COLA AUTOTÓMICA
Algunos lagartos cambian la cola muchas veces en la vida. En situaciones de peligro, hasta llegan a desprenderse a voluntad de ella para huir y desconcertar a sus depredadores. Luego, se les regenera.

OJOS TELESCÓPICOS

Gecónidos

Son saurios con aspecto de lagarto que habitan en regiones cálidas. Tienen las extremidades muy pequeñas (algunas especies ni siquiera tienen). Su cuerpo está cubierto con escamas muy lisas y brillantes.

CAMALEÓN DE MELLER
Chamaeleo melleri

PIEL
Tiene pigmentos en las células.

COLA
Se enrolla cuando es necesario.

DEDOS PRENSILES
Pueden rodear una rama y sujetarla con fuerza.

GARRA

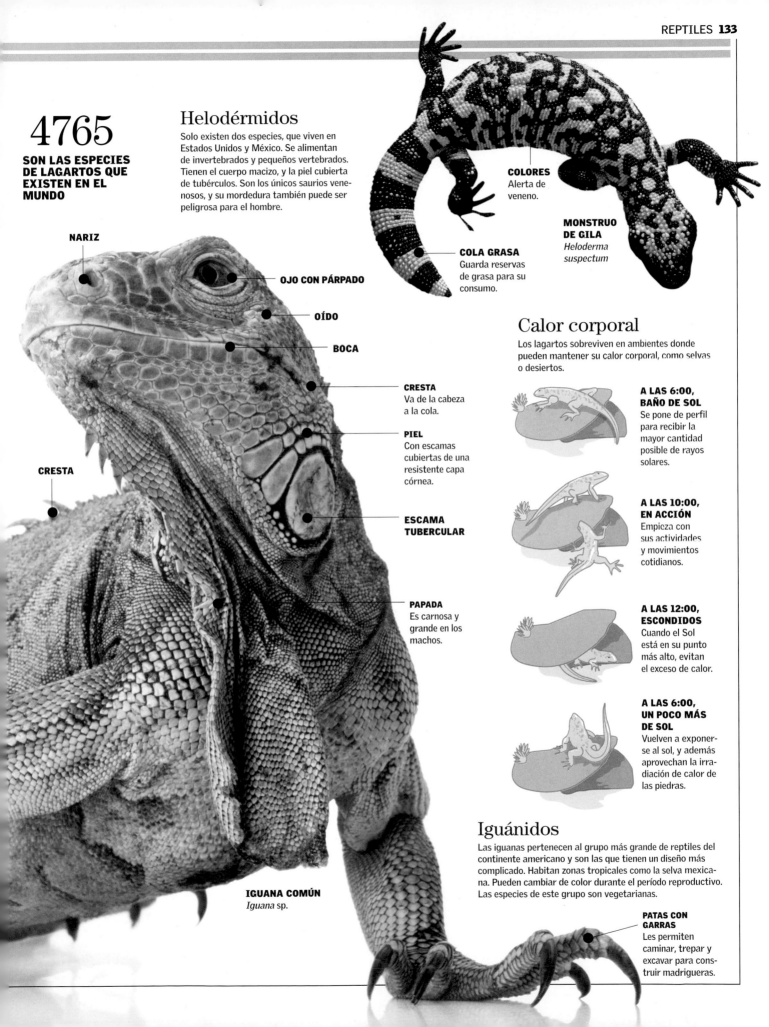

4765

**SON LAS ESPECIES
DE LAGARTOS QUE
EXISTEN EN EL
MUNDO**

Helodérmidos

Solo existen dos especies, que viven en
Estados Unidos y México. Se alimentan
de invertebrados y pequeños vertebrados.
Tienen el cuerpo macizo, y la piel cubierta
de tubérculos. Son los únicos saurios venenosos, y su mordedura también puede ser
peligrosa para el hombre.

COLORES
Alerta de
veneno.

COLA GRASA
Guarda reservas
de grasa para su
consumo.

**MONSTRUO
DE GILA**
*Heloderma
suspectum*

NARIZ

OJO CON PÁRPADO

OÍDO

BOCA

CRESTA
Va de la cabeza
a la cola.

PIEL
Con escamas
cubiertas de una
resistente capa
córnea.

**ESCAMA
TUBERCULAR**

CRESTA

PAPADA
Es carnosa y
grande en los
machos.

IGUANA COMÚN
Iguana sp.

Calor corporal

Los lagartos sobreviven en ambientes donde
pueden mantener su calor corporal, como selvas
o desiertos.

**A LAS 6:00,
BAÑO DE SOL**
Se pone de perfil
para recibir la
mayor cantidad
posible de rayos
solares.

**A LAS 10:00,
EN ACCIÓN**
Empieza con
sus actividades
y movimientos
cotidianos.

**A LAS 12:00,
ESCONDIDOS**
Cuando el Sol
está en su punto
más alto, evitan
el exceso de calor.

**A LAS 6:00,
UN POCO MÁS
DE SOL**
Vuelven a exponer-
se al sol, y además
aprovechan la irra-
diación de calor de
las piedras.

Iguánidos

Las iguanas pertenecen al grupo más grande de reptiles del
continente americano y son las que tienen un diseño más
complicado. Habitan zonas tropicales como la selva mexica-
na. Pueden cambiar de color durante el período reproductivo.
Las especies de este grupo son vegetarianas.

**PATAS CON
GARRAS**
Les permiten
caminar, trepar y
excavar para cons-
truir madrigueras.

Dragón de Komodo

Es el lagarto más grande del mundo, un varánido con un cuerpo de tres metros de largo y un peso que puede alcanzar los 150 kilos. Solo habita en unas cuantas islas del archipiélago indonesio y está en peligro de extinción. Este reptil es carnívoro y se caracteriza por la ferocidad con que ataca a sus víctimas. Su saliva está llena de unas bacterias capaces de matar a sus presas con una sola mordida. Puede detectar a otros dragones de Komodo a kilómetros de distancia.

INDONESIA
PARQUE NACIONAL DE KOMODO

BANTA

SUMBAWA

PADAR

FLORES

KOMODO

RINCA

KODE   MONTONG

DRAGÓN DE KOMODO
Varanus komodoensis

HÁBITAT (APROX.)	2300 km²
CANTIDAD DE DRAGONES	menos de 5000

PIEL DURA
Oscura y escamosa. Es de color negro, marrón o gris.

GARRAS
Tiene cinco, muy afiladas. Le sirven para retener a sus presas moribundas.

TAMAÑO Y PESO

Los machos pueden superar los tres metros de longitud. Las hembras son más pequeñas.

Peso
150 kg

3 m

DRAGÓN DE KOMODO

Peso
10 kg

1 m

IGUANA

1,8 m

Peso
80 kg

HOMBRE

ESTÓMAGO

Como el de la mayoría de los reptiles, el estómago de los dragones se dilata extraordinariamente, lo que les permite engullir en una sola comida hasta el 70 % de su propio peso.

5000
varanos
SOBREVIVEN EN ESTADO SALVAJE EN SEIS PEQUEÑAS ISLAS DE INDONESIA, ENTRE ELLAS LA DE KOMODO

Cacería larga

El dragón de Komodo cuenta con un agudo sentido del olfato que detecta la presencia de otros animales a tres kilómetros de distancia. Sigue el rastro de sus presas con su lengua bífida, que detecta las moléculas del aire. El órgano de Jacobson, situado en el interior de la cavidad bucal, ayuda a que el varano ubique más rápido a sus presas y consuma menos energía durante la persecución.

OLFATO

Cuenta con un agudo sentido del olfato con el que detecta olor a carne en descomposición a cinco kilómetros.

SALIVA

Contiene bacterias que matan a las presas. Los propios dragones tienen en la sangre unas sustancias antibacterianas que los protegen de su efecto pernicioso.

LENGUA

Es bífida y tiene función gustativa, olfatoria y táctil. Detecta a las presas percibiendo las diferentes partículas suspendidas en el aire.

Saliva mortal

La saliva del dragón de Komodo está cargada de unas bacterias capaces de matar en poco tiempo a sus presas provocándoles una aguda septicemia. El dragón no tiene más que morderlas una sola vez. Al analizar la saliva se encontraron alrededor de 60 bacterias, 54 de las cuales provocan infecciones. Son bacterias conocidas que participan en la putrefacción de animales muertos, como *Pasteurella multocida* (una de las más patógenas), *Streptococcus, Staphylococcus, Pseudomonas* y *Klebsiella*. Todas juntas se convierten en un arma letal.

PASTEURELLA MULTOCIDA
Bacteria que afecta al tracto gastrointestinal y respiratorio de mamíferos y aves.

Cómo ataca a su presa

1 BUSCA
El dragón busca el alimento con su lengua bífida. En el momento de perseguir a sus presas, puede alcanzar una velocidad de 18 km/h.

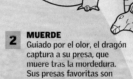

2 MUERDE
Guiado por el olor, el dragón captura a su presa, que muere tras la mordedura. Sus presas favoritas son el ciervo y el jabalí.

3 PERSIGUE
El dragón se come deprisa a su presa gracias a unas articulaciones flexibles entre las mandíbulas y el cráneo. No solo digiere la carne, sino también la piel y los huesos de su presa.

4 DISPUTA
Guiados por su olfato, varios dragones se acercan al alimento. Los más grandes se llevan las mejores porciones. Los jóvenes se mantienen alejados porque los adultos pueden actuar como caníbales.

Cambios de color

Los camaleones se conocen sobre todo por sus sorprendentes cambios de color; sin embargo, también destacan por su lengua, que en segundos se proyecta a gran distancia. Estos animales viven sobre todo en África. Su cola y dedos prensiles hacen de ellos unos excelentes trepadores. Y otra característica muy útil que tienen son unos ojos que pueden mover independientemente uno del otro para tener una visión de 360 grados. Un cuerpo comprimido y aplanado les permite mayor equilibrio y los disimula entre las hojas.

COLA PRENSIL
Larga y curvada, le permite asirse fácilmente a cualquier rama sin necesidad de las patas.

HUESO
Soporte del disparo de la lengua.

Lengua protráctil

Extensible y ligera, la lengua de los camaleones es larga, pegajosa y protáctil. La lanzan como un proyectil para cazar a sus presas.

1 **CONTRACCIÓN**

Unas láminas de colágeno ubicadas entre la lengua y el músculo acelerador se comprimen en una espiral que almacenan la energía necesaria para impulsar la lengua.

Cómo cambian de color

El traído y llevado cambio de color de los camaleones no se debe a una supuesta adaptación al medio, como se suele creer, sino que está relacionado con los cambios de luz y temperatura, el cortejo o la presencia de un depredador. Las variaciones responden a la acción de unas hormonas que afectan a unas células pigmentarias que hay en la piel del animal. Esas células especializadas, localizadas en las distintas capas de la dermis, reaccionan provocando el cambio de color para camuflar al camaleón de sus depredadores.

A Cuando la capa superior (los cromatóforos) detecta un tono amarillo, la luz azul de los guanóforos se convierte en verde.

Luz incidente   Luz reflejada

CÉLULAS PIGMENTARIAS

Cromatóforos

Guanóforos

Melanóforos

CAMALEÓN PANTERA
Furcifer pardalis

UBICACIÓN	Madagascar
HÁBITAT	Zonas costeras
COSTUMBRES	Diurnas

35-50 cm

Alimentación

Son cazadores diurnos y esperan a que se presente su víctima. Su dieta incluye artró- podos y pequeños invertebrados. Entre los insectos, sus preferidos son grillos, gusanos, cucarachas y polillas. Algunas especies incluyen en el menú pájaros y ratones.

Hasta el 600 %

DEL LARGO DE LA LENGUA QUEDA ENROLLADO EN LA RECÁMARA

LENGUA
Cubierta de un tejido colagenoso.

PUNTA
Ensanchada y pegajosa, las presas quedan pegadas a ella.

2 DESPLIEGA
El músculo acelerador comprime los tejidos colagenosos, que contienen energía, y eyecta la lengua hacia el blanco.

3 RETRAE
Cuando los tejidos elásticos se vuelven a contraer, la lengua se enrolla hasta el punto de partida con la presa adherida.

B Los melanóforos con- tienen un pigmento oscuro llamado melanina que regula el brillo y la cantidad de luz reflejada, variando su color.

Luz incidente   Luz reflejada

PATAS
Los dedos están divididos en dos partes, dos por fuera y tres por dentro.

2 DEDOS

3 DEDOS

Venerados y temidos

Los cocodrilos, y sus parientes los aligátores, caimanes y gaviales, son animales muy antiguos. Pertenecen al mismo grupo que incluía a los dinosaurios y han cambiado muy poco en los últimos 65 millones de años. Pueden pasar mucho tiempo estáticos, tomando el sol o descansando en el agua, pero también pueden nadar, saltar y hasta correr muy rápido para atacar con fiereza y precisión. A pesar de su ferocidad, las hembras de cocodrilo cuidan a sus crías más que cualquier otro grupo vivo de reptiles.

MANDÍBULA
Los dientes de abajo no se ven con la boca cerrada.

ESCAMAS
Aplanadas en la cola.

GAVIAL
Gavialis gangeticus

HÁBITAT	Agua dulce
TIPOS	1 sola forma
FEROCIDAD	Inofensivos

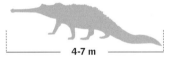

4-7 m

Gavial

Es el más extraño de todos los cocodrilos, y va barriendo el agua con su hocico largo y estrecho con dientes pequeños y afilados: engranados y curvados hacia fuera, son perfectos para capturar peces resbaladizos. Los machos adultos ahuyentan a sus rivales con un poderoso zumbido que hacen expulsando el aire a través de una protuberancia que tienen en la nariz.

GAVIAL
Hocico largo y estrecho, con dientes frontales largos.

COCODRILO
Hocico más estrecho que el del aligátor y en forma de V.

ALIGÁTOR
Morro más ancho y corto, en forma de U.

HOCICO
Nariz larga y angosta.

DENTADURA
Los dientes frontales son más largos.

1 Se impulsa con las cuatro extremidades.

El movimiento de arranque lo realizan las patas delanteras.

2 Patas suspendidas.

Luego, se accionan las patas traseras.

3 Reinicia el ciclo.

La cola se eleva para evitar que haga de freno.

15 km/h

ES LA VELOCIDAD QUE ALCANZA UN COCODRILO CORRIENDO

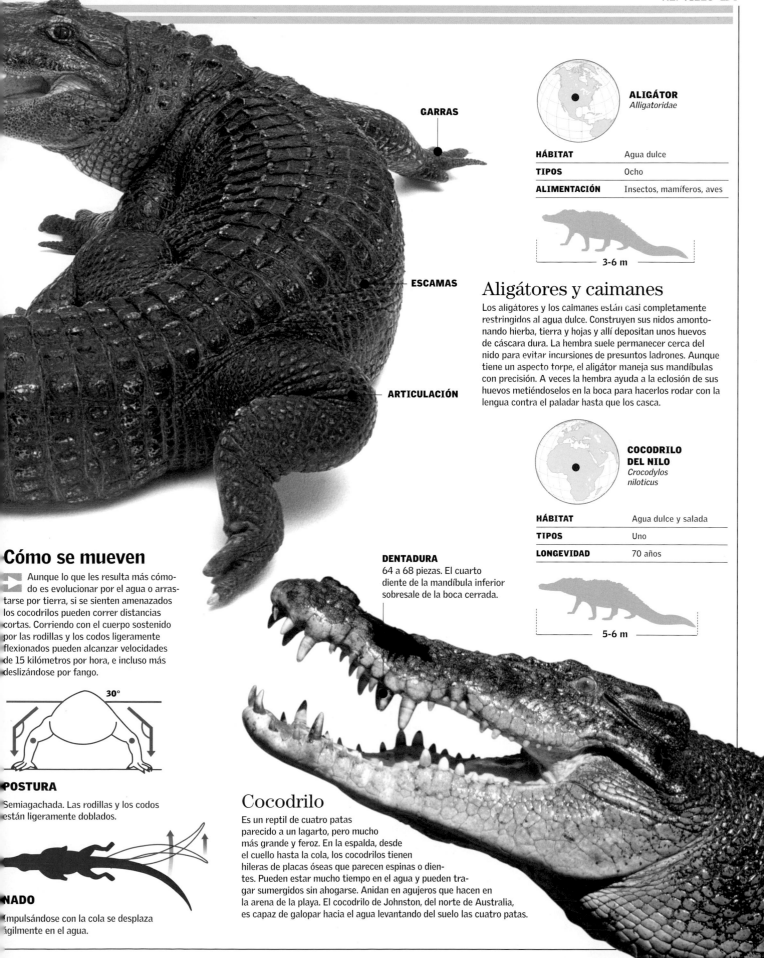

GARRAS

ESCAMAS

ARTICULACIÓN

Alligatoridae

HÁBITAT	Agua dulce
TIPOS	Ocho
ALIMENTACIÓN	Insectos, mamíferos, aves

3-6 m

Aligátores y caimanes

Los aligátores y los caimanes están casi completamente restringidos al agua dulce. Construyen sus nidos amontonando hierba, tierra y hojas y allí depositan unos huevos de cáscara dura. La hembra suele permanecer cerca del nido para evitar incursiones de presuntos ladrones. Aunque tiene un aspecto torpe, el aligátor maneja sus mandíbulas con precisión. A veces la hembra ayuda a la eclosión de sus huevos metiéndoselos en la boca para hacerlos rodar con la lengua contra el paladar hasta que los casca.

COCODRILO DEL NILO
Crocodylos niloticus

HÁBITAT	Agua dulce y salada
TIPOS	Uno
LONGEVIDAD	70 años

5-6 m

DENTADURA
64 a 68 piezas. El cuarto diente de la mandíbula inferior sobresale de la boca cerrada.

Cómo se mueven

Aunque lo que les resulta más cómodo es evolucionar por el agua o arrastrarse por tierra, si se sienten amenazados los cocodrilos pueden correr distancias cortas. Corriendo con el cuerpo sostenido por las rodillas y los codos ligeramente flexionados pueden alcanzar velocidades de 15 kilómetros por hora, e incluso más deslizándose por fango.

30°

POSTURA
Semiagachada. Las rodillas y los codos están ligeramente doblados.

NADO
Impulsándose con la cola se desplaza ágilmente en el agua.

Cocodrilo

Es un reptil de cuatro patas parecido a un lagarto, pero mucho más grande y feroz. En la espalda, desde el cuello hasta la cola, los cocodrilos tienen hileras de placas óseas que parecen espinas o dientes. Pueden estar mucho tiempo en el agua y pueden tragar sumergidos sin ahogarse. Anidan en agujeros que hacen en la arena de la playa. El cocodrilo de Johnston, del norte de Australia, es capaz de galopar hacia el agua levantando del suelo las cuatro patas.

Lenta pero segura

Desde que aparecieron en la Tierra, hace unos 230 millones de años, las tortugas no han sufrido modificaciones sustanciales. Las hay de tierra y de agua, y entre estas, de agua dulce y salada. Pero todas necesitan luz y calor para sobrevivir y ponen sus huevos en tierra. En cuanto a su alimentación, las acuáticas son básicamente carnívoras, mientras que algunas especies que viven en tierra son herbívoras. Su principal característica es su duro caparazón, que encierra y protege las partes blandas de su cuerpo y también las camufla ante especies predadoras.

Tortugas de agua dulce

La mayoría de las especies de tortugas son de agua dulce. Se distinguen por tener las patas total o parcialmente palmeadas, lo que les sirve para nadar con gran destreza. También se reconocen por su caparazón, más plano que el de las tortugas de tierra. Algunas especies están muy bien adaptadas al medio terrestre. En general prefieren los climas cálidos y los ambientes con vegetación abundante, por lo que se encuentran sobre todo cerca de pantanos y ríos en áreas subtropicales de todo el mundo. Su caparazón muestra distintas características según la especie. Las tortugas de caja, por ejemplo, pueden cerrarlo completamente.

EXISTEN ENTRE UNAS
300 y 350
ESPECIES DE TORTUGAS

CABEZA
Con nariz
puntiaguda.

CUELLO
Mucho más
largo que el de
otras especies.

TIPOS DE CAPARAZÓN
Se diferencian según el
hábitat de cada especie.

HIDRODINÁMICO
Tortuga laúd

PLANO
Tortuga de Florida

CON CRESTAS
Tortuga caimán

CAPARAZÓN
En esta especie es
blando y delgado.

**TORTUGA CHINA DE
CAPARAZÓN BLANDO**

Pelodiscus sinensis
Vive en pantanos y arroyos.
Se alimenta de peces
y moluscos.

Especies de mar

Son las menos habituales. Viven en aguas cálidas y son muy buenas nadadoras. Tienen las patas transformadas en aletas. Con las delanteras se impulsan y con las traseras maniobran, como si fueran un timón. Tienen el caparazón aplanado, lo cual les da una forma más hidrodinámica, y han desarrollado un doble sistema de respiración que les permite mantenerse sumergidas más de dos horas.

CAPARAZÓN
Plano, pequeño, integrado en el esqueleto.

TORTUGA CAREY

Eretmochelys imbricata
Los quelonios marinos suelen ser grandes y pesados. Esta especie caribeña puede pesar 64 kg.

Escondidas

Muchos científicos creen que si las tortugas, que son muy antiguas, han sobrevivido a tantas otras especies de reptiles, incluso a los dinosaurios, es gracias a su caparazón. Está compuesto por una parte dorsal y un plastrón ventral, unidos por un puente entre las patas traseras y las delanteras. La capa exterior es dérmica, formada por placas córneas, y la inferior es ósea. Según tengan cuello recto o lateral, se introducen de diferente forma. En las de tierra el caparazón permite esconder dentro patas y cabeza, y todo el animal queda a salvo ante ciertas amenazas; en las marinas el esqueleto está totalmente integrado con el caparazón.

CUELLO LATERAL

CABEZA
Debe doblar el cuello hacia un lado.

PATAS Y COLA
Siempre por fuera del caparazón.

CUELLO RECTO

CABEZA
Se introduce por un mecanismo de péndulo vertical.

PATAS Y COLA
Se pliegan hacia arriba y se introducen.

LA EDAD DE LAS TORTUGAS
Se puede saber contando las sucesivas placas córneas que crecen en el caparazón cada año.

CAPARAZÓN
Formado por placas o escudos.

TORTUGA MEDITERRÁNEA

Testudo hermanni

PLASTRÓN
Parte ventral del caparazón.

En tierra firme

Las especies de tierra son las que tienen las patas mejor protegidas (con grandes escamas) y el caparazón más abultado. En muchas, las patas delanteras están adaptadas para excavar profundas madrigueras que les sirven de abrigo contra las inclemencias del tiempo y las amenazas de otros animales. Las tortugas de Florida (*Gopherus polyphemus*) pueden construir túneles de hasta diez metros de profundidad. Los arañazos de algunas especies de tierra pueden ser muy dolorosos.

Estructura interna

Las serpientes son reptiles escamosos de cuerpo alargado y sin patas. Unas son venenosas, otras no. Como todos los reptiles, poseen espina dorsal y un esqueleto estructurado por un sistema de vértebras. Las diferencias anatómicas entre especies hablan del lugar que habitan y de su dieta: las trepadoras son largas y delgadas, las excavadoras, más cortas y gruesas, y las marinas tienen la cola aplanada porque les hace de aleta.

SANGRE FRÍA
Su temperatura varía según la ambiental. No generan calor interno.

CORAZÓN
El ventrículo tiene el tabique incompleto.

ESÓFAGO

PULM

BOA ESMERALDA
Corallus caninus

INTESTINO GRUESO

RAMA DE ÁRBOL
Las boas pueden cambiar de color imitándolas.

Primitivas

Boas y pitones fueron las primeras especies de serpientes en aparecer en la Tierra. De hecho, muchas poseen uñas o espolones como vestigio de antiguas extremidades de sus ancestros. No son venenosas, pero sí las más grandes y fuertes. Viven en árboles y algunas especies, como la anaconda, que es una boa sudamericana, en ríos.

10 m
LONGITUD DE LA PITÓN

PITÓN

Antaresia maculosa
Habita las selvas de Australia.

COLUMNA VERTEBRAL

Se compone de vértebras ensambladas articuladas entre sí, con prolongaciones que protegen los nervios y las arterias. El sistema las hace extremadamente flexibles.

VÉRTEBRAS

NEUROAPÓFISIS

CUERPO DE LA VÉRTEBRA

APÓFISIS HEMAL

COSTILLAS FLOTANTES
Permiten que el cuerpo se ensanche.

VÉRTEBRA

COSTILLA FLOTANTE

MARGEN DE MOVIMIENTO DE LAS COSTILLAS

400 vértebras PUEDE TENER UNA SERPIENTE

HÍGADO
Alargado,
situado al lado
del esófago.

VESÍCULA

ESTÓMAGO

BAZO

ESCAMAS
Por lo general
en la región
dorsal.

IDENTIFICACIÓN DE ALGUNAS VÍBORAS VENENOSAS Y NO VENENOSAS

VENENOSA

CABEZA
Ancha y
triangular.

CUERPO
Relativamente
ancho y áspero.

COLA
Se estrecha
bruscamente
(cascabel) y no
termina en punta.

NO VENENOSA

CABEZA
Estrecha, casi no se
distingue del cuello.

CUERPO
Estrecho;
escamas lisas.

COLA
Se estrecha suave-
mente y termina
en punta.

CÓMO SE DESPLAZAN SEGÚN SU HÁBITAT

EN LÍNEA RECTA
Boa arco iris

CULEBREO FRANCO
Cobra real

ONDULACIÓN LATERAL
Serpientes del
desierto

EN ACORDEÓN
Crótalo

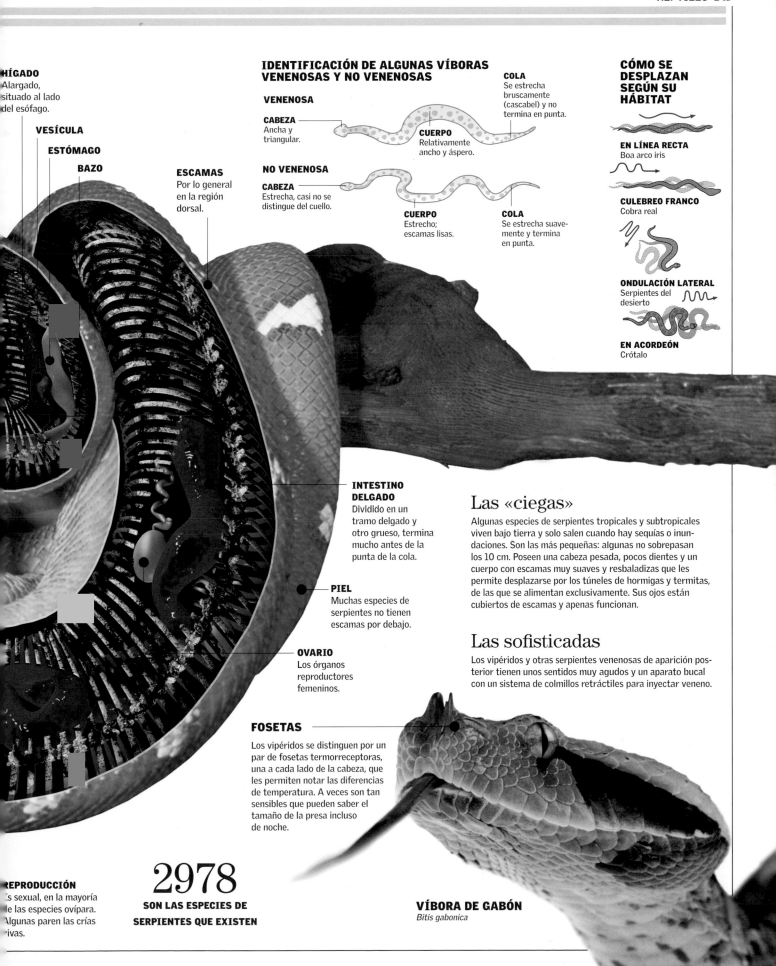

INTESTINO DELGADO
Dividido en un
tramo delgado y
otro grueso, termina
mucho antes de la
punta de la cola.

PIEL
Muchas especies de
serpientes no tienen
escamas por debajo.

OVARIO
Los órganos
reproductores
femeninos.

FOSETAS
Los vipéridos se distinguen por un
par de fosetas termorreceptoras,
una a cada lado de la cabeza, que
les permiten notar las diferencias
de temperatura. A veces son tan
sensibles que pueden saber el
tamaño de la presa incluso
de noche.

Las «ciegas»

Algunas especies de serpientes tropicales y subtropicales
viven bajo tierra y solo salen cuando hay sequías o inundaciones. Son las más pequeñas: algunas no sobrepasan
los 10 cm. Poseen una cabeza pesada, pocos dientes y un
cuerpo con escamas muy suaves y resbaladizas que les
permite desplazarse por los túneles de hormigas y termitas,
de las que se alimentan exclusivamente. Sus ojos están
cubiertos de escamas y apenas funcionan.

Las sofisticadas

Los vipéridos y otras serpientes venenosas de aparición posterior tienen unos sentidos muy agudos y un aparato bucal
con un sistema de colmillos retráctiles para inyectar veneno.

REPRODUCCIÓN
Es sexual, en la mayoría
de las especies ovípara.
Algunas paren las crías
vivas.

2978
**SON LAS ESPECIES DE
SERPIENTES QUE EXISTEN**

VÍBORA DE GABÓN
Bitis gabonica

Abrazo mortal

Las serpientes han tenido que desarrollar muchas técnicas para matar a sus presas. Por ejemplo, tanto las boas como los pitones son poderosas constrictoras, y matan por asfixia y no por veneno. Aunque ambas especies pertenecen a la misma categoría de serpientes, la que reúne las más grandes del mundo, entre ellas la famosa anaconda y las pitones reticuladas de África y Asia, su sistema reproductor es distinto. Su gran volumen las hace pesadas y lentas a la hora de desplazarse, por lo que son presa fácil de los cazadores, que las matan por su piel y su carne.

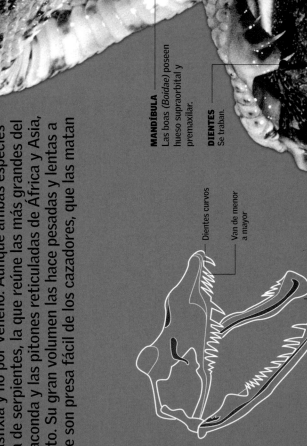

ESCAMAS
Sensibles al calor.

MANDÍBULA
Las boas (*Boidae*) poseen hueso supraorbital y premaxilar.

DIENTES
Se traban.

Dientes curvos

Van de menor a mayor

Ligamento flexible

1 Dientes

Busca la cabeza de sus víctimas para que no la ataquen. La atrapa con los dientes delanteros, que, al ser curvos, impiden que se escape. Así puede llevar a cabo la constricción: enrollar sus anillos alrededor del cuerpo de la presa y apretar.

BOA ARBORÍCOLA AMAZÓNICA
Corallus hortulanus

Sudamérica

REGIÓN QUE HABITA

HÁBITAT	Árboles
LONGITUD	2 m

2 m

Boa arborícola amazónica

Mide hasta dos metros de largo y vive en los árboles. Su color se confunde con el del follaje de la selva y la disimula ante aves depredadoras. Sujeta con firmeza su cola prensil a las ramas mientras deja colgar la cabeza hacia abajo, preparada para lanzarse sobre un ave o un mamífero que pase.

2 Constricción

La serpiente inmoviliza la cabeza de la presa para que no se pueda revolver y todo su cuerpo entra en movimiento para constreñirla en un abrazo mortal. Cada vez que la víctima respira, el abrazo se hace más fuerte. La presa muere asfixiada.

MÚSCULOS EPAXIALES RELAJADOS

Músculos epaxiales relajados

MÚSCULOS EPAXIALES CONTRAÍDOS

Músculos epaxiales contraídos

Columna vertebral

Formación del anillo constrictor

3 Máxima abertura

Cuando la presa está muerta, afloja el abrazo y empieza a comérsela. La cabeza es lo primero que se traga, y gradualmente libera el resto del cuerpo de sus anillos. El tiempo que le lleve comérsela dependerá del tamaño del animal, desde apenas unos minutos hasta una o dos horas.

La piel se estira y se abren las escamas.

10 m

PUEDE LLEGAR A MEDIR UNA ANACONDA (*EUNECTES MURINUS*)

Una vez asfixiada, la presa es ingerida gracias a los múscu-los troncales de la serpiente, que la hacen avanzar por su cuerpo.

Ovovivípara

ASÍ ES LA REPRODUCCIÓN DE LAS CONSTRICTORAS

Una boca especializada

Las serpientes más primitivas tienen un cráneo pesado y pocos dientes. La mayoría, sin embargo, tienen el cráneo más liviano y mandíbulas articuladas. Esas articulaciones están sueltas y se pueden dislocar fácilmente, lo que les permite engullir presas más grandes que el propio cráneo de la serpiente. Los dientes están fijos en la mandíbula superior o en el paladar, y los colmillos que inyectan veneno pueden estar delante o en el fondo de la cavidad bucal. En algunas especies, además de ser grandes y poderosos, esos colmillos son retráctiles: así el reptil puede cerrar la boca y tenerlos guardados cuando no los utiliza.

Anatomía del cráneo

Está en relación directa con el régimen alimentario y —si lo tiene— el sistema de la especie para aplicar el veneno. En general el cráneo es pequeño, pero cuenta con la posibilidad de que ambos maxilares puedan separarse a voluntad, deslizándose por una especie de riel perpendicular constituido por un hueso llamado cuadrado. Así pueden ampliar notablemente su capacidad bucal.

1 Vipérido

Cráneo con dientes pequeños y grandes colmillos retráctiles, ganchudos o gruesos.

ÓRGANO DE JACOBSON

Es el responsable del fino olfato de las serpientes. Consiste en dos cavidades alojadas en el paladar donde el animal recoge la lengua después de «probar» el aire. Por eso las serpientes siempre están sacando la lengua.

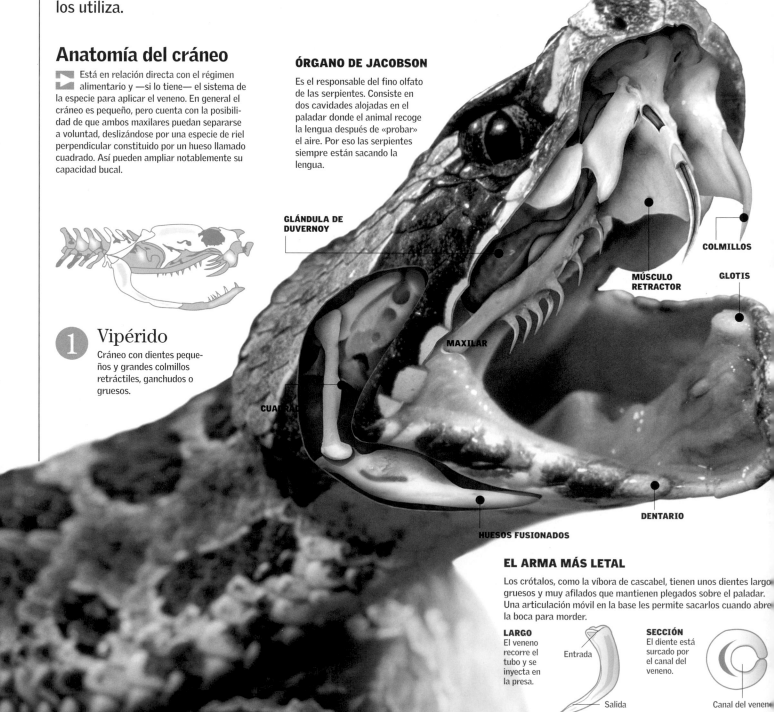

GLÁNDULA DE DUVERNOY

COLMILLOS

MÚSCULO RETRACTOR

GLOTIS

MAXILAR

CUADRADO

DENTARIO

HUESOS FUSIONADOS

EL ARMA MÁS LETAL

Los crótalos, como la víbora de cascabel, tienen unos dientes largos gruesos y muy afilados que mantienen plegados sobre el paladar. Una articulación móvil en la base les permite sacarlos cuando abre la boca para morder.

LARGO
El veneno recorre el tubo y se inyecta en la presa.

Entrada

Salida

SECCIÓN
El diente está surcado por el canal del veneno.

Canal del veneno

Serpientes primitivas

Se dice que las boas y pitones son primitivas porque no poseen colmillos ni veneno. Estas serpientes tienen en la boca varias hileras de dientes pequeños curvados hacia dentro, pero su función es la de sostener a la presa evitando que se deslice hacia fuera. Deben hacerlo así porque, al no poseer veneno, tienen que retener su caza, a diferencia de otros despreocupados ofidios que, tras inocular la sustancia tóxica, saben que su víctima no podrá llegar muy lejos.

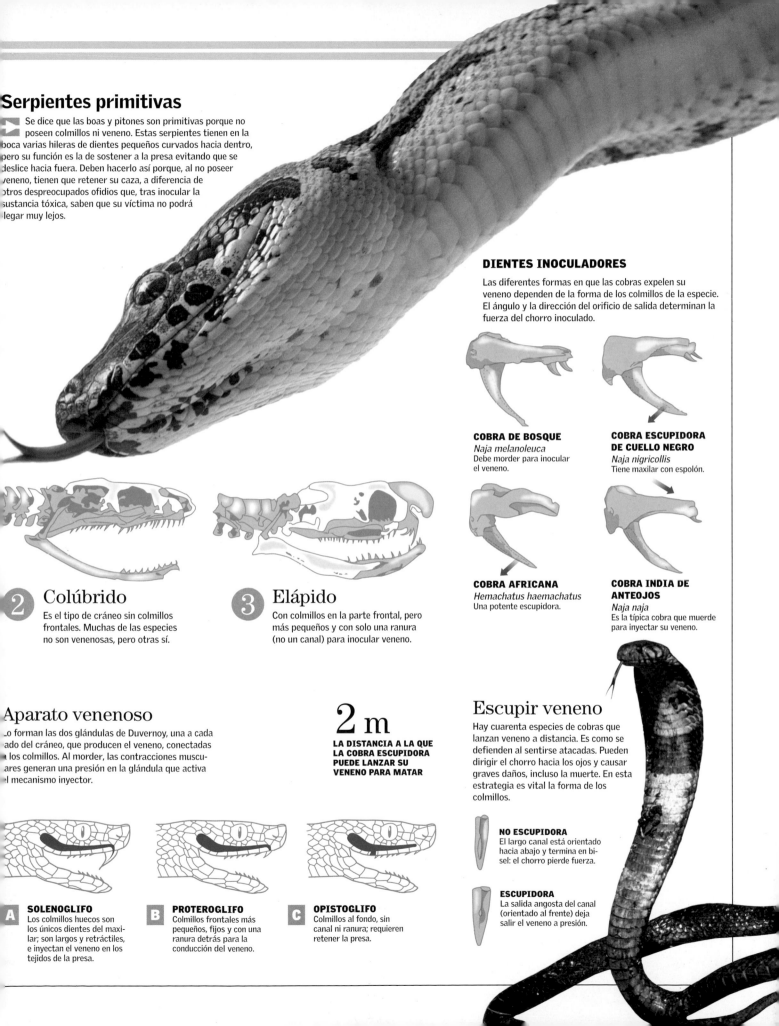

DIENTES INOCULADORES

Las diferentes formas en que las cobras expelen su veneno dependen de la forma de los colmillos de la especie. El ángulo y la dirección del orificio de salida determinan la fuerza del chorro inoculado.

COBRA DE BOSQUE
Naja melanoleuca
Debe morder para inocular el veneno.

COBRA ESCUPIDORA DE CUELLO NEGRO
Naja nigricollis
Tiene maxilar con espolón.

COBRA AFRICANA
Hemachatus haemachatus
Una potente escupidora.

COBRA INDIA DE ANTEOJOS
Naja naja
Es la típica cobra que muerde para inyectar su veneno.

2 Colúbrido

Es el tipo de cráneo sin colmillos frontales. Muchas de las especies no son venenosas, pero otras sí.

3 Elápido

Con colmillos en la parte frontal, pero más pequeños y con solo una ranura (no un canal) para inocular veneno.

Aparato venenoso

Lo forman las dos glándulas de Duvernoy, una a cada lado del cráneo, que producen el veneno, conectadas a los colmillos. Al morder, las contracciones musculares generan una presión en la glándula que activa el mecanismo inyector.

2 m
LA DISTANCIA A LA QUE LA COBRA ESCUPIDORA PUEDE LANZAR SU VENENO PARA MATAR

Escupir veneno

Hay cuarenta especies de cobras que lanzan veneno a distancia. Es como se defienden al sentirse atacadas. Pueden dirigir el chorro hacia los ojos y causar graves daños, incluso la muerte. En esta estrategia es vital la forma de los colmillos.

NO ESCUPIDORA
El largo canal está orientado hacia abajo y termina en bisel: el chorro pierde fuerza.

ESCUPIDORA
La salida angosta del canal (orientado al frente) deja salir el veneno a presión.

A SOLENOGLIFO
Los colmillos huecos son los únicos dientes del maxilar; son largos y retráctiles, e inyectan el veneno en los tejidos de la presa.

B PROTEROGLIFO
Colmillos frontales más pequeños, fijos y con una ranura detrás para la conducción del veneno.

C OPISTOGLIFO
Colmillos al fondo, sin canal ni ranura; requieren retener la presa.

Las cobras

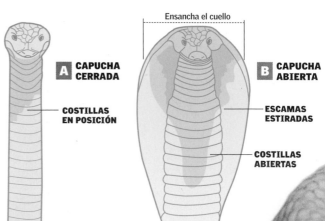

Forman un grupo grande de serpientes dentro de la familia de los Elápidos. Vistosas por el despliegue de la capucha, su fama mundial se debe más que nada al uso de que hicieron de ellas los encantadores. Muchas especies de cobra tienen venenos mortales. Algunas, incluso, pueden escupirlo a varios metros de distancia. Entre todas, las del género Naja son las más conocidas por su amplia distribución en Asia, y solo recientemente se han considerado once especies separadas. Todas son predadoras; muchas solo comen serpientes.

LISAS
Así son las escamas de esta cobra.

COBRA ESCUPIDORA ROJA

Naja pallida
Una de las 40 especies de cobras escupidoras, habita el Cuerno de África, donde es temida. Se distingue por una franja negra bajo el cuello.

BANDA NEGRA
Es característica de esta especie.

DISTRIBUCIÓN DE NAJA SP. EN ASIA

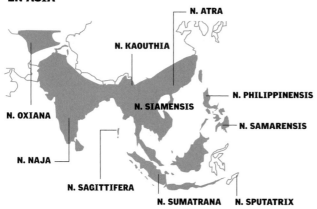

N. ATRA
N. KAOUTHIA
N. PHILIPPINENSIS
N. SIAMENSIS
N. OXIANA
N. SAMARENSIS
N. NAJA
N. SAGITTIFERA
N. SUMATRANA
N. SPUTATRIX

CÓMO IDENTIFICARLAS

Si bien las especies asiáticas son parecidas, suelen presentar colores y patrones de escamas diferenciables. Lo más sencillo es mirar el dibujo de la capucha, si es que da tiempo.

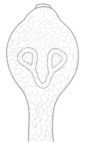

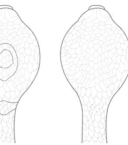

COBRA INDIA
Naja naja

COBRA CHINA
Naja atra

COBRA DE ANDAMÁN
Naja sagittifera

ESCUPIDORA ECUATORIAL
Naja sumatrana

270
SON LAS ESPECIES DE COBRAS QUE EXISTEN EN EL MUNDO

EL VENENO

Es muy poderoso. Paraliza los músculos en minutos, la víctima no puede huir y muere por paro cardíaco o asfixia.

COBRA INDIA

Naja naja
Es la especie más difundida en el subcontinente y también una de las más conocidas. Su característica distintiva es la marca que lleva en la capucha: parece un par de anteojos, de ahí que también se la llame cobra de anteojos.

BANDAS
Suele presentarlas en el vientre.

La capucha

Cuando las cobras se sienten amenazadas o van a atacar, despliegan la capucha ensanchando el cuello, según se cree para parecer más grandes de lo que son. El mecanismo funciona abriendo las costillas que, tensadas por los músculos entre ellas, estiran la capucha. Cuando las cobras la despliegan están preparadas para morder. Algunas especies además sisean al hacerlo.

Ensancha el cuello

A **CAPUCHA CERRADA**

COSTILLAS EN POSICIÓN

B **CAPUCHA ABIERTA**

ESCAMAS ESTIRADAS

COSTILLAS ABIERTAS

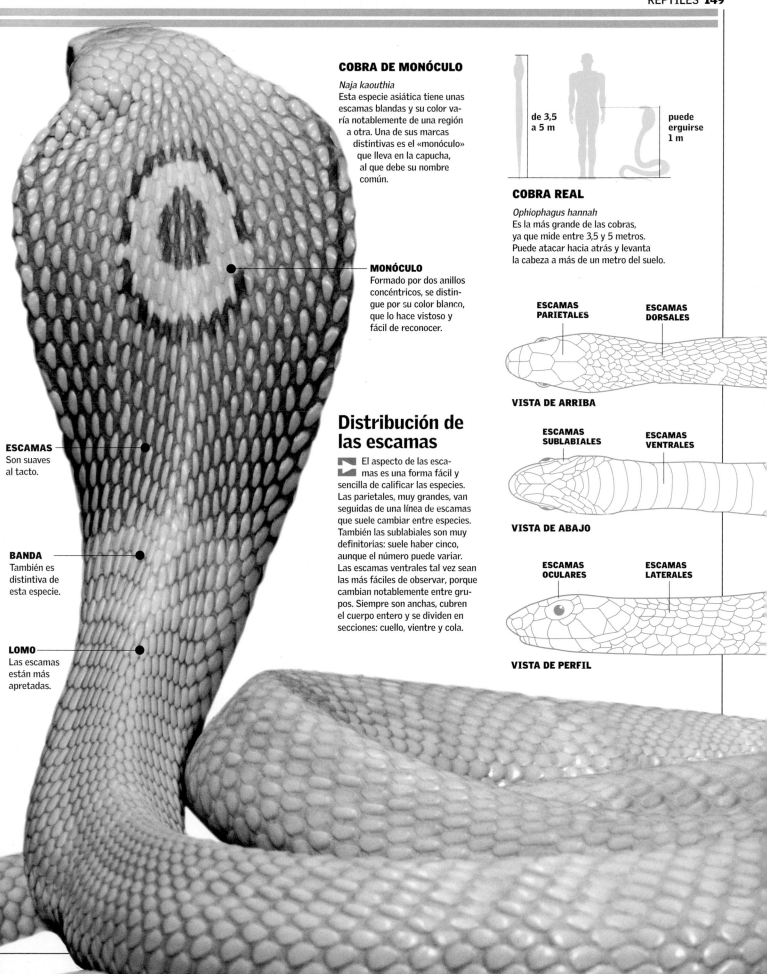

COBRA DE MONÓCULO

Naja kaouthia
Esta especie asiática tiene unas escamas blandas y su color varía notablemente de una región a otra. Una de sus marcas distintivas es el «monóculo» que lleva en la capucha, al que debe su nombre común.

MONÓCULO
Formado por dos anillos concéntricos, se distingue por su color blanco, que lo hace vistoso y fácil de reconocer.

ESCAMAS
Son suaves al tacto.

BANDA
También es distintiva de esta especie.

LOMO
Las escamas están más apretadas.

de 3,5 a 5 m

puede erguirse 1 m

COBRA REAL

Ophiophagus hannah
Es la más grande de las cobras, ya que mide entre 3,5 y 5 metros. Puede atacar hacia atrás y levanta la cabeza a más de un metro del suelo.

Distribución de las escamas

El aspecto de las escamas es una forma fácil y sencilla de calificar las especies. Las parietales, muy grandes, van seguidas de una línea de escamas que suele cambiar entre especies. También las sublabiales son muy definitorias: suele haber cinco, aunque el número puede variar. Las escamas ventrales tal vez sean las más fáciles de observar, porque cambian notablemente entre grupos. Siempre son anchas, cubren el cuerpo entero y se dividen en secciones: cuello, vientre y cola.

ESCAMAS PARIETALES **ESCAMAS DORSALES**

VISTA DE ARRIBA

ESCAMAS SUBLABIALES **ESCAMAS VENTRALES**

VISTA DE ABAJO

ESCAMAS OCULARES **ESCAMAS LATERALES**

VISTA DE PERFIL

4 PECES Y ANFIBIOS

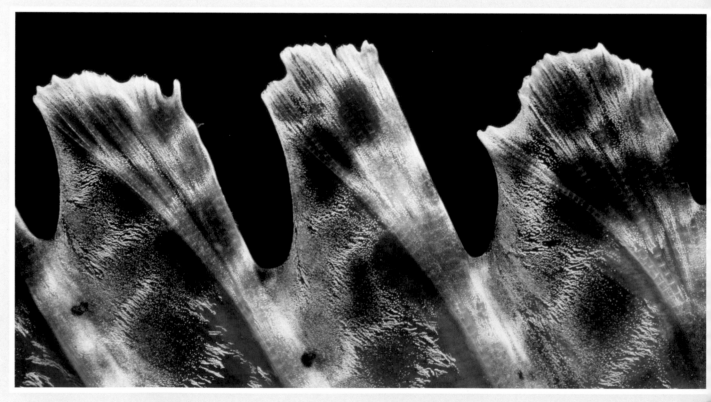

Características generales

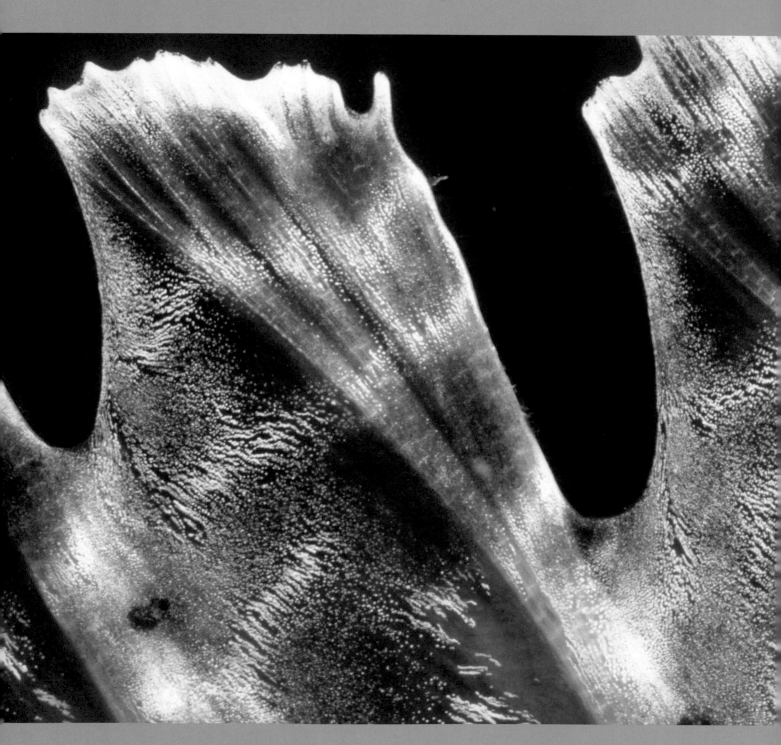

os peces fueron los primeros vertebrados con esqueleto óseo que aparecieron en la Tierra, y forman el grupo más numeroso de vertebrados. A diferencia de los actuales, los antiguos no tenían escamas, aletas ni mandíbulas, aunque sí una especie de espina dorsal. Con el paso del tiempo han ido cambiando de forma y de tamaño para adap-

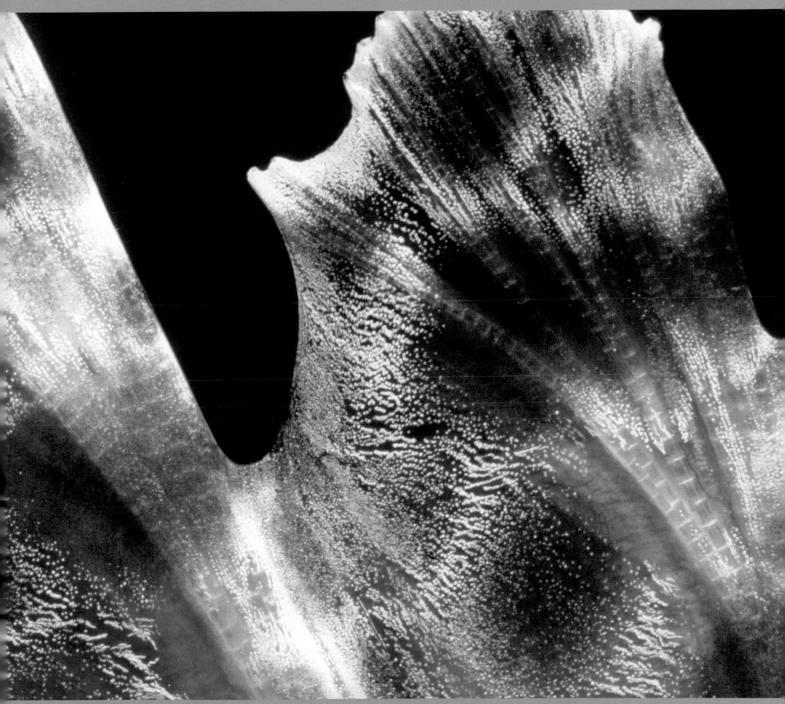

tarse a los distintos medios acuáticos, porque
los hay de agua dulce y salada. Por lo general
tienen el cuerpo hidrodinámico, cubierto de
escamas lisas y con aletas que les proporcionan
propulsión, dirección y estabilidad. En lugar de
pulmones, estos animales respiran a través de
branquias que captan el oxígeno disuelto en
el agua, y son de sangre fría.

Características particulares

Casi todos los peces, con raras excepciones, comparten unas características concretas. Son animales acuáticos, diseñados para vivir debajo del agua. Tienen mandíbula y unos ojos sin párpados, son de sangre fría, respiran por branquias y son vertebrados, es decir, tienen espina dorsal. Habitan tanto los mares, desde el Ecuador hasta los polos, como los cursos y espejos de agua dulce, y algunos migran, pero muy pocos pueden pasar de un medio a otro. Las aletas les permiten nadar y moverse en diferentes direcciones. Hay animales marinos, como los delfines, las focas y las ballenas, que a veces se confunden con los peces, pero en realidad son mamíferos.

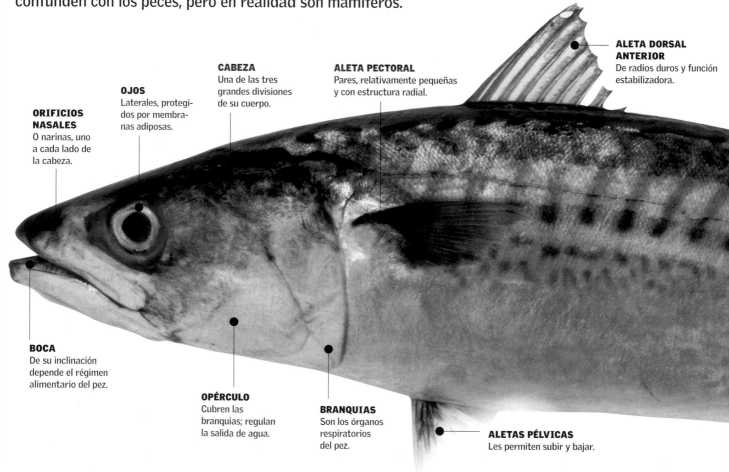

ALETA DORSAL ANTERIOR
De radios duros y función estabilizadora.

CABEZA
Una de las tres grandes divisiones de su cuerpo.

ALETA PECTORAL
Pares, relativamente pequeñas y con estructura radial.

OJOS
Laterales, protegidos por membranas adiposas.

ORIFICIOS NASALES
O narinas, uno a cada lado de la cabeza.

BOCA
De su inclinación depende el régimen alimentario del pez.

OPÉRCULO
Cubren las branquias; regulan la salida de agua.

BRANQUIAS
Son los órganos respiratorios del pez.

ALETAS PÉLVICAS
Les permiten subir y bajar.

Respiración branquial

Las branquias (o agallas) son los órganos que permiten a los peces respirar. Están formadas por filamentos ligados por los arcos branquiales. A través de ellas el pez puede tomar el oxígeno disuelto en el agua y, mediante un proceso conocido como difusión, transferirlo a un medio donde se halla en menor concentración, es decir, a su sangre. De esta manera la sangre del pez se oxigena, para luego circular por el resto del cuerpo. En la mayoría de los peces óseos (osteíctios) el torrente de agua entra por la boca, se divide en dos y sale por las hendiduras branquiales.

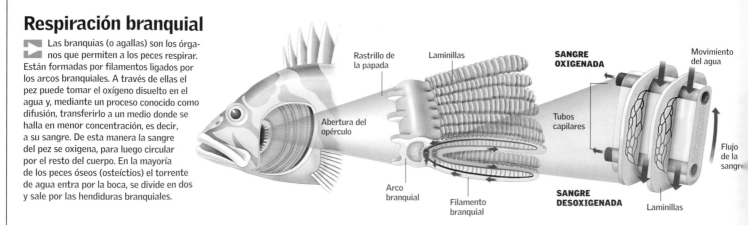

Rastrillo de la papada

Laminillas

SANGRE OXIGENADA

Movimiento del agua

Abertura del opérculo

Tubos capilares

Flujo de la sangre

Arco branquial

Filamento branquial

SANGRE DESOXIGENADA

Laminillas

Casi fósiles

Los sarcopterigios son peces óseos arcaicos de aletas carnosas. Entre ellos están los primeros animales con pulmones. Quedan muy pocas especies vivas.

CELACANTO

Latimeria chalumnae
Se creía extinguido desde hacía millones de años hasta que en 1938 se vio uno vivo en Sudáfrica, y luego otros.

Sin mandíbula

De los antiguos agnatos, considerados los primeros vertebrados vivos, solo quedan lampreas y mixines.

LAMPREA MARINA

Con su boca circular dentada, chupa sangre a peces de otras especies. También hay lampreas de agua dulce.

Solo cartílago

El esqueleto de los peces cartilaginosos, como las rayas y los tiburones, es sumamente flexible y no está calcificado, o lo está muy poco.

RAYA DE ESPEJOS

Raja miraletus
Con sus grandes aletas se envía a la boca agua cargada de plancton y peces pequeños. Es muy rápida.

ESCAMAS
Están solapadas (superpuestas)

ALETA DORSAL POSTERIOR
A lo largo de la cola, es de estructura blanda.

LÍNEA LATERAL
Los peces tienen órganos sensoriales a lo largo de esta línea.

Con espinas

La clase más numerosa de peces es la de los osteictios, cuyo esqueleto presenta cierto grado de calcificación.

CABALLA

Scomber scombrus
No tiene dientes, habita en mares templados y su carne es muy sabrosa. Puede vivir más de diez años.

ALETA ANAL
También blanda y con una hilera de aletillas.

MÚSCULO DE COLA
Es el más fuerte del cuerpo del pez.

ALETA CAUDAL
Se mueve de lado a lado para propulsar al pez.

EN ACCIÓN

El agua entra por la boca y va hacia las branquias. Cuando estas han tomado el oxígeno, sale por las hendiduras branquiales.

OPÉRCULOS

Abren y cierran los orificios por donde sale el agua.

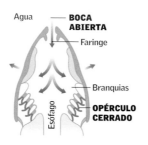

Agua — **BOCA ABIERTA**
Faringe
Branquias
Esófago
OPÉRCULO CERRADO

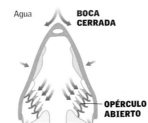

Agua **BOCA CERRADA**
OPÉRCULO ABIERTO

25 000

SON LAS ESPECIES CONOCIDAS DE PECES: PRÁCTICAMENTE LA MITAD DE LOS CORDADOS

Peces óseos

La clase de peces que más ha evolucionado y se ha diversificado en los últimos millones de años es la de los osteíctios, es decir, la de los peces con espinas y mandíbulas. Su esqueleto es, en general, relativamente pequeño pero bastante rígido, ya que en gran parte está calcificado. Unas aletas flexibles les permiten dominar sus movimientos con precisión. Las diferentes especies de osteíctios se han adaptado a gran variedad de ambientes, e incluso a condiciones extremas.

Estructura sólida

El esqueleto de un pez óseo se divide en cráneo, columna vertebral y aletas. Los opérculos que cubren las branquias también son óseos. El cráneo encierra el cerebro y soporta las mandíbulas y los arcos branquiales. Las vértebras de la columna están articuladas: dan soporte al cuerpo y en el abdomen se unen a las costillas.

MANDÍBULA SUPERIOR

HUESO LACRIMAL

CRÁNEO

MANDÍBULA INFERIOR

ÓRBITA OCULAR

HUESOS OPERCULARES
Protegen las branquias.

CLAVÍCULA

ALETA PECTORAL

ALETA PÉLVICA

PERCA

Perca fluviatilis
Esqueleto, con el sostén óseo de las aletas.

Actinopterigios

La principal característica de los actinopterigios es que tienen un esqueleto óseo y espinas óseas en las aletas. Tienen el cráneo cartilaginoso, parcialmente calcificado, y solo un par de aberturas branquiales, cubiertas por un opérculo.

EXISTEN MÁS DE

480

FAMILIAS

PERCA

Perca fluviatilis

ESCAMAS
Están solapadas y las recubre una mucosa.

CICLOIDEAS

CTENOIDEAS

GANOIDEAS

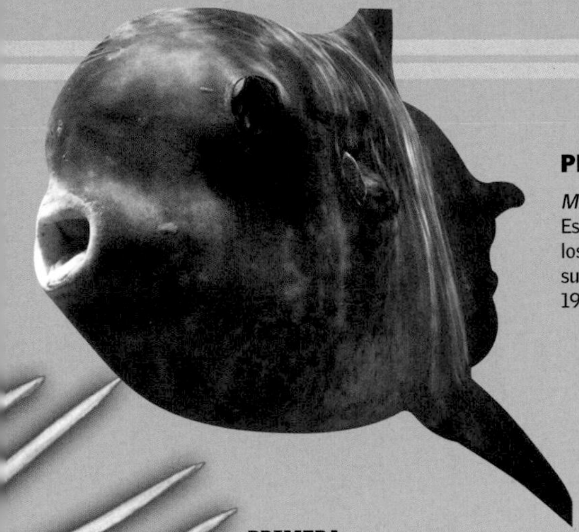

PEZ LUNA

Mola mola
Es el más grande de
los osteíctios: puede
superar los 3 m y pesar
1900 kg.

La vejiga natatoria

Es un apéndice del intestino que, llenándose de gas y vaciándose, regula
la flotación. El gas entra en ella por una glándula que lo toma de una red
capilar *(rete mirabile)* y sale por una válvula que lo disuelve en la sangre.

VACÍA
Cuando el pez vacía la
vejiga, se hunde.

LLENA
La densidad es menor
y el pez sube.

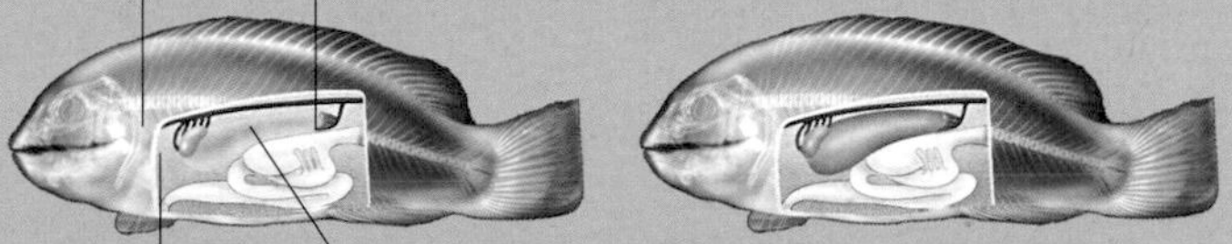

RETE
MIRABILE

AORTA
DORSAL

GLÁNDULA
DEL GAS

VEJIGA
NATATORIA

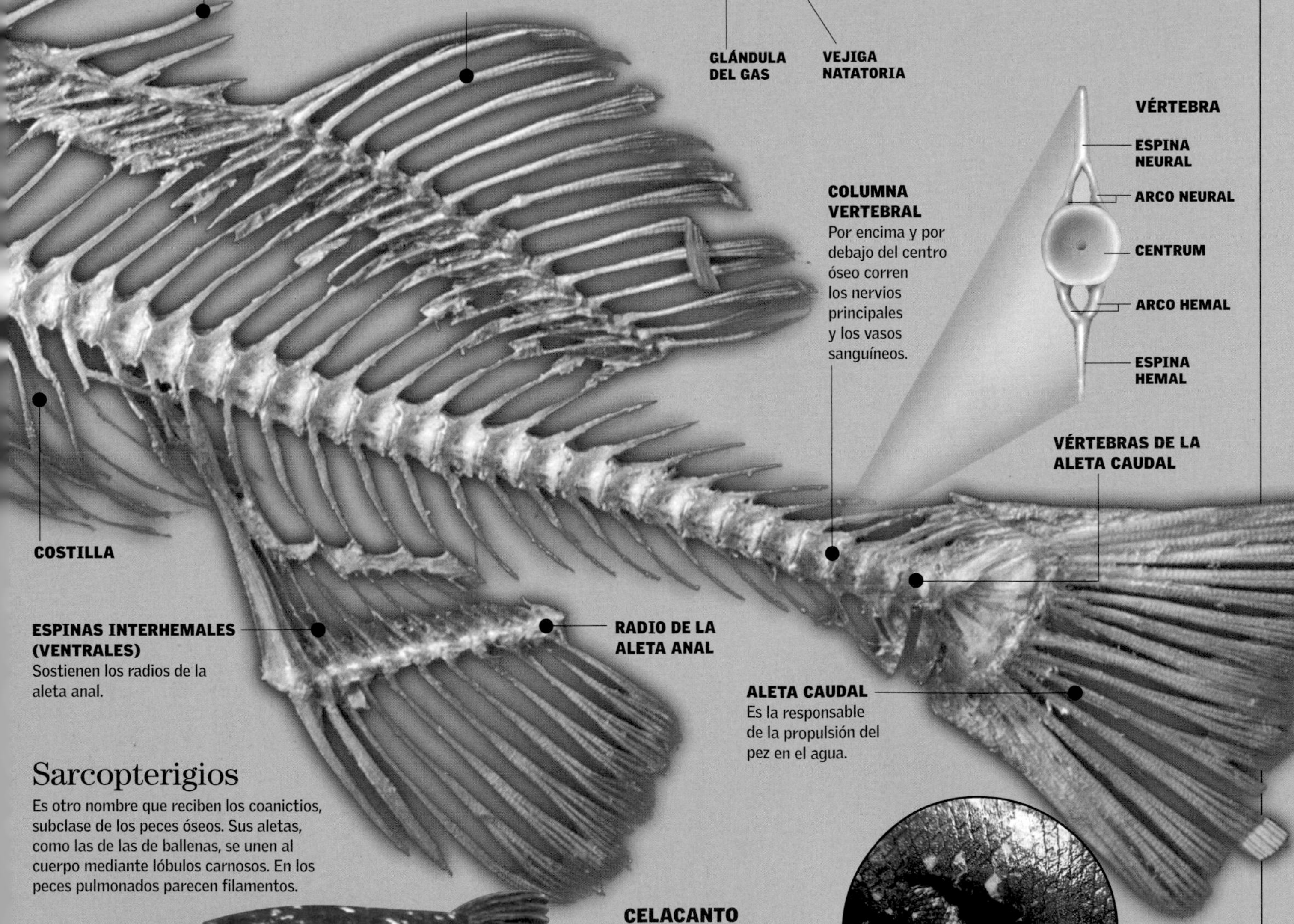

**PRIMERA
ALETA DORSAL**

**SEGUNDA
ALETA DORSAL**

VÉRTEBRA

ESPINA
NEURAL

ARCO NEURAL

CENTRUM

ARCO HEMAL

ESPINA
HEMAL

COLUMNA
VERTEBRAL
Por encima y por
debajo del centro
óseo corren
los nervios
principales
y los vasos
sanguíneos.

**VÉRTEBRAS DE LA
ALETA CAUDAL**

COSTILLA

**ESPINAS INTERHEMALES
(VENTRALES)**
Sostienen los radios de la
aleta anal.

**RADIO DE LA
ALETA ANAL**

ALETA CAUDAL
Es la responsable
de la propulsión del
pez en el agua.

Sarcopterigios

Es otro nombre que reciben los coanictios,
subclase de los peces óseos. Sus aletas,
como las de las de ballenas, se unen al
cuerpo mediante lóbulos carnosos. En los
peces pulmonados parecen filamentos.

CELACANTO

Latimeria chalumnae

**DETALLE DE
LA ALETA
CARNOSA**

Cartilaginosos

Como su nombre indica, el esqueleto de los peces cartilaginosos está hecho de cartílago, sustancia flexible y resistente menos dura que el hueso. Tienen mandíbula y dientes, por lo general duros y afilados, y su cuerpo está cubierto de escamas duras. Pero carecen de una peculiaridad que tienen la mayoría de los peces óseos: la vejiga natatoria, órgano que les ayuda a flotar. Las aletas pectorales, la cola y una cabeza plana dan a los peces de este grupo un perfil hidrodinámico.

Tiburones

Habitan los mares tropicales, aunque algunos también aguas templadas y dulces. Son alargados y cilíndricos, con un hocico puntiagudo bajo el cual se halla la boca. A cada lado de la cabeza presentan de 5 a 7 hendiduras branquiales.

1,2 toneladas

EL PESO NORMAL DE UN TIBURÓN (SUPERORDEN *SELACHIMORPHA*)

FLEXIBLE Y LIGERO
El esqueleto es muy flexible, pero la espina dorsal de cartílago es rígida, con depósitos minerales.

COLUMNA VERTEBRAL

ORIFICIO NASAL

SANGRE
Son de sangre fría.

DIENTES AFILADOS
Son triangulares. Todos los condrictios van cambiando los dientes.

MÚSCULOS GENERADORES DE CALOR

PORO SUPERFICIAL

EPIDERMIS

CÉLULAS SENSORIALES

NERVIOS

CANAL GELATINOSO

SENTIDOS AGUDOS
Los condrictios cuentan con ampollas de Lorenzini, unas líneas laterales muy sensibles y un olfato privilegiado.

AMPOLLAS DE LORENZINI
Detectan señales eléctricas emitidas por posibles presas.

Primitivos

El origen antiguo de los condrictios parece contrastar con lo evolucionado de sus sentidos. Esto es una vértebra de cartílago fosilizada de tiburón de la era Paleozoica, hace entre 245 y 540 millones de años. Se encontró en un yacimiento de fósiles en Kent, Gran Bretaña. La sangre de los tiburones tiene un alto contenido de urea. Se supone que es una adaptación al agua salada a partir de antepasados de agua dulce.

Mantas y rayas

Tienen dos aletas pectorales unidas en la parte frontal del cuerpo. Con ellas nadan dando la impresión de que volaran en el agua. El resto del cuerpo funciona como un látigo. Los ojos se encuentran en la parte superior; la boca y las branquias, en la inferior.

RAYA

Raja clavata
Esta especie habita mares fríos hasta 200 m de profundidad.

Las rayas tienen de 5 a 7 filas de branquias; las quimeras, una.

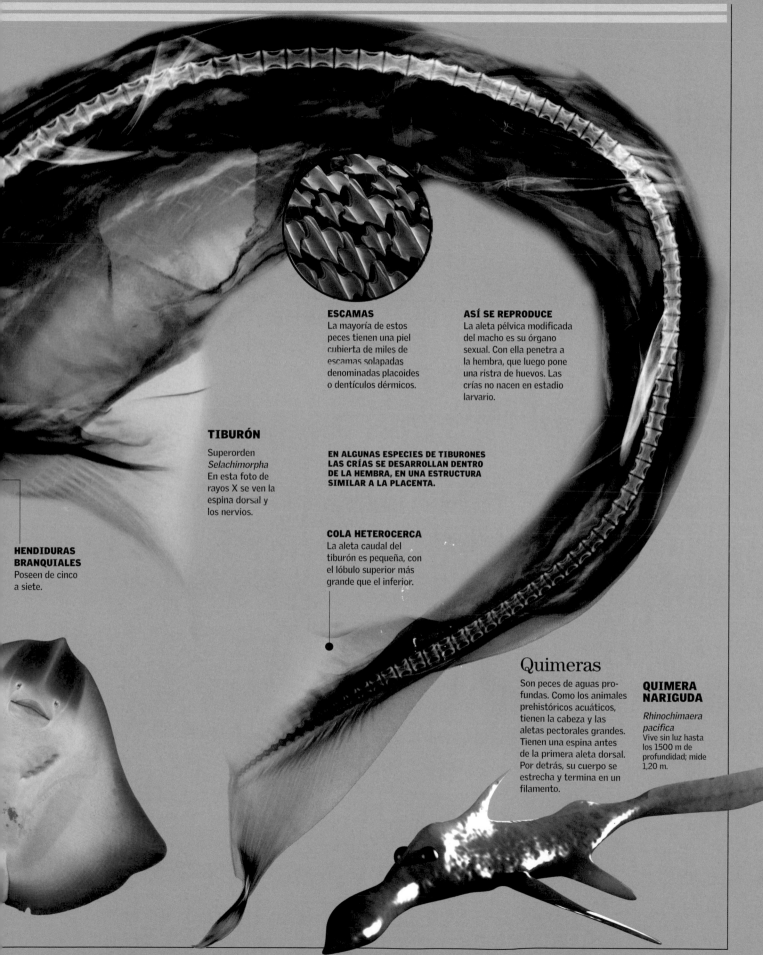

ESCAMAS
La mayoría de estos peces tienen una piel cubierta de miles de escamas solapadas denominadas placoides o dentículos dérmicos.

ASÍ SE REPRODUCE
La aleta pélvica modificada del macho es su órgano sexual. Con ella penetra a la hembra, que luego pone una ristra de huevos. Las crías no nacen en estadio larvario.

TIBURÓN
Superorden *Selachimorpha* En esta foto de rayos X se ven la espina dorsal y los nervios.

EN ALGUNAS ESPECIES DE TIBURONES LAS CRÍAS SE DESARROLLAN DENTRO DE LA HEMBRA, EN UNA ESTRUCTURA SIMILAR A LA PLACENTA.

HENDIDURAS BRANQUIALES
Poseen de cinco a siete.

COLA HETEROCERCA
La aleta caudal del tiburón es pequeña, con el lóbulo superior más grande que el inferior.

Quimeras
Son peces de aguas profundas. Como los animales prehistóricos acuáticos, tienen la cabeza y las aletas pectorales grandes. Tienen una espina antes de la primera aleta dorsal. Por detrás, su cuerpo se estrecha y termina en un filamento.

QUIMERA NARIGUDA
Rhinochimaera pacifica Vive sin luz hasta los 1500 m de profundidad; mide 1,20 m.

Anatomía

Casi todos los peces tienen los mismos órganos internos que los anfibios, reptiles, aves y mamíferos. El esqueleto actúa como soporte, y el cerebro recibe información a través de los ojos y la línea lateral para poder coordinar los movimientos de los músculos encargados de la propulsión del pez por el agua. Los peces respiran por branquias, cuentan con un sistema digestivo diseñado para transformar los alimentos en nutrientes y tienen un corazón que bombea sangre por una red de vasos.

OJO SIMPLE
Cada uno enfoca hacia un lado; no hay visión binocular.

CEREBRO
Recibe información y coordina todos los actos y funciones del pez.

Ligamento suspensorio

Retina

CRISTALINO

NERVIO ÓPTICO

Iris

Ciclostomados

Su tracto digestivo es poco más que un tubo recto que va desde la boca, circular y sin mandíbulas, hasta el ano. Por esa sencillez, muchas especies de lampreas son parásitas. Viven de la sangre de otros peces y tampoco tienen branquias, sino finos sacos faríngeos.

45 SON LAS ESPECIES ACTUALES DE CICLOSTOMADOS

BOCA

BRANQUIAS
Estructuras con múltiples pliegues que oxigenan la sangre.

CORAZÓN
Recibe toda la sangre y la bombea hacia las branquias.

HÍGADO

LAMPREA

ALETA CAUDAL

ANO

SACOS RESPIRATORIOS

OJO

CORAZÓN

HÍGADO

BOCA DENTADA

INTESTINO

PRIMERA ALETA DORSAL

SOPORTE DE SACOS FARÍNGEOS

NOTOCORDA

TESTÍCULOS

RIÑÓN DERECHO

ESTÓMAGO

GÓNADA

VÉRTEBRAS

CEREBRO

Condrictios

Un tiburón tiene la misma estructura orgánica que un pez óseo, salvo la vejiga natatoria. Cuenta además con una estructura similar a un tirabuzón al final del intestino, llamada válvula espiral, que le sirve para aumentar la superficie de absorción de nutrientes.

NARINA

TIBURÓN
Carcharodon sp.

BOCA

HENDIDURAS BRANQUIALES

CORAZÓN

HÍGADO

ESTÓMAGO

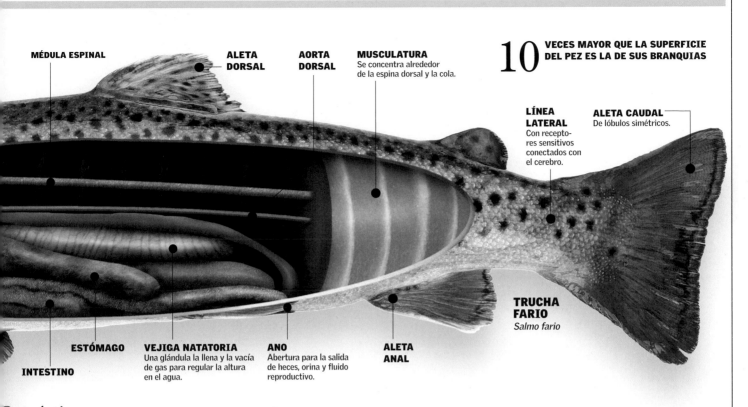

MÉDULA ESPINAL

ALETA DORSAL

AORTA DORSAL

MUSCULATURA
Se concentra alrededor de la espina dorsal y la cola.

10 VECES MAYOR QUE LA SUPERFICIE DEL PEZ ES LA DE SUS BRANQUIAS

LÍNEA LATERAL
Con receptores sensitivos conectados con el cerebro.

ALETA CAUDAL
De lóbulos simétricos.

TRUCHA FARIO
Salmo fario

ESTÓMAGO

VEJIGA NATATORIA
Una glándula la llena y la vacía de gas para regular la altura en el agua.

ANO
Abertura para la salida de heces, orina y fluido reproductivo.

ALETA ANAL

INTESTINO

Osteíctio

Típicamente, sus órganos están comprimidos en el cuarto inferior delantero del cuerpo. El resto de su estructura interna está formado mayormente por los dispositivos musculares que le sirven para nadar. Una particularidad es que algunos peces óseos, como la carpa, no tienen estómago, sino un intestino muy enrollado.

REGULACIÓN DE LA SALINIDAD

PEZ DE AGUA DULCE
Los peces de agua dulce corren el riesgo de perder sal. Solo beben una pequeña cantidad de agua y obtienen sal extra de los alimentos.

ABSORCIÓN DE SALES

ENTRADA DE AGUA

ELIMINACIÓN DE AGUA POR LA ORINA

PEZ DE AGUA SALADA
Absorbe constantemente agua salada para renovar sus sales corporales, pero debe deshacerse del exceso.

ENTRADA DE AGUA

SALIDA DE AGUA

SALIDA DE SALES POR LAS BRANQUIAS

SALIDA DE SALES POR LA ORINA

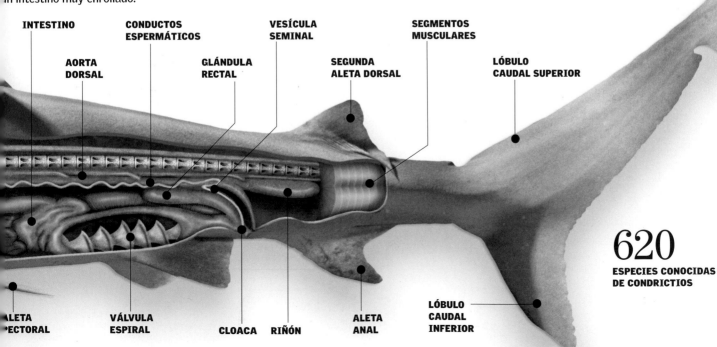

INTESTINO

CONDUCTOS ESPERMÁTICOS

VESÍCULA SEMINAL

SEGMENTOS MUSCULARES

AORTA DORSAL

GLÁNDULA RECTAL

SEGUNDA ALETA DORSAL

LÓBULO CAUDAL SUPERIOR

620 ESPECIES CONOCIDAS DE CONDRICTIOS

ALETA PECTORAL

VÁLVULA ESPIRAL

CLOACA

RIÑÓN

ALETA ANAL

LÓBULO CAUDAL INFERIOR

Capa protectora

La mayoría de los peces están cubiertos de escamas, una capa externa de placas transparentes. Todos los individuos de una misma especie presentan igual cantidad de escamas, que, según las familias y los géneros, pueden presentar diversas características. Las de la línea lateral del cuerpo tienen unos pequeños orificios que comunican la superficie del cuerpo con una serie de células sensoriales y terminaciones nerviosas. Mediante el estudio de sus escamas se puede determinar la edad de un pez.

ESCAMAS FOSILIZADAS

Los restos de estas escamas gruesas, esmaltadas y brillantes, pertenecen al extinguido género *Lepidotus*, que vivió durante la era Mesozoica.

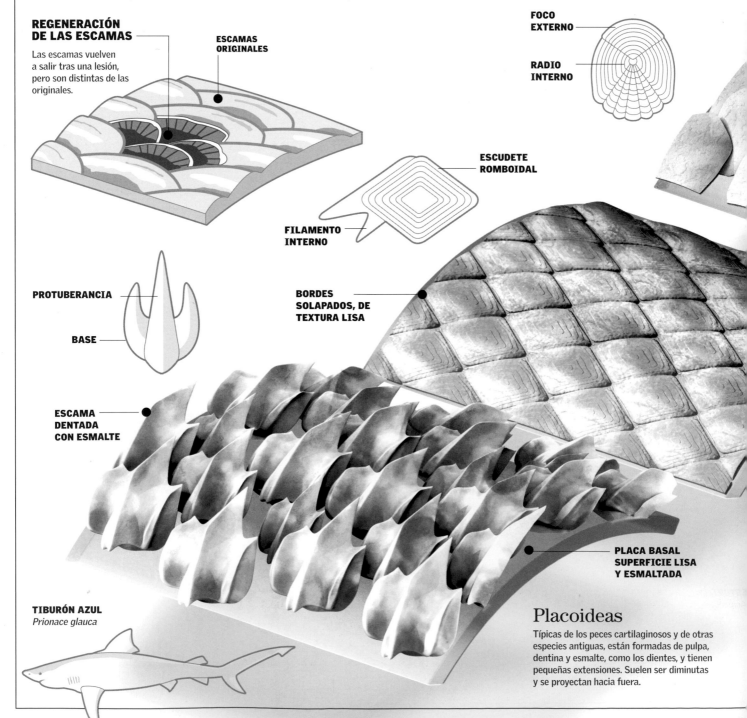

REGENERACIÓN DE LAS ESCAMAS

Las escamas vuelven a salir tras una lesión, pero son distintas de las originales.

ESCAMAS ORIGINALES

FOCO EXTERNO

RADIO INTERNO

ESCUDETE ROMBOIDAL

FILAMENTO INTERNO

PROTUBERANCIA

BASE

BORDES SOLAPADOS, DE TEXTURA LISA

ESCAMA DENTADA CON ESMALTE

PLACA BASAL SUPERFICIE LISA Y ESMALTADA

TIBURÓN AZUL
Prionace glauca

Placoideas

Típicas de los peces cartilaginosos y de otras especies antiguas, están formadas de pulpa, dentina y esmalte, como los dientes, y tienen pequeñas extensiones. Suelen ser diminutas y se proyectan hacia fuera.

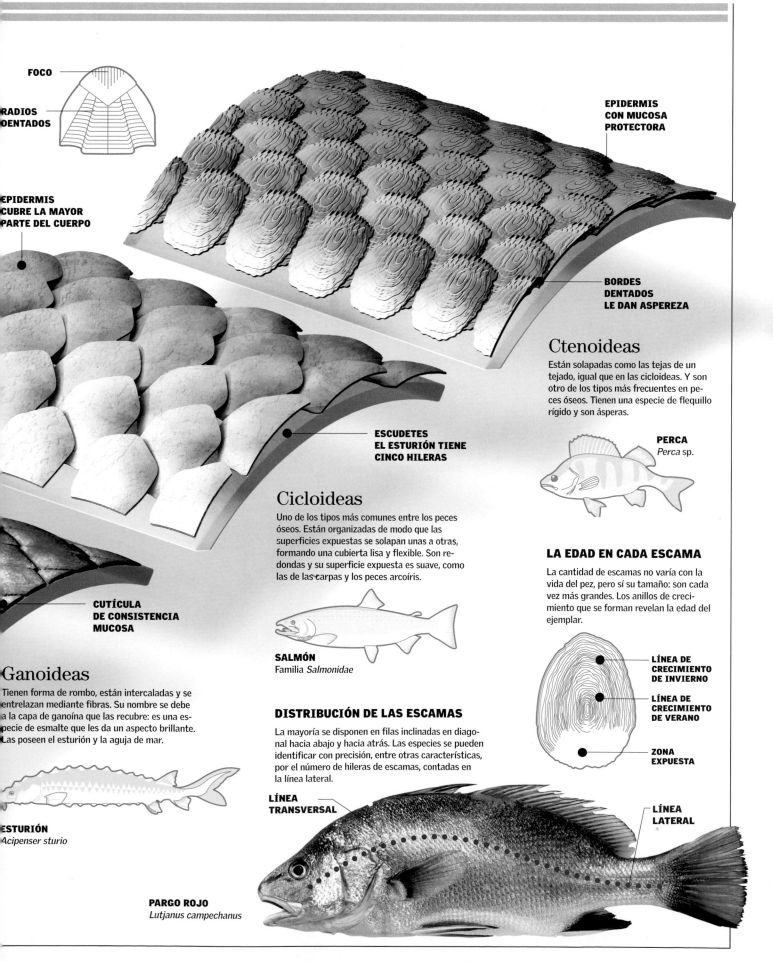

FOCO

RADIOS DENTADOS

EPIDERMIS CUBRE LA MAYOR PARTE DEL CUERPO

EPIDERMIS CON MUCOSA PROTECTORA

BORDES DENTADOS LE DAN ASPEREZA

Ctenoideas

Están solapadas como las tejas de un tejado, igual que en las cicloideas. Y son otro de los tipos más frecuentes en peces óseos. Tienen una especie de flequillo rígido y son ásperas.

PERCA
Perca sp.

ESCUDETES EL ESTURIÓN TIENE CINCO HILERAS

Cicloideas

Uno de los tipos más comunes entre los peces óseos. Están organizadas de modo que las superficies expuestas se solapan unas a otras, formando una cubierta lisa y flexible. Son redondas y su superficie expuesta es suave, como las de las carpas y los peces arcoíris.

SALMÓN
Familia *Salmonidae*

LA EDAD EN CADA ESCAMA

La cantidad de escamas no varía con la vida del pez, pero sí su tamaño: son cada vez más grandes. Los anillos de crecimiento que se forman revelan la edad del ejemplar.

LÍNEA DE CRECIMIENTO DE INVIERNO

LÍNEA DE CRECIMIENTO DE VERANO

ZONA EXPUESTA

CUTÍCULA DE CONSISTENCIA MUCOSA

Ganoideas

Tienen forma de rombo, están intercaladas y se entrelazan mediante fibras. Su nombre se debe a la capa de ganoína que las recubre: es una especie de esmalte que les da un aspecto brillante. Las poseen el esturión y la aguja de mar.

DISTRIBUCIÓN DE LAS ESCAMAS

La mayoría se disponen en filas inclinadas en diagonal hacia abajo y hacia atrás. Las especies se pueden identificar con precisión, entre otras características, por el número de hileras de escamas, contadas en la línea lateral.

LÍNEA TRANSVERSAL

LÍNEA LATERAL

ESTURIÓN
Acipenser sturio

PARGO ROJO
Lutjanus campechanus

Nadar: todo un arte

Cuando nada, el pez se mueve en tres dimensiones: hacia delante y hacia atrás, de izquierda a derecha y de arriba abajo. Sus principales superficies de control para maniobrar son las aletas, incluida la cola, que es la aleta caudal. Para cambiar de dirección, el pez ladea las superficies de control formando un ángulo con la corriente del agua. El animal también tiene que mantener el equilibrio dentro del agua, objetivo que cumple moviendo las aletas pares e impares.

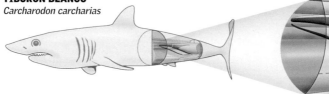

PEZ GATO ACOSTADO

Synodontis nigriventris
Este pez nada así para aprovechar fuentes de alimento menos accesibles para otras especies.

LOS MÚSCULOS

En la cola cuenta con poderosos músculos que la mueven como un remo.

TIBURÓN BLANCO
Carcharodon carcharias

MÚSCULOS ROJOS
Son para movimientos lentos o regulares.

MÚSCULOS BLANCOS,
Más grandes, sirven para ganar velocidad, pero se cansan fácilmente.

 ## Inicio

El movimiento de los peces en el agua es como el de una serpiente que repta. Realizan una serie de curvas en forma de S, movimientos ondulantes que recorren el cuerpo. El proceso empieza cuando el animal ladea levemente la cabeza hacia ambos lados.

La cresta de la ondulación del cuerpo se va desplazando de atrás hacia delante.

En su movimiento lateral, la cola desplaza el agua.

Al inicio, la cola está a la altura de la cabeza.

Forma hidrodinámica

Como ocurre con la quilla de los barcos, son esenciales el contorno redondeado y el mayor volumen de la parte anterior del cuerpo. Al avanzar, eso genera una menor densidad de agua delante que detrás, y por lo tanto una menor resistencia al agua.

La cabeza va de un lado al otro.

LA QUILLA DEL PEZ

La pesada quilla de los barcos queda en la parte inferior para evitar que se den la vuelta. Los peces, por el contrario, la llevan arriba. Si las aletas pares dejan de funcionar para mantenerlo en equilibrio, el pez se da la vuelta porque su parte más pesada tiende a bajar, como sucede cuando mueren.

QUILLA   PEZ VIVO   PEZ MUERTO

EL MÁS VELOZ

La aleta caudal, muy poderosa, le permite desplazar mucha agua.

PEZ VELA
Istiophorus platypterus

La aleta dorsal desplegada puede llegar a ser un 150 % más ancha que su cuerpo.

La mandíbula superior prolongada le permite hender las aguas y favorece su hidrodinámica.

109 km/h
LA VELOCIDAD MÁXIMA QUE ALCANZA

Avance

Se logra con el movimiento sincronizado en S de los músculos que rodean la columna vertebral. En general se mueven solo hacia los lados, alternadamente. Los peces que tienen grandes aletas pectorales las utilizan como remos para ganar impulso.

La cola se mueve como si fuera un remo y es el elemento fundamental para la propulsión.

LA ALETA DORSAL
Mantiene la posición vertical.

ALETAS PECTORALES
Mantienen el equilibrio y a veces actúan como frenos.

ALETAS VENTRALES
Estabilizan el balanceo.

Equilibrio

Cuando el pez avanza lentamente o queda inmóvil en el agua, se pueden observar pequeños movimientos de las aletas destinados a mantener el cuerpo en equilibrio.

Subir y bajar

Según el ángulo en que el pez mantiene las aletas pares en relación con el cuerpo, sube o baja en el agua. Las aletas pares, ubicadas por delante del centro de gravedad, son las que intervienen en los movimientos de ascenso y descenso.

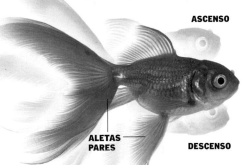

ASCENSO

ALETAS PARES

DESCENSO

2 Fuerza

Los músculos ubicados a ambos lados de la columna vertebral, en especial los de la cola, se contraen en forma sucesiva y alternada. Estas contracciones son las que sostienen el movimiento ondulante que impulsa al pez hacia delante. La cresta ondulatoria alcanza las aletas pélvicas y dorsales.

Luego pasa por las primeras aletas dorsales.

Cuando la cresta llega a la zona de entre las dos aletas dorsales, la aleta caudal empieza a empujar hacia la derecha.

3 Ciclo completo

Cuando la cola regresa al otro lado y alcanza el extremo derecho, la cabeza vuelve hacia ese lado para iniciar un nuevo ciclo.

1 segundo

ES LO QUE TARDA UN CICLO DE LA SECUENCIA DE AVANCE DE ESTE TIBURÓN.

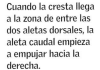

El impulso resultante se da hacia el frente.

PINTARROJA
Scyliorhinus sp.

Nadar en grupo

Solo los peces óseos pueden nadar en grupo de forma muy coordinada. Un cardumen o banco está formado por miles de individuos cuyo movimiento armonioso parece ser obra de un solo individuo. Logran la coordinación mediante la vista, el oído y el sistema de línea lateral. Nadar en grupo tiene sus ventajas: es más difícil ser presa de un depredador y más fácil encontrar compañeros y comida.

CARDUMEN
Es un conjunto de peces, generalmente de la misma especie, que nadan en grupo, coordinadamente y cada uno con un papel concreto.

4 km³

ES EL VOLUMEN QUE PUEDE OCUPAR UN CARDUMEN DE ARENQUES.

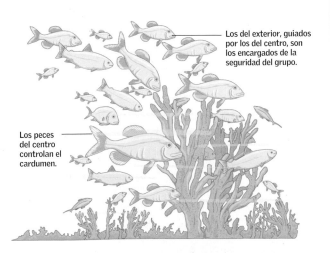

Los del exterior, guiados por los del centro, son los encargados de la seguridad del grupo.

Los peces del centro controlan el cardumen.

Ciclo de vida

En un ambiente acuático, los animales pueden simplemente liberar sus gametos en el agua. Pero, para que la fecundación se produzca, las actividades de la hembra y el macho tienen que estar sincronizadas. Muchas especies, como el salmón, viajan grandes distancias para reunirse con sus parejas potenciales y liberan sus gametos en el momento y el ambiente adecuados, porque la supervivencia de los huevos depende de la temperatura del agua. Las relaciones padres-hijos son tan variadas que van desde el desentendimiento total del huevo recién incubado hasta un estado de alerta y constante protección de las crías.

Fecundación externa

En la mayoría de los peces la fertilización es externa: se realiza fuera del cuerpo de la hembra. El macho libera esperma sobre los huevos cuando la hembra los expulsa. Las crías salen del huevo como larvas. Se reproducen de esta forma, por ejemplo, los salmones.

SALMÓN MACHO

SALMÓN HEMBRA

2 Eclosión
DE 90 A 120 DÍAS
Es el tiempo que transcurre hasta la eclosión de los huevos.

A La unión del óvulo y el esperma forma el huevo.

B El pequeño ser vivo empieza a crecer.

C Luego se forma el embrión.

1 Desove
DÍA 1
Después de viajar desde mar adentro y remontar el río, la hembra deja los huevos en nidos excavados entre la grava por ella misma. El macho más fuerte expulsa encima el esperma.

La hembra pone entre 2000 y 5000 huevos.

Todos los salmones inician su vida en agua dulce y luego emigran al mar. Para desovar, vuelven al río.

CUERPO DEL
ALEVÍN

CUERPO DEL
ALEVÍN

3 Alevines
121 DÍAS
Los pequeños alevines
se alimentan del saco
vitelino.

Padres
**EL *OPISTHOGNATHUS
AURIFRONS* MACHO
INCUBA SUS HUEVOS
EN LA BOCA**

Incubación bucal

Algunas especies de peces realizan una gestación bucal: incuban los huevos en el interior de
la boca y luego los escupen en la madriguera.
Cuando los huevos eclosionan, los padres defienden a sus crías refugiándolos otra vez en la boca.

SACO VITELINO
DE LOS
ALEVINES

FECUNDACIÓN INTERNA

Los vivíparos paren a sus crías ya desarrolladas.
La fertilización es interna y se realiza mediante
un órgano que tiene el macho llamado gonopodio,
una aleta modificada.

Ovario

Espacio uterino
paraplacental

Cordón umbilical

Placenta

6 años
**DURA EL CICLO VITAL DE
UN SALMÓN**

5 Adultos
6 AÑOS
Los salmones adultos ya tienen
los órganos reproductores
maduros y vuelven al río donde
nacieron a desovar.

4 Jóvenes
2 AÑOS
Los alevines crecen hasta convertirse en pequeños salmones
jóvenes y migran al mar, donde
viven cuatro años.

JOVEN
MACHO

JOVEN
HEMBRA

Ovario

Orificio
urogenital

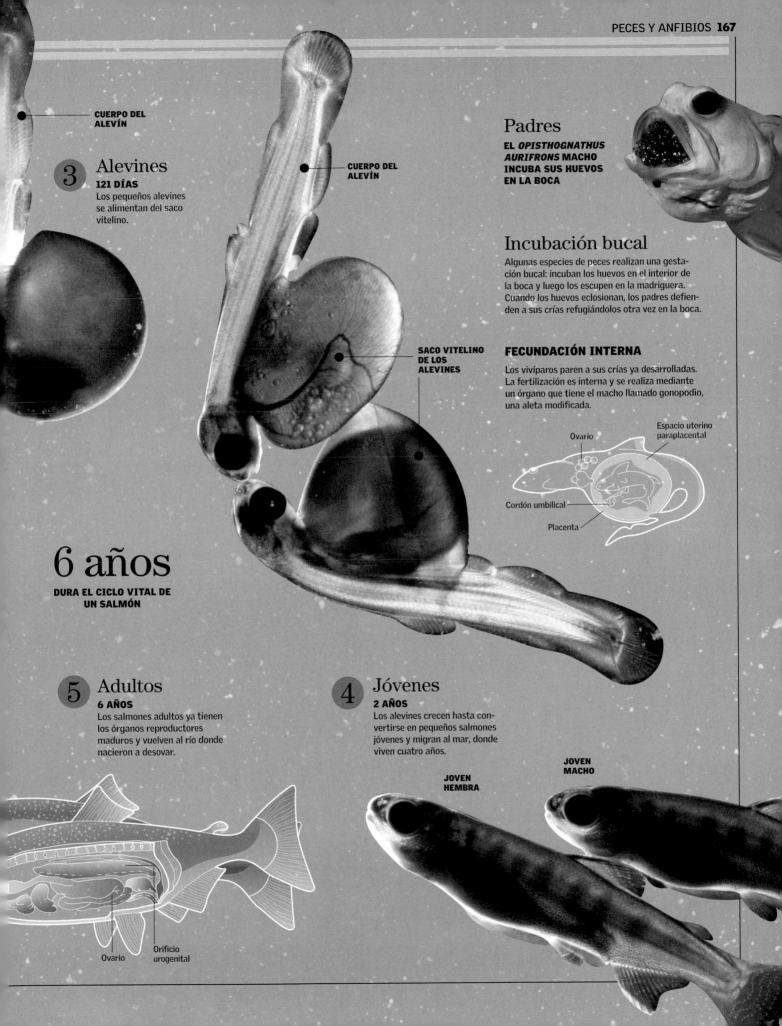

Vivir o morir

Para sobrevivir, la mayoría de los peces debieron sufrir adaptaciones que les permitieran escapar de sus depredadores o bien conseguir alimento. La solla, con su cuerpo plano, se extiende en el fondo del mar y, gracias a su pigmentación, pasa inadvertida. El pez volador, por su parte, desarrolló unas aletas pectorales para huir de sus enemigos volando por encima de la superficie del agua.

Solla

La solla *(Pleuronectes platessa)* es un pez plano cuya forma está especialmente diseñada para que permanezca inmóvil en el fondo del mar. Además, es un ejemplo de mimetismo. Sus dos caras son muy diferentes. La superior está pigmentada con pequeñas manchas rojas que la camuflan en la arena, de la que además se cubre con las aletas para esconderse aún mejor de sus depredadores.

CARA VENTRAL
Permanece de color marfil, sin pigmentación. Es la que queda apoyada en el fondo.

BOCA
Todo el cuerpo de la solla sufre metamorfosis desde su estadio de larva hasta la adultez. La boca, en cambio, permanece igual.

SOLLA
Pleuronectes platessa

OJOS
Los tiene los dos en el mismo lado.

Cómo se transforma

Al nacer, la solla no es un pez plano, sino normal. Come cerca de la superficie y nada ayudada por su vejiga natatoria. A medida que pasa el tiempo, el cuerpo se vuelve plano, la vejiga natatoria se seca y el pez se deposita en el fondo del mar.

BRANQUIAS
La solla respira por branquias.

OPÉRCULO
Es el hueso que soporta la estructura branquial.

1 **5 días**
3,5 mm

Las vértebras empiezan a formarse.

Un ojo a cada lado.

2 **10 días**
4 mm

El pliegue de la aleta se está formando y la boca ya está abierta.

3 **22 días**
8 mm

El ojo izquierdo se traslada a encima de la cabeza.

Se desarrolla la hendidura de la cola.

45 días

ES LO QUE TARDA LA SOLLA EN PASAR DE LARVA DE TÍPICA FORMA HIDRODINÁMICA A PEZ PLANO

Pez volador

Los Exocétidos o peces voladores son una familia de peces marinos que comprende unas 52 especies agrupadas en 8 géneros. Se encuentran en todos los mares, especialmente en las cálidas aguas tropicales y subtropicales. Su más sorprendente característica son sus aletas pectorales, inusualmente grandes y que les dan la capacidad de volar y planear distancias cortas.

1 ESCAPE
Ante la presencia de un depredador, el pez volador toma impulso en el agua.

2 DESPEGUE
Sale a la superficie y se eleva lo más que puede, dando saltos en el agua.

Se eleva hasta 6 m

3 PLANEADOR
La distancia media de planeo es de 50 metros, pero puede llegar a los 200.

Recorre hasta 50 m en el aire

Mide de 18 a 40 cm

ANATOMÍA
Se desliza sobre el agua gracias a unas aletas endurecidas, pudiendo llegar a una velocidad de hasta 65 km/h durante 30 segundos.

Tiene muy desarrolladas las aletas pectorales y pélvicas.

PEZ VOLADOR
Exocoetus volitans

MANCHAS
Le sirven para camuflarse en la arena y esconderse de sus depredadores.

Pez escorpión

Se encuentra en los arrecifes del golfo de México. *Scorpaena plumieri*, conocido como pez escorpión, tiene el cuerpo marrón moteado, con varios apéndices que parecen musgo entre la boca y los ojos. Es difícil de ver porque su textura y color suelen confundirse muy fácilmente con el fondo marino. Tiene unas espinas dorsales con un potente veneno que provoca un fuerte dolor.

ALETA
Las aletas dorsal, anal y caudal forman una línea continua alrededor del cuerpo.

ALETA CAUDAL
Delgada, apenas la usa para nadar.

PEZ ESCORPIÓN
Scorpaena plumieri

Las células pigmentarias se unen para formar manchas oscuras.

Ya no mira hacia la derecha, sino hacia arriba.

4 45 días
11 mm

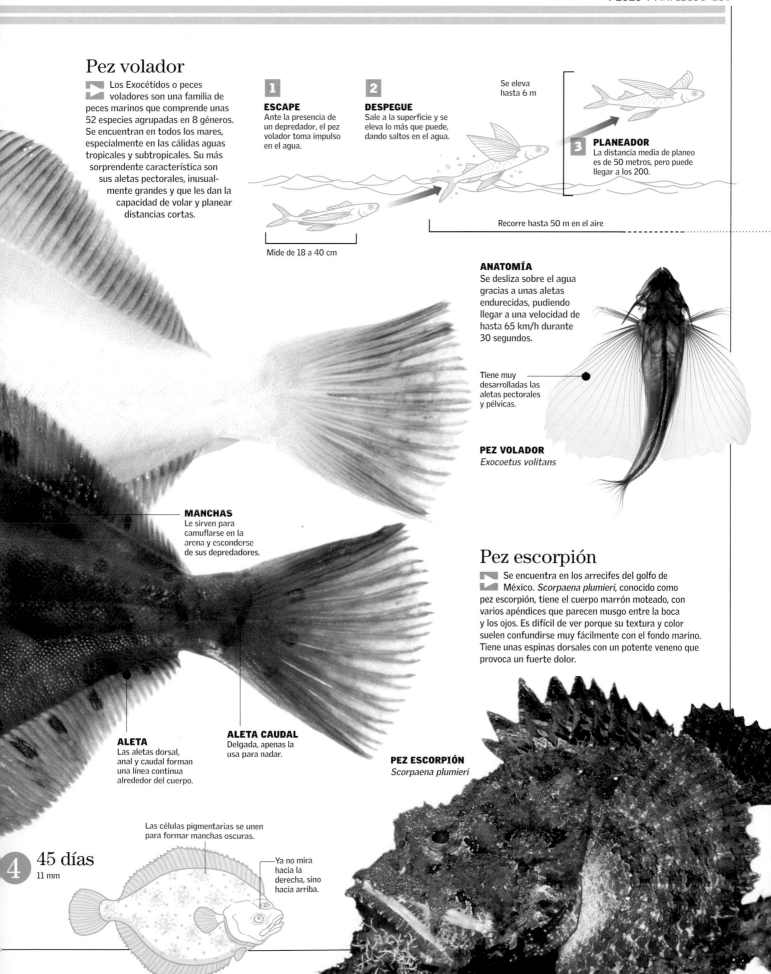

Alargados y flexibles

El caballito de mar es un pequeño pez marino perteneciente a la misma familia que los peces aguja y dragón (Syngnathidae). Su nombre se debe al parecido que presenta su cabeza con la de un caballo. De hecho, la característica de tener la cabeza en ángulo recto con el resto del cuerpo no se da en ningún otro género de peces. El caballito de mar no puede recurrir a la velocidad para escapar de sus depredadores, pero es capaz de cambiar de color para confundirse mejor con su entorno. La reproducción es otro aspecto muy peculiar de este género: el macho posee una bolsa incubadora dentro de la que la hembra introduce los huevos fecundados.

PEZ AGUJA
Syngnathus abaster
Es uno de los peces más lentos de los mares; se moviliza por medio de pequeñas ondulaciones de sus aletas pectorales, que pueden vibrar hasta 35 veces por segundo.

OJOS
Grandes, indican agudeza visual.

NARIZ
En forma de pipa, hace que la cabeza parezca la de un caballo.

Movimientos

El cuerpo de los caballitos de mar está embutido en una armadura de placas óseas grandes y rectangulares. Su forma de nadar es muy diferente de la de los otros peces. Adoptan una posición erecta y se impulsan con la aleta dorsal. Apenas tienen aleta anal, solo una especie de cola alargada que se enrolla en espiral y les permite agarrarse a los tallos marinos.

CABEZA

Clasificación

En la actualidad se han identificado 32 especies de caballito de mar en todo el mundo. La clasificación en ocasiones es complicada debido a que individuos de la misma especie pueden cambiar de color y desarrollar largos filamentos de piel. El tamaño de los caballitos adultos varía enormemente, desde el pequeño *Hippocampus minotaur*, una especie descubierta en Australia que no sobrepasa los 18 mm de longitud, hasta el enorme *Hippocampus ingens*, especie del Pacífico que sobrepasa los 30 cm. No tienen aletas pélvicas ni caudales pero sí una pequeñísima aleta anal.

TRONCO
El cuerpo se soporta gracias a la columna vertebral.

HACIA ARRIBA
La cola se enrosca formando un rulo hacia arriba.

HACIA ABAJO
La cola se estira recta hacia abajo, una y otra vez.

PEZ DRAGÓN MARINO
Phyllopteryx taeniolatus
La forma es la típica de la familia, aunque sin cola prensil como los caballitos de mar, y tiene un aspecto más elongado. Lleva el cuerpo cubierto de algas.

COLA PRENSIL
El caballito de mar tiene una cola larga y prensil que le permite aferrarse a las plantas del fondo marino.

COLA
Puede extenderla hasta dejarla en posición vertical.

ALGAS
El pez deja que se adhieran a su cuerpo para pasar inadvertido.

Camuflaje

El caballito de mar y el pez dragón son nadadores lentos, y para escapar de sus depredadores recurren al camuflaje como estrategia de defensa. Pueden cambiar de color para confundirse mejor con el entorno, desarrollar filamentos de piel para imitar la forma de las algas y, con la cabeza, trepar por entre las algas en las que viven descolgándose de unas a otras.

HIPOCAMPO
Hippocampus erectus

HÁBITAT	Caribe, Indopacífico
NÚMERO DE ESPECIES	35
TAMAÑO	18-30 cm

BRANQUIAS
Los caballitos de mar
tienen respiración
branquial.

**ALETA
PECTORAL**
Una a cada lado,
le sirven para
deslizarse de
lado.

1 cm
**LA LONGITUD
DE UN HIPOCAMPO
AL NACER**

PLACAS ÓSEAS
Tienen el cuerpo
cubierto de anillos
óseos concéntricos.

ALETA DORSAL
El caballito de mar
nada erguido, impulsa-
do por su aleta dorsal.

35 especies
**DE HIPOCAMPOS HAY EN EL MUNDO,
DISTRIBUIDAS EN EL MAR CARIBE
Y LOS OCÉANOS PACÍFICO E ÍNDICO**

Reproducción

El macho tiene una bolsa incubadora, dentro de la
cual la hembra introduce los huevos. La bolsa se cierra
y los embriones se desarrollan alimentados por el macho. Una vez maduras e independientes, las crías son
expulsadas por el macho mediante contracciones.

1 Durante la época de reproducción, la
hembra libera unos 200 huevos en la
panza del macho por su órgano ovipo-
sitor. Allí son fertilizados. A la hora del
parto, el macho se aferra con la cola
a las algas marinas.

2 El macho dobla el cuerpo atrás y adelante
como si tuviera contracciones. La abertura
de la bolsa se ensancha y empieza el parto.
Al poco rato empiezan a salir las crías.

A medida que se suceden las contracciones, van naciendo más crías. Miden
un centímetro y enseguida empiezan a
alimentarse de fitoplancton. El proceso
puede durar dos días, tras los cuales el
macho está extenuado.

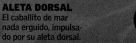

Arma mortal

Uno de los grandes depredadores del océano es el tiburón blanco, fácilmente identificable por su distintiva y hermosa coloración, sus ojos negros y sus feroces dientes y mandíbulas. Muchos biólogos creen que sus ataques a personas se deben a la curiosidad del animal, que suele sacar la cabeza del agua y explorar las cosas mordiéndolas. Pero eso resulta peligroso debido a lo afilados que son sus dientes y a la fuerza de su mandíbula. A tiburones blancos se atribuyen el mayor número muertes de personas debidas a ataques de tiburón, casi siempre surfistas y buzos.

Los sentidos

Los tiburones poseen unos sentidos de los que carecen la mayoría de los animales: las ampollas de Lorenzini son unas pequeñas hendiduras que tienen en la cabeza y detectan electricidad. Este sentido les sirve para encontrar presas escondidas en la arena. Con la línea lateral detectan movimiento o «sonido» bajo el agua. El olfato es su sentido más avanzado, ya que ocupa dos tercios de su cerebro. Tienen además un oído muy desarrollado: los tiburones captan sonidos de muy baja frecuencia.

FOSAS NASALES

OJOS
La visión es pobre. Para cazar se orientan por el olfato.

MANDÍBULA
A la hora del ataque, avanza hacia delante.

ZONAS DE ATAQUE 1876-2004

84 COSTA OESTE DE ESTADOS UNIDOS

8 COSTA ESTE DE ESTADOS UNIDOS

1 MÉXICO

3 AMÉRICA DEL SUR

23 MEDITERRÁNEO

2 JAPÓN

1 COREA DEL SUR

47 SUDÁFRICA

41 AUSTRALIA

10 NUEVA ZELANDA

220 ATAQUES EN 128 AÑOS

OÍDO
Captan sonidos de muy baja frecuencia.

AMPOLLA DE LORENZINI
Detectan impulsos nerviosos.

LÍNEA LATERAL
Detecta movimientos o sonidos bajo el agua.

NARIZ
El sentido más desarrollado; ocupa dos tercios del cerebro.

RADAR ELÉCTRICO

ALETA DORSAL

ALETA ANAL

ALETA CAUDAL
El tiburón blanco está dotado de una gran aleta caudal heterocerca.

ALETA PECTORAL
Muy desarrollada y vital para el avance.

ALETA PÉLVICA

TIBURÓN BLANCO
Carcharodon carcharias

HÁBITAT	Océanos
PESO	2000 kg
LARGO	7 m
TIEMPO DE VIDA	30-40 años

HOCICO
Detecta el olor de las presas.

LOS DIENTES
Si pierde un diente se adelanta otro que crece en una fila detrás del primero.

BORDE ASERRADO

BORDE ASERRADO

BORDE ASERRADO

HOCICO

1 ELEVA EL HOCICO
Levanta la cabeza y las mandíbulas se abren. Los dientes quedan al descubierto.

2 AVANZAN LAS MANDÍBULAS
El tiburón aferra a la presa con los dientes y la sujeta hasta matarla.

DIENTES

SUSTITUCIÓN DE LOS DIENTES

Los tiburones pierden miles de dientes a lo largo de su vida, pero se sustituyen por otros nuevos.

GARGANTA

MANDÍBULA

DIENTES NUEVOS

La mandíbula

Las mandíbulas del tiburón están hechas de cartílago en lugar de hueso, y situadas debajo de la caja craneana. Cuando el animal se acerca a su presa, levanta el hocico, y las mandíbulas avanzan y salen de la caja craneana permitiéndole un mejor agarre. Los dientes de los tiburones suelen tener el borde aserrado para cortar la carne. Las afiladas puntas perforan y las superficies planas y anchas trituran.

COMPARACIÓN CON OTRAS ESPECIES
El tiburón blanco, con su porte de 7 metros, es uno de los más grandes de su especie.

3 m
TIBURÓN TORO

3,4 m
TIBURÓN LIMÓN

7 m
TIBURÓN BLANCO

Regreso a casa

Después de unos cinco o seis años viviendo en el mar, el salmón rojo del Pacífico *(Oncorhynchus nerka)* vuelve al río que lo vio nacer para reproducirse. El viaje, que dura entre dos y tres meses, implica grandes riesgos y demanda mucha energía. Debe nadar a contracorriente, remontar cataratas y escapar de sus depredadores, osos y águilas. Una vez que alcanzan el río, la hembra deposita los huevos y el macho los fecunda. Esta especie de salmones, a diferencia de la del Atlántico, que repite el ciclo tres o cuatro veces, muere después de llevar a cabo el desove. Cuando los huevos eclosionan, se reinicia el ciclo.

ASIA · ALASKA · ESTADOS UNIDOS

La ruta
Existen seis especies de salmón del Pacífico y una del Atlántico. El salmón rojo *(Oncorhynchus nerka)* migra del océano Pacífico a los ríos de Estados Unidos y Canadá por un lado, y a los de Alaska y el oeste de Asia por otro.

1 Carrera agotadora
Abandonado el mar, los salmones remontan el río a contracorriente. En el camino, muchos son presas de osos.

Ni cataratas ni fuertes corrientes frenan a los salmones en su camino.

3 meses
ES EL TIEMPO ESTIMADO QUE VIAJAN LOS SALMONES HACIA EL RÍO DONDE NACIERON

6 Muerte
El salmón adulto muere a los pocos días de la freza, exhausto por el trabajo realizado. Los cuerpos se descomponen en la orilla.

5 Alevines
Solo eclosiona el 40 % de los huevos puestos cada otoño. Permanecen en el río hasta los dos años y luego emigran al mar.

Río rojo

2

El salmón vuelve al lugar donde nació para desovar. Los machos presentan una viva coloración y la cabeza verde.

Supervivencia

De los 7500 huevos que pueden poner dos hembras, solo dos ejemplares llegarán a completar el ciclo de vida de seis años. Esto se debe a que muchos huevos mueren sin eclosionar y a que luego los alevines son presa fácil de otros peces.

HUEVOS	7500
ALEVINES	4500
ALEVINES	650
ALEVINES	200
SALMONES	50
SALMONES ADULTOS	4
DESOVE DE HUEVOS	2

Ciclo de 6 años

ES EL TIEMPO QUE TRANSCURRE DESDE EL DESOVE HASTA LA ADULTEZ

Vistos desde arriba, los salmones parecen una gran mancha roja.

La pareja

3

Mientras las hembras se ocupan de hacer los nidos en la arena para depositar los huevos, los machos compiten por su pareja.

LOMO
La parte dorsal del cuerpo desarrolla una joroba.

5000

HUEVOS PUEDE PONER UNA HEMBRA

BOCA
Durante la época de reproducción la mandíbula inferior de los machos se curva hacia arriba.

COLOR
El salmón de lomo azul se vuelve rojo intenso.

Desove

4

La hembra deposita entre 2500 y 5000 huevos en una serie de nidos. El macho los fecunda cuando caen entre las piedras.

Hábitat, gustos y preferencias

Los mares ocupan el 70 % de la superficie terrestre. En ellos se originó la vida en el planeta, y hoy viven especies primitivas junto a las más evolucionadas. Esta abundancia de ejemplares se debe, entre otras cosas, a que el mar ofrece diversidad de ambientes: a medida que se desciende en profundidad, baja la temperatura del agua y llega menos luz. Eso determina diferentes ecosistemas, regímenes alimentarios variados, y estrategias de adaptación heterogéneas entre las especies de peces.

Reserva de vida

Los corales necesitan agua cálida y mucha luz. Son colonias de pólipos que segregan un sustrato calcáreo que a lo largo de los años forma grandes arrecifes. Este microhábitat alberga gran variedad de especies.

ARRECIFES
Se forman solo en aguas tropicales superficiales.

0-200 m

ZONA EPIPELÁGICA
Mientras la luz del sol llega y se difunde es posible la fotosíntesis. Así, aquí habitan algas y animales que se alimentan de ellas.

150 m

A esta profundidad ya no hay plancton. Muchas especies que viven por debajo de estos metros cruzan este límite por la noche para alimentarse.

9 m
Buzos sin equipamiento especial.

15 m
Pescadores de perlas.

50 m
Buzos con oxígeno y equipamiento.

PLANCTON
Solo se pueden encontrar peces herbívoros en zonas poco profundas porque más abajo tampoco hay plancton.

200 M

PEZ ESPADA

PEZ VOLADOR

PEZ TROMPETA

PEZ PAYASO

TIBURÓN CABEZA DE MARTILLO

MANTARRAYA

PARGO

ATÚN

PEZ SARGENTO

PEZ ÁNGEL AZUL

PERCA RAYADA

BARRACUDA

BACALAO

MORENA

SARDINAS DEL PACÍFICO

TIBURÓN TIGRE

TAMBORIL

PEZ LUNA

350 m
Vehículo S.P.350
de Cousteau

400 m
Traje de buzo JIM
(1970)

915 m
Batisfera de
Barton (1960)

1525 m
Vehículo de rescate
submarino

3810 m
Submarino Alvin

6000 m
MIR (Rusia)

6500 m
Shinkay (Japón)

10 911 m

200-1000 m
ZONA MESOPELÁGICA
No hay luz suficiente para que vivan algas.

600 m
Ya no llega luz del sol.

PEZ ÁGUILA MOTEADO

ANGUILA

RAYA ROJA ESTRELLADA

LAMPUGA

MACABÍ

PEZ PIÑA

TIBURÓN ÁNGEL

LUZ FATAL
Predadores de profundidad se valen de la bioluminiscencia para atraer a las presas

HURGADORES DEL FONDO
A cualquier profundidad que se encuentre el suelo, hay peces que hurgan en el lodo en busca de comida.

1000-4000 m
ZONA BATIPELÁGICA
Las especies que habitan a esta profundidad lo hacen en total oscuridad, salvo que posean capacidad de bioluminiscencia y generen luz propia. La temperatura oscila entre los 2 y los 4 °C.

MERO GIGANTE

SERPIENTE MARINA

ALEPOCEFÁLIDOS

TIBURÓN DE SEIS BRANQUIAS

PEZ MARIPOSA

PARA VER SIN LUZ
Como forma de adaptación, las retinas de estos peces carnívoros solo son sensibles al color azul, que es el que mejor se propaga en el agua.

Más de 4000 m
ZONA ABISOPELÁGICA
Muy poco explorada. Hay algunos peces grandes con dientes fuertes y otras especies, como esponjas y estrellas de mar.

CALOR PARA LA VIDA
Las raras chimeneas volcánicas son la única fuente de calor que posibilita las formas de vida a su alrededor.

BATHOPHILUS SP.

PEZ BALÓN

ANGUILA TRAGONA

PEJESAPO

PEZ DE COLMILLOS LARGOS

PEZ TRÍPODE

El más profundo
El batiscafo Trieste ostenta el récord de profundidad alcanzada por un artefacto submarino construido por el hombre. En 1960 descendió a la fosa de las islas Marianas, a 10 911 metros bajo el nivel del mar, soportando una enorme presión.

Volcanes
En algunos lechos abisales tienen lugar fenómenos volcánicos generadores de vida. Los cráteres arrojan lava, que se enfría rápidamente, se solidifica y forma chimeneas alrededor de las cuales se produce una explosión de vida microscópica (bacterias) y macroscópica (gusanos tubícolas), que a su vez sirve de alimento a varias especies de peces.

Minerales

Lava solidificada

Cámara magmática

Reyes de la oscuridad

Las raras especies que habitan en profundidades de a partir de 2500 metros, donde apenas llega luz, se conocen como peces abisales. La vida en ese ambiente solo es posible gracias a que unas chimeneas hidrotérmicas que se abren en el fondo marino calientan las aguas. A pesar de esos calentadores naturales, en muchos lugares las temperaturas no superan los 2 °C. Los peces de las profundidades tienen una fisonomía bastante peculiar: cabezas muy grandes y dentaduras fuertes para comer otros peces, ya que no existe vegetación. Para atraer a sus presas, muchos cuentan con órganos señuelo formados por fotósferos que brillan en la oscuridad. Además, suelen ser negros o marrones para camuflarse mejor.

CAULOPHRYNE JORDANI
De color marrón oscuro, brilla en la oscuridad gracias al órgano fotósforo que tiene en la cabeza.

PEZ VÍBORA
Chauliodus sloani
Entre 30 y 50 cm de longitud. Es de azul oscuro o plateado. Habita mares templados y tropicales.

DIENTES AGUDOS Y AFILADOS
Con un fuerte impulso de succión, engulle a sus presas después de sujetarlas con sus enormes dientes.

LINTERNA
Como la mayor parte de los peces abisales, tiene un órgano señuelo.

OJOS PARA VER SIN LUZ

RAYO DE LUZ

TAPETUM LUCIDUM
Refleja la luz como si fuera un espejo; cada rayo pasa dos veces sobre la retina, lo que duplica su sensibilidad.

RETINA
Ciega a los rojos. Solo capta los azules, que se propagan mejor en el agua.

PEZ DE COLMILLOS LARGOS
Anoplogaster cornuta
Es un gran cazador. Su mandíbula, provista de dientes fuertes, sujeta a la presa hasta matarla.

FILAMENTOS
Cubren todo su cuerpo como protección.

BATHOPHILUS SP.
Se encuentra en la mayoría de las regiones tropicales del mundo. Tiene fotóforo a lo largo de los lados de su cuerpo.

BARBA
Brilla en la oscuridad.

FUMAROLA
Son aberturas en la superficie de la tierra por donde salen agua geotermal y minerales. A medida que el agua se enfría, esos minerales se solidifican.

2 °C
LA TEMPERATURA QUE ALCANZA EL AGUA CALENTADA POR LAS FUMAROLAS

TENTÁCULOS DE GUSANOS TUBÍCOLAS
No tienen boca ni tracto digestivo. En su interior, unas bacterias quimiosintéticas transforman los elementos del agua en moléculas orgánicas de las que se alimentan.

LINTERNA
Produce una luz azulada, que tiene mayor alcance bajo el agua.

SEÑUELO LUMINOSO
Produce luz y atrae a la presa.

DIMENSIONES

10 cm

Peso 300 g

RAPE ABISAL
Melanocetus johnsonii
Mide 15 cm de largo y tiene unas aletas pequeñas, insuficientes para maniobras rápidas.

PIEL
De color oscuro para resultar invisible a sus atacantes.

$1\ m^3$ de agua = 1000 kg

PRESIÓN HIDROSTÁTICA
Es el peso de la columna de agua. A medida que se desciende, la presión aumenta. En el fondo de las Marianas (la fosa marina más profunda del planeta) cada centímetro cuadrado soporta un peso de una tonelada y cuarto de agua.

2500 m
DE PROFUNDIDAD DE LAS AGUAS

COLA?
De color negro para pasar inadvertido ante sus depredadores.

MANDÍBULA ASESINA
En las profundidades solo sobrevive el mejor cazador.

BARBA
Produce luz y atrae a la presa.

DEMONIO RAMILLETE
Linophryne arborifera
Tiene un señuelo luminoso unido a la punta de la nariz y una barba ramificada que también produce luz para atraer presas. El macho es más pequeño que la hembra y vive como parásito de su compañera.

SEÑUELO LUMINOSO
Produce luz y sirve para atraer presas.

COLAS Y ALETAS
Equipadas con células luminiscentes.

PEZ BALÓN
Himantolophus groenlandicus
Las hembras llegan a medir 60 cm, pero los machos apenas alcanzan los 4 cm y viven como parásitos de su pareja.

Serpientes marinas

Las anguilas *(Anguilliformes)* son un orden de peces actinopterigios, distintivos por su forma alargada que parece la de una serpiente. En el pasado fueron una importante fuente de alimento. Existen alrededor de 600 especies de anguilas auténticas, entre las que destacan las morenas, los congrios y los ofíctidos. Las hay lisas, de colores, de rayas... Carecen de escamas y tienen el cuerpo recubierto de una mucosa protectora. Una de las más vistosas es la morena verde, que habita las aguas del Caribe y se esconde en los arrecifes de coral a la espera de una presa. Es temida por los buceadores porque, si bien no es venenosa, su mordedura puede provocar heridas graves.

MORENA VERDE
Gymnothorax funebris

**Peso
29 kg**

⸻ 2,5 m ⸻

HÁBITAT	Mar Caribe
PROFUNDIDAD	8-60 m
PESO	29 kg

Morena verde

A diferencia de la mayoría de los peces, la morena no tiene escamas, sino que exuda una capa resbalosa que recubre su cuerpo, grueso y musculoso, y lo protege de los parásitos. La morena caza de noche y detecta a sus presas con su excelente sentido del olfato.

CONGRIO
Conger conger
Existen cien especies de congrios.
Este es gris oscuro.

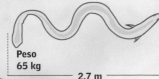

**Peso
65 kg**

⸻ 2,7 m ⸻

VISTA
Es muy pobre.

OLFATO
Muy desarrollado. El sentido por el que detectan a sus presas.

BOCA

Mandíbula superior, con una doble hilera de dientes.

Mandíbula inferior, con una sola fila de dientes.

27 **DIENTES TIENE LA MORENA**

Cómo ataca a su presa

A **ESCONDITE**
Vive en grietas y cavidades de los arrecifes, donde espera asomando la cabeza lista para acometer a su presa.

B **ATAQUE**
De noche detecta a sus presas (peces y pulpos) por el olfato. Las atrapa con unos dientes afilados e inclinados hacia atrás que les impiden escapar.

C **ANUDAMIENTO**
Después de tragarse al animal entero, forma dos bucles con su cuerpo para aplastar y triturar la presa en su aparato digestivo.

Presa

La mordedura desgarra a la presa.

Aplasta a la presa con el cuerpo.

600
SON LAS ESPECIES DE SERPIENTES MARINAS QUE EXISTEN

MORENA CINTA AZUL
Rhinomuraena quaesita
Habita las aguas del Indopacífico y se alimenta de pequeños peces. Las hembras tienen la aleta dorsal amarilla.

El cuerpo es bicolor y carece de escamas.

Peso 3,6 kg

1 m

SIN ALETAS
Su cuerpo es elongado y de apariencia musculosa. Carece de aletas pectorales y pélvicas, pero sus aletas dorsal y anal son largas y terminan en una aleta caudal corta.

Peso 24 kg

80 cm

MORENA ESTRELLADA
Echidna nebulosa
De crecimiento bastante lento, puede tardar hasta dos años en alcanzar su talla de adulta.

Su cuerpo es marrón y amarillo y está recubierto de una mucosa protectora.

Anfibios

P ocos grupos de anfibios han despertado tanto interés científico como el
de los dendrobátidos, que segregan
sustancias tóxicas a través de la piel.

Todos ellos presentan unos colores especta-
culares que advierten del peligro a los depredadores. Una de las principales particularidades que distinguen a los anfibios (tritones y

RANA VENENOSA
Los dendrobátidos secretan un tipo especial de veneno que ataca el sistema nervioso.

salamandras, ranas, sapos y cecílidos) es que, al conquistar el medio terrestre, sus extremidades se transformaron y pudieron empezar a andar. También tuvieron que empezar a captar oxígeno a través de la piel y los pulmones. En este apartado descubrirás además, entre otras muchas curiosidades, cómo se reproducen y de qué se alimentan los tritones.

Entre la tierra y el agua

Como su nombre indica (*amphi*, ambos, y *bios*, vida), los anfibios llevan una doble vida. Cuando son jóvenes viven en el agua, y al convertirse en adultos lo hacen fuera de ella. De todas formas, muchos deben permanecer cerca del agua o en lugares muy húmedos para no secarse. Esto se debe a que los anfibios también respiran por la piel, y solo la piel húmeda absorbe oxígeno. Los rasgos típicos de las ranas y sapos adultos incluyen un cuerpo sin cola, patas posteriores largas y unos ojos grandes, a menudo saltones.

Anatomía de un anfibio

La anatomía de un anfibio tiene ciertas particularidades. Las larvas —por ejemplo, los renacuajos— poseen un sistema respiratorio branquial, mientras que la mayoría de las especies, al llegar a adultas, desarrollan pulmones. También tienen tráquea, faringe y dos bronquios, aunque a veces respiran más por la piel que por los pulmones. El corazón de los anfibios tiene dos aurículas y un ventrículo, y su aparato digestivo y excretor es semejante al de los mamíferos.

La piel

Limpia y lisa, la piel de un anfibio no tiene vello ni escamas. Respiran a través de ella. Esa piel tiene una fuerte tendencia a secarse, y deben mantenerla siempre húmeda: aunque tienen glándulas mucosas que ayudan, deben vivir en lugares húmedos. La piel de la mayoría de los anfibios los protege además de posibles depredadores porque tiene glándulas venenosas que secretan sustancias desagradables, incluso tóxicas.

PATAS TRASERAS
Son musculosas, con pies palmeados: cinco largos dedos unidos por una membrana que ayuda al animal a nadar.

SACOS VOCALES

Sapos y ranas cantan. Aunque producen el sonido con las cuerdas vocales, en los machos se amplifica en unos sacos que tienen a los lados de la laringe, que se hinchan al llenarse de aire.

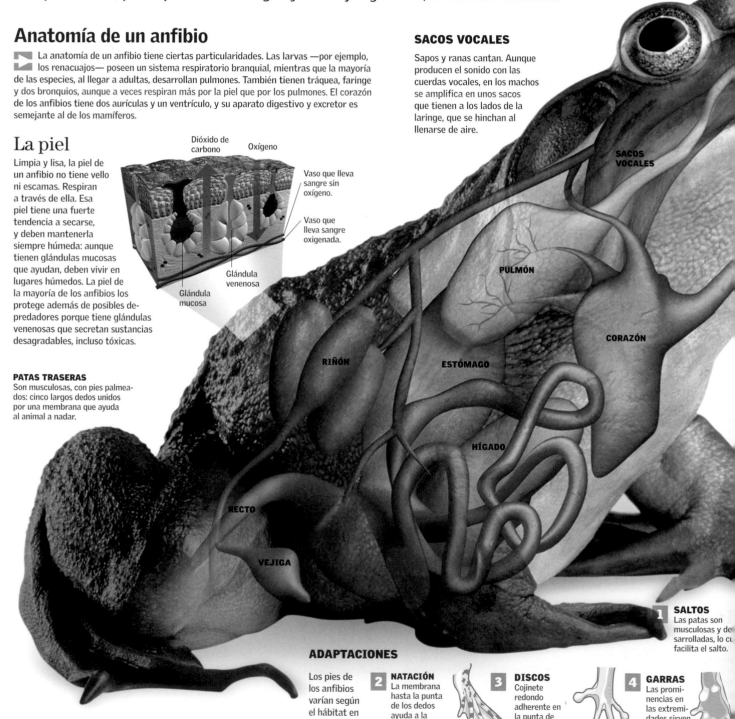

Dióxido de carbono

Oxígeno

Vaso que lleva sangre sin oxígeno.

Vaso que lleva sangre oxigenada.

Glándula venenosa

Glándula mucosa

SACOS VOCALES

PULMÓN

CORAZÓN

RIÑÓN

ESTÓMAGO

HÍGADO

RECTO

VEJIGA

1 SALTOS
Las patas son musculosas y desarrolladas, lo cu facilita el salto.

ADAPTACIONES

Los pies de los anfibios varían según el hábitat en el que viven.

2 NATACIÓN
La membrana hasta la punta de los dedos ayuda a la propulsión acuática.

3 DISCOS
Cojinete redondo adherente en la punta de los dedos para trepar.

4 GARRAS
Las prominencias en las extremidades sirven para cavar.

Diferencias entre el sapo y la rana

Muchas veces se piensa que la rana es la hembra del sapo, pero no es así. Son animales distintos. Los sapos tienen la piel rugosa y las patas cortas, y son terrestres. Las ranas son más pequeñas, tienen las patas palmeadas y son acuáticas y arborícolas.

LA PIEL
Es suave y lisa, de colores vivos y brillantes.

OJOS
Las ranas tienen las pupilas horizontales.

LOS OJOS
Por lo general la pupila es horizontal, aunque algunos la tienen vertical.

LA PIEL
Los sapos tienen la piel rugosa, dura, áspera y seca. Se utiliza como cuero.

SAPO COMÚN
Bufo bufo

HYPEROLIUS TUBERILINGUIS

ACTITUD CORPORAL
Los sapos son especies terrestres. Son más anchos que las ranas y de movimientos lentos. Las ranas viven en su mayoría en el agua, por lo que tienen una membrana entre los dedos adaptada al medio.

LAS PATAS
Son largas y están adaptadas para ejecutar saltos. Son palmeadas, adecuadas para nadar.

LAS PATAS
Son más cortas y anchas que las de las ranas y están preparadas para andar.

ATRAPA
Son animales engullidores: se introducen en la boca presas enteras.

Alimentación

Se basa en vegetales durante la fase larvaria, mientras que en el estado adulto la principal fuente de alimento son los artrópodos (como coleópteros y arácnidos) y otros invertebrados, como orugas de mariposa y gusanos de tierra.

TRAGA
Cuando cierran la boca, cierran también los ojos y los retraen apretando hacia abajo para ayudar a empujar la comida por el esófago.

Tipos de anfibios

Los anfibios se dividen en tres grupos que se distinguen por la cola y las patas: los tritones y salamandras tienen cola y pertenecen al orden de los Urodelos. Los sapos y las ranas, que solo la tienen en su etapa de renacuajos, pertenecen al grupo de los Anuros, y los cecílidos, que no tienen ni patas ni cola, parecen gusanos y pertenecen al grupo de los Ápodos.

① **ANUROS**
Sin cola

RANITA DE SAN ANTONIO
Es dócil y vive cerca de edificios.

② **ÁPODOS**
Sin patas

CULEBRITA TAPIERA
Parece un gusano grande y gordo.

Las patas

Ranas y sapos tienen cuatro dedos en las extremidades anteriores y cinco en las posteriores. Las especies de agua tienen membranas entre los dedos; las arbóreas, cojinetes en forma de disco adherente para agarrarse a superficies verticales; y las de madriguera, en las patas traseras, unas protuberancias callosas llamadas tubérculos para poder excavar.

③ **URODELOS**
Con cola

SALAMANDRA TIGRE
Una de las más coloridas de América.

Grandes atletas

Los anuros son conocidos por su capacidad para ejecutar grandes saltos. El grupo está conformado por ranas y sapos, y su anatomía les facilita mucho el salto. Las ranas tienen muchos depredadores y el salto es una vía de escape, ya que pueden dar un brinco equivalente a entre 10 y 44 veces la longitud de su cuerpo. Cuando se sienten amenazadas pueden optar por zambullirse en la charca más cercana para esconderse, o bien por dar un salto errático en el suelo para confundir al atacante.

② Alimentación

La dieta de los anuros es variada. Además de insectos, se alimentan de pequeños invertebrados como lombrices de tierra, caracoles, crustáceos y arañas. Los renacuajos son herbívoros.

JOROBA VISIBLE

La rana

◤ Tiene unos ojos grandes que le permiten localizar con facilidad a sus presas. Están provistos de unos párpados que los protegen de las partículas en suspensión y le sirven para ver debajo del agua. En cuanto a la piel, tiene unas glándulas cutáneas que la humedecen o segregan sustancias tóxicas o irritantes. La rana respira por pulmones y por la piel. Tiene unos tímpanos grandes, visibles a cada lado de la cabeza, y una boca ancha, con o sin dientes.

CUERPO ESTIRADO

① Salto

Antes de dar un salto, la rana tensa la musculatura de las patas traseras y las presiona contra el suelo. A continuación, las despliega para propulsar el cuerpo hacia delante.

MÚSCULOS DE LAS PIERNAS
Se tensan para realizar el salto.

RANA COMESTIBLE
Rana esculenta
Además de encontrarse en Europa, también vive en Estados Unidos, Canadá y Asia.

PATAS TRASERAS
Le dan el impulso. Tienen cinco dedos unidos entre sí por membranas.

El sapo

◤ Se distingue de la rana por unas pocas diferencias. Suelen ser más grandes y menos estilizados, y están más adaptados a la vida terrestre. Su piel es más gruesa, lo cual evita mejor la desecación, y normalmente está recubierta de verrugas.

SAPO ARBÓREO ASIÁTICO
Pedostibes tuberculosus

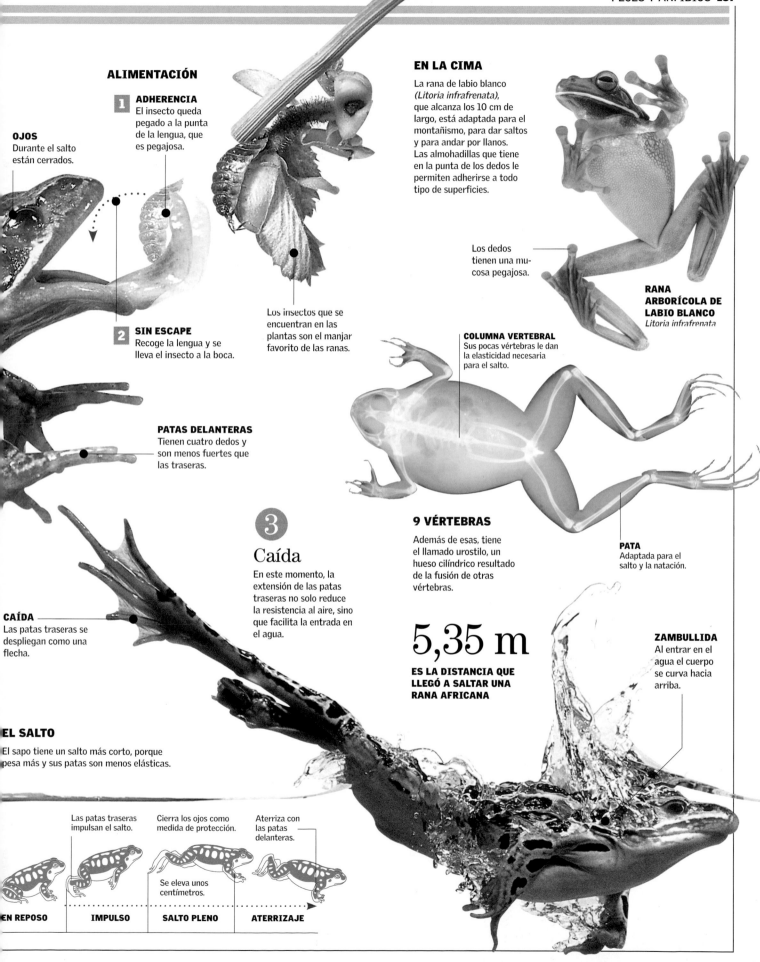

ALIMENTACIÓN

1 **ADHERENCIA**
El insecto queda pegado a la punta de la lengua, que es pegajosa.

OJOS
Durante el salto están cerrados.

2 **SIN ESCAPE**
Recoge la lengua y se lleva el insecto a la boca.

Los insectos que se encuentran en las plantas son el manjar favorito de las ranas.

PATAS DELANTERAS
Tienen cuatro dedos y son menos fuertes que las traseras.

CAÍDA
Las patas traseras se despliegan como una flecha.

EN LA CIMA

La rana de labio blanco *(Litoria infrafrenata)*, que alcanza los 10 cm de largo, está adaptada para el montañismo, para dar saltos y para andar por llanos. Las almohadillas que tiene en la punta de los dedos le permiten adherirse a todo tipo de superficies.

Los dedos tienen una mucosa pegajosa.

RANA ARBORÍCOLA DE LABIO BLANCO
Litoria infrafrenata

COLUMNA VERTEBRAL
Sus pocas vértebras le dan la elasticidad necesaria para el salto.

PATA
Adaptada para el salto y la natación.

3
Caída
En este momento, la extensión de las patas traseras no solo reduce la resistencia al aire, sino que facilita la entrada en el agua.

9 VÉRTEBRAS
Además de esas, tiene el llamado urostilo, un hueso cilíndrico resultado de la fusión de otras vértebras.

5,35 m
ES LA DISTANCIA QUE LLEGÓ A SALTAR UNA RANA AFRICANA

ZAMBULLIDA
Al entrar en el agua el cuerpo se curva hacia arriba.

EL SALTO
El sapo tiene un salto más corto, porque pesa más y sus patas son menos elásticas.

Las patas traseras impulsan el salto.

Cierra los ojos como medida de protección.

Aterriza con las patas delanteras.

Se eleva unos centímetros.

EN REPOSO | **IMPULSO** | **SALTO PLENO** | **ATERRIZAJE**

Abrazo estrecho

La reproducción de los anfibios suele tener lugar en el agua, donde la hembra deposita los huevos, aunque algunas especies los depositan en tierra. La época más propicia para llevar esta actividad es la primavera, cuando el macho recurre a su canto para anunciar su presencia. Durante el apareamiento, llamado amplexo, el macho se coloca encima de la hembra y fertiliza los huevos a medida que salen. Luego, las capas gelatinosas absorben agua y aumentan su volumen aglutinando los huevos en grandes masas.

Amplexo

En la mayoría de los anfibios la fecundación es externa. En el azaroso proceso el macho, abrazado a la hembra, descarga los espermatozoides a medida que se liberan los ovocitos, en gran cantidad para asegurar el éxito del proceso. Este abrazo de acoplamiento puede durar de 23 a 45 minutos.

7 cm

Las hembras son más grandes que los machos.

Peso
de 50 a 100 g

RANA COMÚN
Rana perezi

DIETA	Carnívora
REPRODUCCIÓN	Ovípara
ESTACIÓN	Primavera

20 000
HUEVOS PUEDEN LLEGAR A PONER ALGUNOS ANUROS

CICLO DE VIDA

Comprende tres etapas: huevo, larva y adulto. Los embriones empiezan a crecer dentro de los huevos; al cabo de seis o nueve días los huevos eclosionan y aparecen los diminutos renacuajos, de cabeza esférica y con cola larga y branquias. Cuando las branquias ceden su función a los pulmones y la cola ha desaparecido, el anfibio entra en su etapa adulta.

ALMOHADILLA NUPCIAL
La posee el macho para sujetar a la hembra.

Cuatro dedos cilíndricos.

PATA DELANTERA DEL MACHO

PATA DELANTERA DE LA HEMBRA

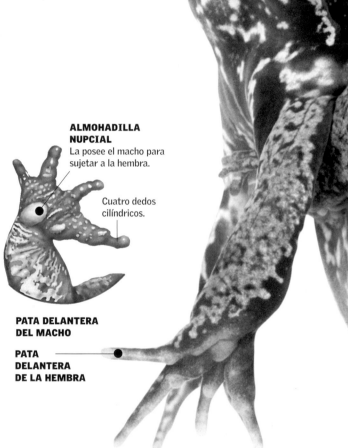

CANTO DEL MACHO
Llamada romántica que realizan los machos para aparearse con las hembras.

HUEVOS EN EL INTERIOR DE LA HEMBRA

Esperma   Oocito

ESPERMA
Gameto masculino

Germen plasmático

OOCITO
Gameto femenino

Adulto sexualmente maduro

Gónada

Cigoto

Mórula

Blástula

Celoblástula

Blastoporo

Ectodermo

Mesodermo

Ectodermo

16 semanas
DURA EL CICLO

Larva inmadura

Nacimiento

Padres responsables

Los machos de ciertas especies de ranas y sapos desempeñan un importante papel en la protección de los huevos que pone la hembra. Los recogen, ayudan a la madre y algunos incluso los cargan hasta que eclosionan.

SAPO PARTERO
Alytes obstetricans

El macho se enrolla la cadena de huevos puestos por la hembra sobre las patas traseras y los lleva un mes, brindándoles humedad. Luego los deja en el agua para que las crías se vayan nadando.

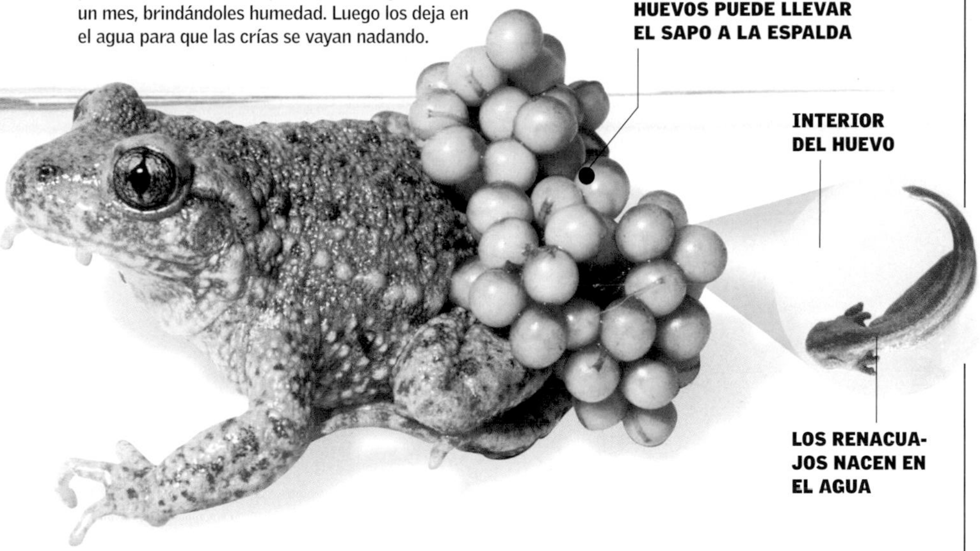

35-60
HUEVOS PUEDE LLEVAR EL SAPO A LA ESPALDA

INTERIOR DEL HUEVO

LOS RENACUAJOS NACEN EN EL AGUA

EL MACHO

Sujeta a la hembra y deposita el esperma.

SAPO DE SURINAM
Pipa pipa

La hembra va dando vueltas y en cada una suelta un huevo. El macho los va colocando en el lomo de la hembra. Ella al final los cubre todos con su piel hinchada para protegerlos hasta su nacimiento.

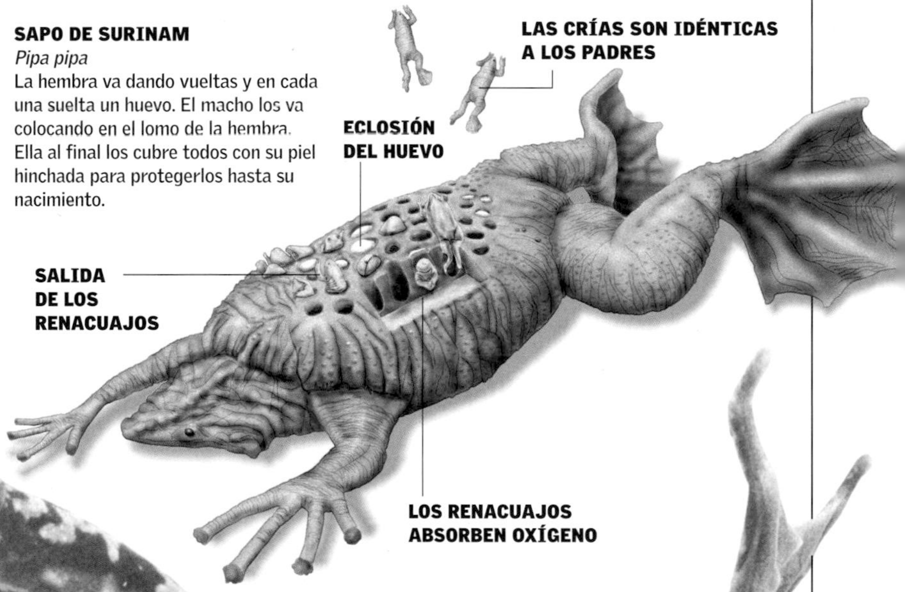

LAS CRÍAS SON IDÉNTICAS A LOS PADRES

ECLOSIÓN DEL HUEVO

SALIDA DE LOS RENACUAJOS

LA HEMBRA

Pone los huevos en cadena.

LOS RENACUAJOS ABSORBEN OXÍGENO

PATAS TRASERAS

Metamorfosis

El proceso de transformación que experimentan los anuros —y que también se observa en urodelos y cecilias— desde el huevo hasta su estado adulto se llama metamorfosis. Los anfibios salen del huevo en una forma larvaria. A partir de ese momento sufren drásticos cambios en su anatomía, dieta y estilo de vida, mutando lentamente desde el primer estadio, completamente acuático, hasta convertirse en animales adaptados a la vida en tierra.

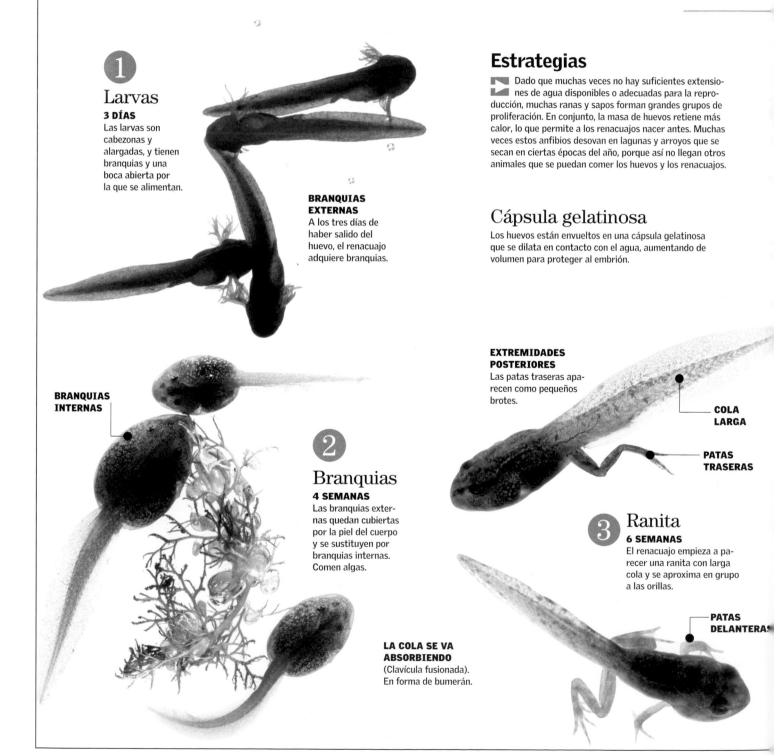

1 Larvas

3 DÍAS
Las larvas son cabezonas y alargadas, y tienen branquias y una boca abierta por la que se alimentan.

BRANQUIAS EXTERNAS
A los tres días de haber salido del huevo, el renacuajo adquiere branquias.

Estrategias

Dado que muchas veces no hay suficientes extensiones de agua disponibles o adecuadas para la reproducción, muchas ranas y sapos forman grandes grupos de proliferación. En conjunto, la masa de huevos retiene más calor, lo que permite a los renacuajos nacer antes. Muchas veces estos anfibios desovan en lagunas y arroyos que se secan en ciertas épocas del año, porque así no llegan otros animales que se puedan comer los huevos y los renacuajos.

Cápsula gelatinosa

Los huevos están envueltos en una cápsula gelatinosa que se dilata en contacto con el agua, aumentando de volumen para proteger al embrión.

BRANQUIAS INTERNAS

EXTREMIDADES POSTERIORES
Las patas traseras aparecen como pequeños brotes.

COLA LARGA

PATAS TRASERAS

2 Branquias

4 SEMANAS
Las branquias externas quedan cubiertas por la piel del cuerpo y se sustituyen por branquias internas. Comen algas.

3 Ranita

6 SEMANAS
El renacuajo empieza a parecer una ranita con larga cola y se aproxima en grupo a las orillas.

LA COLA SE VA ABSORBIENDO
(Clavícula fusionada). En forma de bumerán.

PATAS DELANTERAS

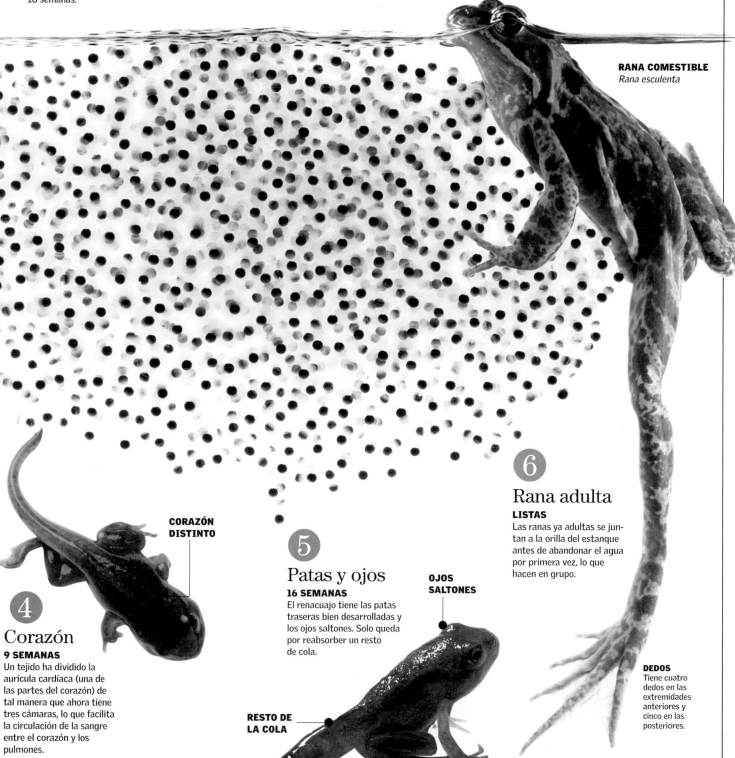

Ciclo
METAMORFOSIS

El desarrollo de esta rana desde el huevo hasta la adultez tarda unas 16 semanas.

Mamá rana y sus huevecitos

Aunque el instinto de conservación de los anuros no está del todo desarrollado, en cierto modo las ranas y sapos sí cuidan de sus futuras crías. Al desovar en grandes cantidades se aseguran de que muchos renacuajos puedan escapar de los predadores que se comen los huevos. Y la cobertura gelatinosa los protege de otros. Algunas especies, como el sapo de Surinam, llegan incluso a ponerse los huevos a la espalda para protegerlos.

RANA COMESTIBLE
Rana esculenta

6

Rana adulta
LISTAS
Las ranas ya adultas se juntan a la orilla del estanque antes de abandonar el agua por primera vez, lo que hacen en grupo.

CORAZÓN DISTINTO

5

Patas y ojos
16 SEMANAS
El renacuajo tiene las patas traseras bien desarrolladas y los ojos saltones. Solo queda por reabsorber un resto de cola.

OJOS SALTONES

4

Corazón
9 SEMANAS
Un tejido ha dividido la aurícula cardíaca (una de las partes del corazón) de tal manera que ahora tiene tres cámaras, lo que facilita la circulación de la sangre entre el corazón y los pulmones.

RESTO DE LA COLA

DEDOS
Tiene cuatro dedos en las extremidades anteriores y cinco en las posteriores.

Una cola muy particular

La salamandra es un urodelo que necesita lugares húmedos para vivir. Es bastante sensible a la modificación de su hábitat natural y tiene una distribución muy restringida. Se diferencia de la rana y el sapo en que, al llegar a la etapa adulta, conserva la cola, que abarca casi la mitad del largo de su cuerpo. Las salamandras son de costumbres nocturnas, especialmente las adultas. Sus movimientos son lentos cuando caminan o reptan por tierra. De día permanecen ocultas bajo piedras, madrigueras de topos y troncos.

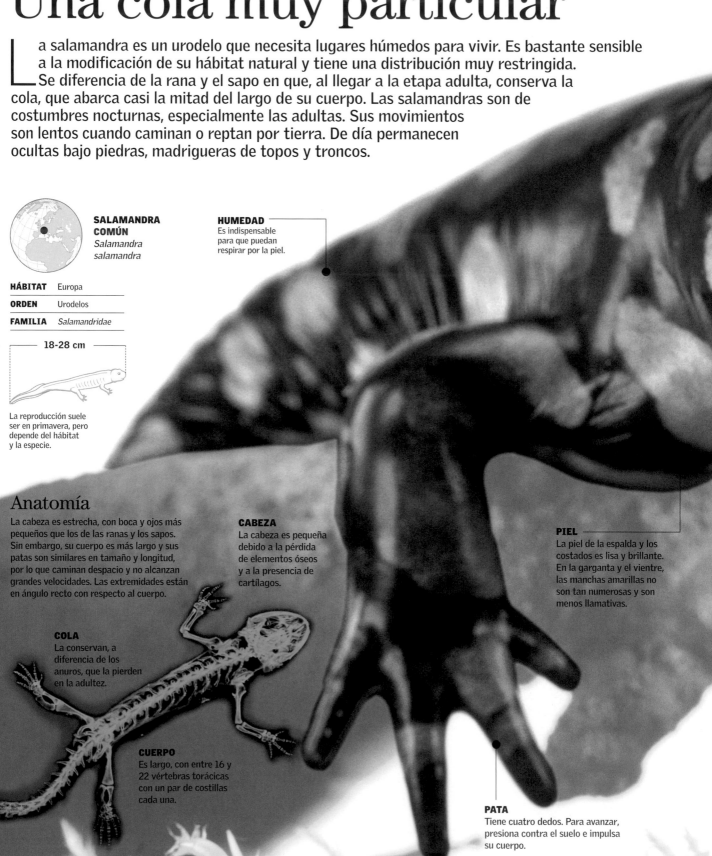

SALAMANDRA COMÚN
Salamandra salamandra

HÁBITAT Europa

ORDEN Urodelos

FAMILIA *Salamandridae*

18-28 cm

La reproducción suele ser en primavera, pero depende del hábitat y la especie.

HUMEDAD
Es indispensable para que puedan respirar por la piel.

Anatomía

La cabeza es estrecha, con boca y ojos más pequeños que los de las ranas y los sapos. Sin embargo, su cuerpo es más largo y sus patas son similares en tamaño y longitud, por lo que caminan despacio y no alcanzan grandes velocidades. Las extremidades están en ángulo recto con respecto al cuerpo.

CABEZA
La cabeza es pequeña debido a la pérdida de elementos óseos y a la presencia de cartílagos.

PIEL
La piel de la espalda y los costados es lisa y brillante. En la garganta y el vientre, las manchas amarillas no son tan numerosas y son menos llamativas.

COLA
La conservan, a diferencia de los anuros, que la pierden en la adultez.

CUERPO
Es largo, con entre 16 y 22 vértebras torácicas con un par de costillas cada una.

PATA
Tiene cuatro dedos. Para avanzar, presiona contra el suelo e impulsa su cuerpo.

OJO
Es grande y saltón, con el iris de color pardo oscuro.

ALMOHADILLA LINGUAL

LOS MÚSCULOS DE LA LENGUA SE RETRACTAN

SECCIÓN EXTERIOR DE LA LENGUA

MÚSCULOS RETRACTORES

Alimentación

Tienen una lengua larga con la que atrapan presas de un latigazo para engullirlas rápidamente. Son animales carnívoros que se guían por la vista y el olfato para cazar. Debido a su escasa actividad, no necesitan comer mucho, y si ingieren más de lo que necesitan lo almacenan como grasa para épocas de escasez.

Ciclo vital

Se divide en tres etapas: huevo, larva y adulto. El tamaño de los huevos varía según la especie. Del huevo sale una larva con branquias externas plumosas. La metamorfosis se extiende hasta la adultez, en que la salamandra pierde las branquias y respira por pulmones.

1 HUEVO
Cuando se rompa saldrá una larva.

Defensa

La salamandra italiana de anteojos tiene dos formas de evitar a sus enemigos: finge estar muerta o enrolla la cola hacia delante. Otras especies se defienden segregando una sustancia tóxica que producen unas glándulas o se desprenden de la cola, que sigue moviéndose para despistar al predador.

SALAMANDRA ITALIANA

2 NACIMIENTO
Nace una larva con branquias externas plumosas.

55 años
PUEDEN VIVIR ALGUNAS ESPECIES.

3 ADULTO
Finalizada la metamorfosis, la salamandra alcanza la madurez sexual.

CAMBIO
El cuerpo se alarga, empieza a respirar a través de la piel y los pulmones.

LARVA
Se inicia la metamorfosis: pierde las branquias y empieza a respirar aire.

SALAMANDRA LANZAI
Su período de gestación es el más largo del reino animal, incluso más largo que el del elefante.

38 meses
DURA SU PERÍODO DE GESTACIÓN

Tritones

Los tritones, junto con las salamandras, son los vertebrados terrestres más primitivos. De los tres principales grupos de anfibios primitivos supervivientes, los tritones son los más parecidos a los antepasados de los que descienden todos los anfibios. Además, algunos de sus hábitos son más complicados y variados. La mayor parte del tiempo viven en tierra, pero vuelven al agua para reproducirse. A diferencia de las ranas y sapos, los tritones, como las salamandras, conservan la cola en su etapa adulta. Se hallan en regiones de clima templado del hemisferio norte.

PATAS DELANTERAS
Las patas delanteras tienen cuatro dedos.

Cortejo y reproducción

El galanteo y apareamiento implica una exhibición compleja del macho y la hembra. El macho tiene que encontrar una hembra de la misma especie y llevarla a un paquete de esperma que él deposita en tierra o en un charco. La fecundación es interna y la hembra recoge el paquete con la cloaca.

1 DANZA
Los machos se sienten atraídos por el vientre henchido de huevos de la hembra y despiertan su interés con su llamativa pigmentación y cresta flexible en el dorso y la cola.

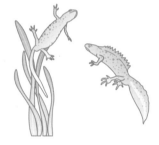

2 EXHIBICIÓN
El macho nada frente a la hembra desplegando su atavío nupcial. Levanta la cresta dentada del lomo y agita la cola mientras arroja secreciones de sus glándulas cloacales.

3 EMPUJE
El macho deposita su paquete de esperma y luego guía a la hembra hacia él empujándola de costado. La hembra lo recoge con la cloaca.

TRITONES

HÁBITAT	Hemisferio norte
CANTIDAD DE ESPECIES	360
ORDEN	Urodelos

Especies de tritones

Los anfibios se dividen en tres grupos que se distinguen por la cola y las patas: los tritones y salamandras tienen cola y pertenecen al orden de los Urodelos. Algunos segregan sustancias tóxicas para defenderse de sus depredadores. Son muy pequeños: el tritón más grande alcanza unos quince centímetros.

TRITÓN ENCRESTADO
Triturus cristatus
Pasan de tres a cinco meses del año en el agua.

4 DESOVE
Producida la fecundación, la hembra busca un sitio para depositar los huevos, ya sea sujetándolos a la vegetación acuática o a las piedras.

HUEVO

TRITÓN AMERICANO DE LUNARES ROJOS
Notophthalmus viridescens
La larva pasa por un estadio juvenil especial llamado «fase roja».

Los machos tienen una cresta a lo largo del dorso, y las hembras solo una raya amarilla.

DEFENSA
Algunos tritones son muy peligrosos: si se sienten atacados, desprenden una sustancia tóxica. El tritón de California, por ejemplo, se puede reconocer por su pigmentación de colores vivos y brillantes que advierte a sus predadores.

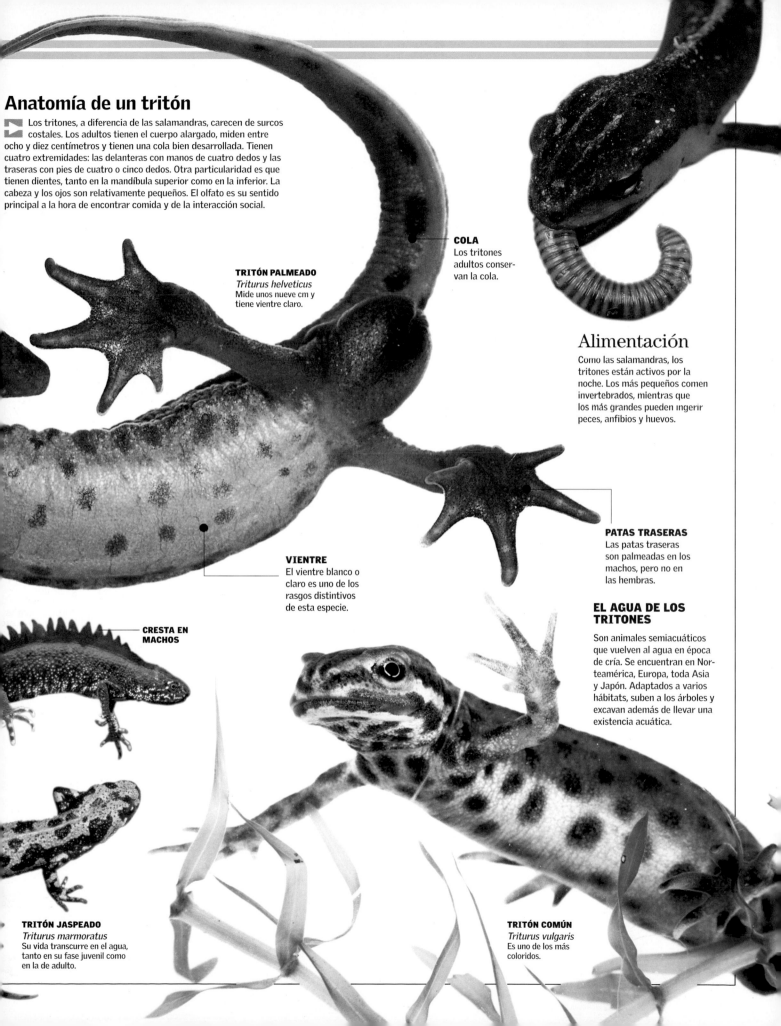

Anatomía de un tritón

Los tritones, a diferencia de las salamandras, carecen de surcos costales. Los adultos tienen el cuerpo alargado, miden entre ocho y diez centímetros y tienen una cola bien desarrollada. Tienen cuatro extremidades: las delanteras con manos de cuatro dedos y las traseras con pies de cuatro o cinco dedos. Otra particularidad es que tienen dientes, tanto en la mandíbula superior como en la inferior. La cabeza y los ojos son relativamente pequeños. El olfato es su sentido principal a la hora de encontrar comida y de la interacción social.

COLA
Los tritones adultos conservan la cola.

TRITÓN PALMEADO
Triturus helveticus
Mide unos nueve cm y tiene vientre claro.

Alimentación

Como las salamandras, los tritones están activos por la noche. Los más pequeños comen invertebrados, mientras que los más grandes pueden ingerir peces, anfibios y huevos.

PATAS TRASERAS
Las patas traseras son palmeadas en los machos, pero no en las hembras.

VIENTRE
El vientre blanco o claro es uno de los rasgos distintivos de esta especie.

EL AGUA DE LOS TRITONES

Son animales semiacuáticos que vuelven al agua en época de cría. Se encuentran en Norteamérica, Europa, toda Asia y Japón. Adaptados a varios hábitats, suben a los árboles y excavan además de llevar una existencia acuática.

CRESTA EN MACHOS

TRITÓN JASPEADO
Triturus marmoratus
Su vida transcurre en el agua, tanto en su fase juvenil como en la de adulto.

TRITÓN COMÚN
Triturus vulgaris
Es uno de los más coloridos.

5 INVERTEBRADOS

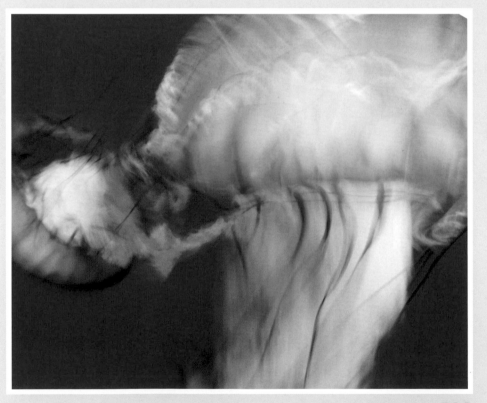

198

214

224

Las formas de vida más simples

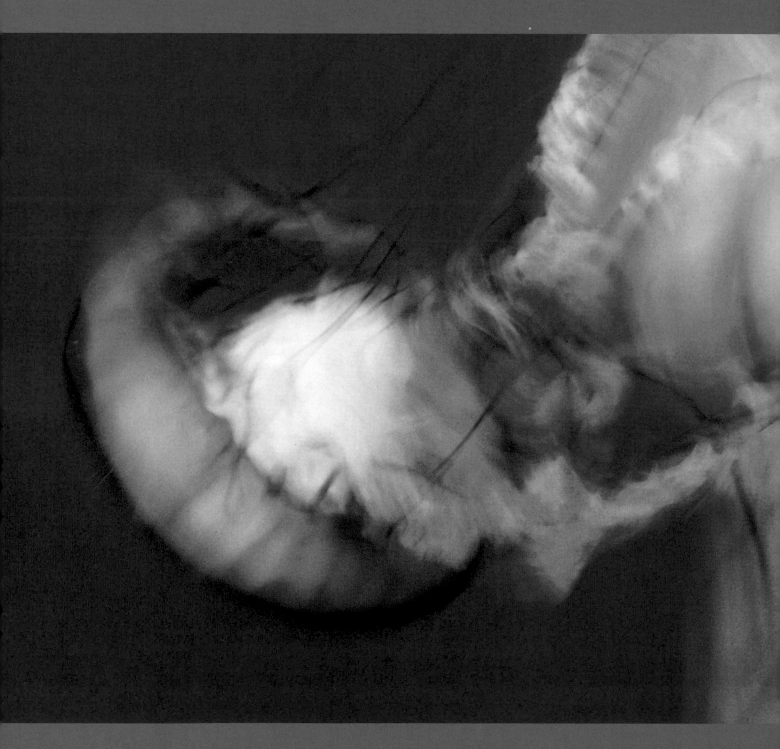

Existen organismos, como las esponjas, las medusas y las anémonas, que, pese a parecer vegetales, pertenecen al reino animal. Se trata de invertebrados sim-ples, muchos de ellos incapaces de desplazarse por sí mismos; algunos no presentan siquiera tejidos o sistemas como el respiratorio o el digestivo. Otras especies más desarrolladas, como

LA SIMPLICIDAD DE LA MEDUSA
De consistencia gelatinosa, es un animal que no tiene aparato respiratorio, digestivo ni excretor, y vaga a la deriva por los mares cálidos.

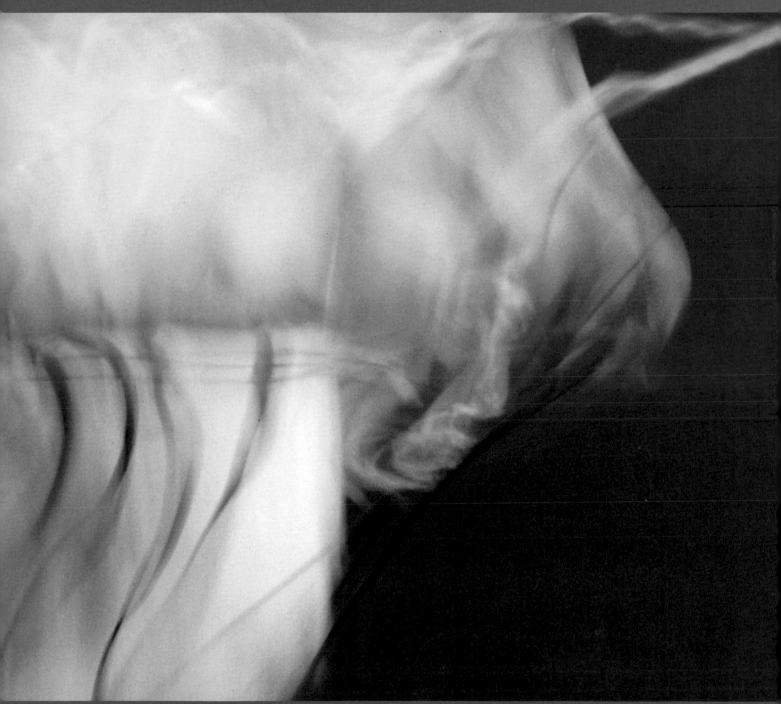

los calamares y los pulpos, no solo se desplazan sino que son hábiles predadoras marinas. Los cefalópodos son los moluscos más evoluciona-dos. En la cabeza tienen unos ojos muy desarro-llados, una boca con dos mandíbulas córneas y tentáculos, por lo general con ventosas para atrapar a sus presas. Unos viven en aguas mari-nas muy profundas y otros cerca de las costas.

Simetría radial

Muchos de los numerosos invertebrados que existen en la Tierra viven en los mares. Algunos, como los pólipos y las medusas, presentan una simetría radial, con el cuerpo estructurado en torno a un eje. Un equinodermo típico, como la estrella de mar, tiene unas patas tubulares flexibles dispuestas radialmente que le sirven para sujetarse y moverse. Las esponjas, por su parte, son animales pluricelulares muy simples, con multitud de pequeños poros por los que se alimentan.

SIMETRÍA RADIAL

Las distintas partes del cuerpo están organizadas alrededor de un eje central, como los radios de una rueda de bicicleta. Una sección divide el cuerpo en dos mitades, una reflejo de la otra.

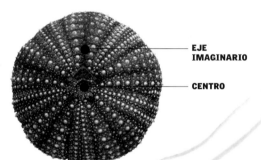

EJE IMAGINARIO

CENTRO

ERIZO ROJO DE MAR
Strongylocentrotus franciscanus

Equinodermos

Este filo incluye los lirios, pepinos, erizos y estrellas de mar. Los equinodermos se caracterizan por poseer un esqueleto interno formado por placas calcificadas y un sistema de locomoción constituido por pies ambulacrales. En la mayoría de las especies de equinodermos el endoesqueleto está formado por diminutas placas calcáreas que se mantienen unidas por los tejidos de la piel y los músculos.

EQUINODERMO
Significa «con el cuerpo lleno de espinas».

CLASES DE EQUINODERMOS

**EQUINOIDEOS
ERIZOS DE MAR**

**ASTEROIDEOS
ESTRELLA DE MAR**

**OFIUROIDEOS
ESTRELLAS DE
LARGOS BRAZOS**

**CRINOIDEOS
LIRIOS DE MAR**

**HOLOTÚRIDOS
PEPINOS DE MAR**

EXISTEN UNAS

7000

ESPECIES VIVAS DE EQUINODERMOS, Y SE EXTINGUIERON 13 000

Cnidarios

Los cnidarios son un grupo de animales acuáticos que incluye las medusas, las hidras, las anémonas de mar y los corales. Sus células están organizadas en tejidos verdaderos. Poseen células especializadas en el ataque y la defensa llamadas cnidocitos. Existen dos tipos básicos de cnidarios: los pólipos y las medusas.

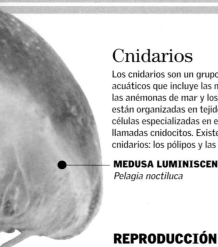

MEDUSA LUMINISCENTE
Pelagia noctiluca

CLASIFICACIÓN

HIDROZOOS: PÓLIPO ASEXUAL

ANTOZOOS: ANÉMONAS Y CORALES

ESCIFOZOOS: MEDUSAS

Mesoglea
Cavidad gastrovascular
Boca
Gastrodermis
Epidermis

CÉLULA URTICANTE
Para su defensa

1 INTACTA
Cnidocisto
Núcleo
Opérculo
Cnidocilio

2 EN DESCARGA
Tubo enrollado
Púa

3 DESCARGADA
Tubo urticante desplegado

REPRODUCCIÓN

6 MEDUSA
El cuerpo del pólipo crece y se empieza a formar la medusa.

Medusa joven

Medusa adulta

5 PÓLIPO
La plánula se establece en el fondo, donde se adhiere a alguna superficie. Allí desarrolla una boca y tentáculos y se transforma en pólipo.

Hábitat más común

COSTAS DE ESTADOS UNIDOS

1 GAMETAS
Los espermatozoides y los óvulos los producen las medusas adultas durante la meiosis y después los liberan.

2 FECUNDACIÓN
La fecundación tiene lugar en las aguas de alrededor de la medusa y el resultado es un cigoto.

3 BLÁSTULA
Tras sucesivas divisiones celulares, el cigoto se convierte en blástula, una esfera hueca de células.

EXISTEN UNAS
9000
ESPECIES DE CELENTERADOS (CNIDARIOS).

4 PLÁNULA
La blástula se alarga y se convierte en una larva ciliada llamada plánula.

Poríferos

Son animales acuáticos sésiles. La mayoría viven en el fondo del mar, aunque también hay alguno de agua dulce. Son los animales más simples: carecen de órganos o tejidos verdaderos y sus células muestran cierto grado de independencia. Básicamente son cuerpos filtradores de agua formados por una o más cavidades. En la mayor parte de los casos no tienen una forma definida, aunque algunos presentan simetría radial.

EXISTEN UNAS
5000
ESPECIES DE PORÍFEROS (150 DE AGUA DULCE Y EL RESTO MARINAS)

SALIDA DEL AGUA

Ósculo

Célula epitelial

Espícula

POR LOS POROCITOS ENTRA AGUA CON PARTÍCULAS DE ALIMENTO

TIPOS DE PROTÍFEROS SEGÚN LA ORGANIZACIÓN

→ Recorrido del agua

Núcleo

Flagelo

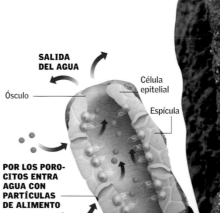

ASCON

SICON

LEUCON

Carnaval en el mar

Corales y anémonas conforman, junto con las medusas, el filo de los cnidarios. Tienen en común sus vistosos colores, unos tentáculos que segregan sustancias urticantes y un aparato digestivo con entrada y salida común, el más sencillo del reino animal. Todos son organismos bastante simples. En general, los corales forman colonias constituidas por enormes conjuntos de pequeños pólipos sin apenas desplazamiento y se alimentan de microorganismos que las corrientes de agua les acercan. Las anémonas, por el contrario, son solitarias y pueden atrapar presas pese a su limitada locomoción.

PÓLIPO DE CORAL

Arrecifes de corales

Los corales son pequeños pólipos con tentáculos que a lo largo de su vida generan en su base un exoesqueleto calcáreo que forma masas o ramificaciones. La mayor parte crecen formando colonias; los esqueletos forman enormes masas calcáreas llamadas arrecifes. Viven sobre todo en aguas someras de mares cálidos. Su reproducción puede ser sexual o asexual, por división o por gemación. Se alimentan de plancton.

CORALES DUROS

Crecen por encima del sustrato calizo.

CORALES BLANDOS

Se ramifican y su esqueleto no es calizo, sino córneo y flexible.

PAREDES DE CORAL

Aunque algunos viven solos, la mayoría forman colonias que pueden crecer hacia arriba hasta un metro por año.

30 m

ES LA PROFUNDIDAD TÍPICA A LA QUE CRECE EL CORAL

TENTÁCULOS
Tienen células urticantes.

BOCA
Por aquí ingiere el alimento y expulsa los desechos.

ESQUELETO DURO
Es una masa que se va conformando por acumulación de pólipos muertos.

TEJIDO VIVO

TEJIDO CONECTOR
Conecta un pólipo con otro.

CAVIDAD GÁSTRICA
En los hidropólipos está dividida en varias cavidades.

CARBONATO DE CALCIO

ANÉMONA DE MAR
Cualquier sección vertical que pase por el centro la divide en dos partes iguales.

Bellas pero letales

Bonitas por sus formas y colores, que varían incluso dentro de la misma especie, y peligrosas por su veneno urticante, que aplican tanto a presas como a depredadores, las anémonas habitan casi todas las latitudes marinas, y a diferentes profundidades. Las tropicales pueden medir hasta un metro. Poseen un disco basal que permite a algunas especies adherirse a las rocas, a otras reptar, y a otras perforar el suelo. Con los abundantes tentáculos que rodean su boca atrapan presas vivas, incluso peces.

9000

SON LAS ESPECIES DE CNIDARIOS QUE HAY EN EL MUNDO

ADAPTACIÓN DE LA FORMA

Para que no la arrastre la corriente, ante un flujo de agua la anémona se retrae.

Flujo de agua

Tentáculos

Columna

Base

CONTRACCIÓN
La anémona reduce su tamaño.

DISTENSIÓN
Por acción del músculo retractor.

EXTENSIÓN
Si las aguas están tranquilas.

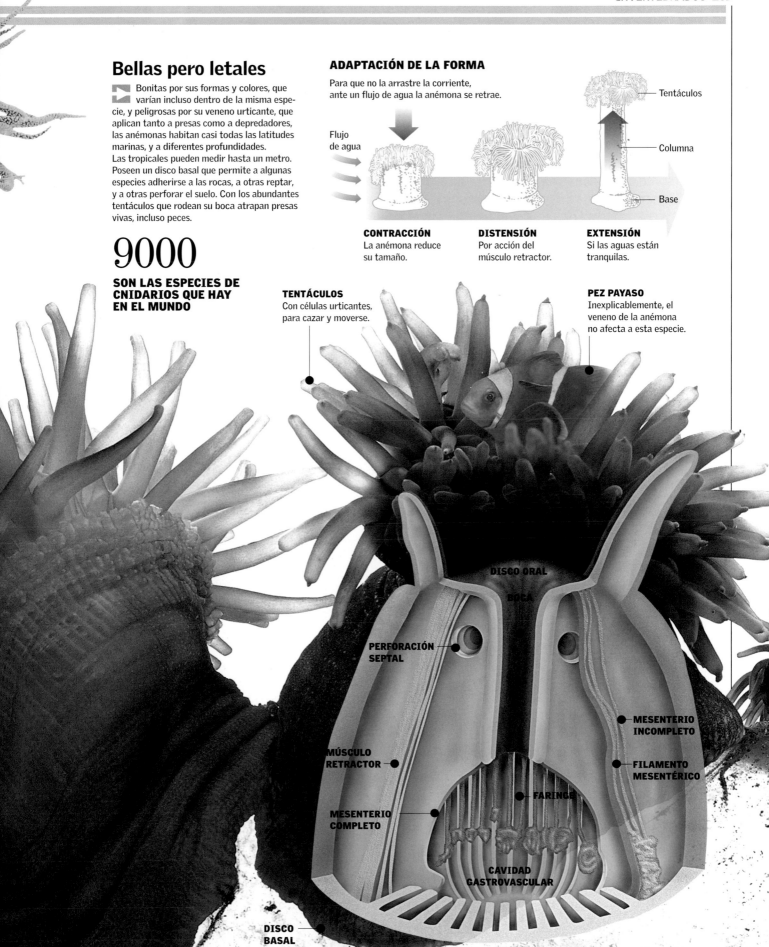

TENTÁCULOS
Con células urticantes, para cazar y moverse.

PEZ PAYASO
Inexplicablemente, el veneno de la anémona no afecta a esta especie.

DISCO ORAL

BOCA

PERFORACIÓN SEPTAL

MÚSCULO RETRACTOR

MESENTERIO COMPLETO

FARINGE

MESENTERIO INCOMPLETO

FILAMENTO MESENTÉRICO

CAVIDAD GASTROVASCULAR

DISCO BASAL

Acuáticos

Los equinodermos (filo Echinodermata) son unos de los grupos mejor conocidos de invertebrados marinos. Los erizos y las estrellas de mar, a pesar de sus aparentes diferencias, forman parte de un mismo grupo entre cuyas características está la de la simetría pentarradial. Poseen un sistema vascular acuífero con numerosos pies ambulacrales que sirven para la locomoción, la captura de presas y la respiración; además, tienen unas placas calcificadas que con forman un esqueleto interno. No tienen cerebro ni ojos, y notan los movimientos mediante fotorreceptores.

Pies ambulacrales

Son cilindros huecos de paredes gruesas que se enderezan y mueven al inyectar agua en ciertas vesículas de las que están provistas las estrellas de mar. Terminan en ventosas, mediante las cuales el animal se adhiere a los objetos: así puede avanzar a una velocidad sorprendente. Estos pies sensibles se encogen si se tocan con brusquedad, escondiéndose tras una orla de espinas rígidas que los protege del peligro.

570 millones de años

ES LA ANTIGÜEDAD DE LOS EQUINODERMOS

ESTÓMAGO

ESÓFAGO

BOCA
Rodea el alimento y lo impregna de jugos estomacales.

PIEL
Por debajo está cubierta de espinas.

AMPOLLA
Se llena de agua, se hincha y se pega a la superficie.

CANAL RADIAL
El agua pasa y circula hasta las ampollas.

Succión

La ampolla se contrae y genera presión en el pie ambulacral. Los músculos del pie se tensionan y obligan al agua a volver a la ampolla, originando la succión del pie al sustrato.

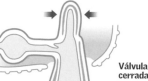

Ventosa

Válvula cerrada

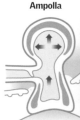

Ampolla

Sustrato

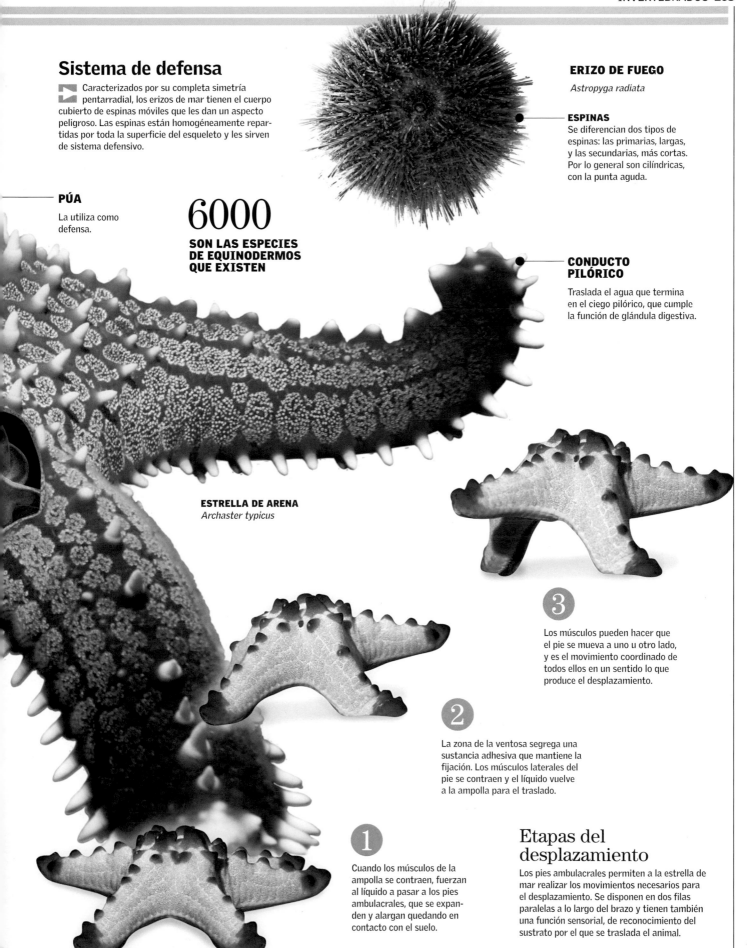

Sistema de defensa

Caracterizados por su completa simetría pentarradial, los erizos de mar tienen el cuerpo cubierto de espinas móviles que les dan un aspecto peligroso. Las espinas están homogéneamente repartidas por toda la superficie del esqueleto y les sirven de sistema defensivo.

ERIZO DE FUEGO
Astropyga radiata

ESPINAS
Se diferencian dos tipos de espinas: las primarias, largas, y las secundarias, más cortas. Por lo general son cilíndricas, con la punta aguda.

PÚA
La utiliza como defensa.

6000
SON LAS ESPECIES DE EQUINODERMOS QUE EXISTEN

CONDUCTO PILÓRICO
Traslada el agua que termina en el ciego pilórico, que cumple la función de glándula digestiva.

ESTRELLA DE ARENA
Archaster typicus

3 Los músculos pueden hacer que el pie se mueva a uno u otro lado, y es el movimiento coordinado de todos ellos en un sentido lo que produce el desplazamiento.

2 La zona de la ventosa segrega una sustancia adhesiva que mantiene la fijación. Los músculos laterales del pie se contraen y el líquido vuelve a la ampolla para el traslado.

1 Cuando los músculos de la ampolla se contraen, fuerzan al líquido a pasar a los pies ambulacrales, que se expanden y alargan quedando en contacto con el suelo.

Etapas del desplazamiento

Los pies ambulacrales permiten a la estrella de mar realizar los movimientos necesarios para el desplazamiento. Se disponen en dos filas paralelas a lo largo del brazo y tienen también una función sensorial, de reconocimiento del sustrato por el que se traslada el animal.

Sin patas

Los gusanos son invertebrados de cuerpo blando, largo y sin patas. Se clasifican en tres filos. Los gusanos planos son los más simples y la mayoría son parásitos, aunque algunos viven con autonomía. Los nematodos tienen el cuerpo cilíndrico, con una superficie externa dura. Los gusanos segmentados son los más complejos; comprenden las sanguijuelas, las lombrices de tierra y los gusanos marinos. Muchas especies afectan a plantas, animales y humanos.

Clases de gusanos

Cuerpo plano

Cuerpo redondo

GUSANO
Nematoda Enoplida

Cuerpo segmentado

PLATELMINTOS

NEMATODOS

ANÉLIDOS

Desplazamiento por luz

Los gusanos planos tienen en el extremo frontal de su cuerpo unos ocelos u ojos sensibles a la luz. Ante una exposición excesiva, se retiran y paralizan.

EPIDERMIS

PROBÓSCIDE
Parcialmente invaginada.

GANCHOS
Sujetan al gusano en el sitio.

Aparato digestivo

En los anélidos es rectilíneo y se extiende entre la abertura oral y la anal. Comprende la boca, la faringe muscular, el esófago, el buche, la molleja y el intestino.

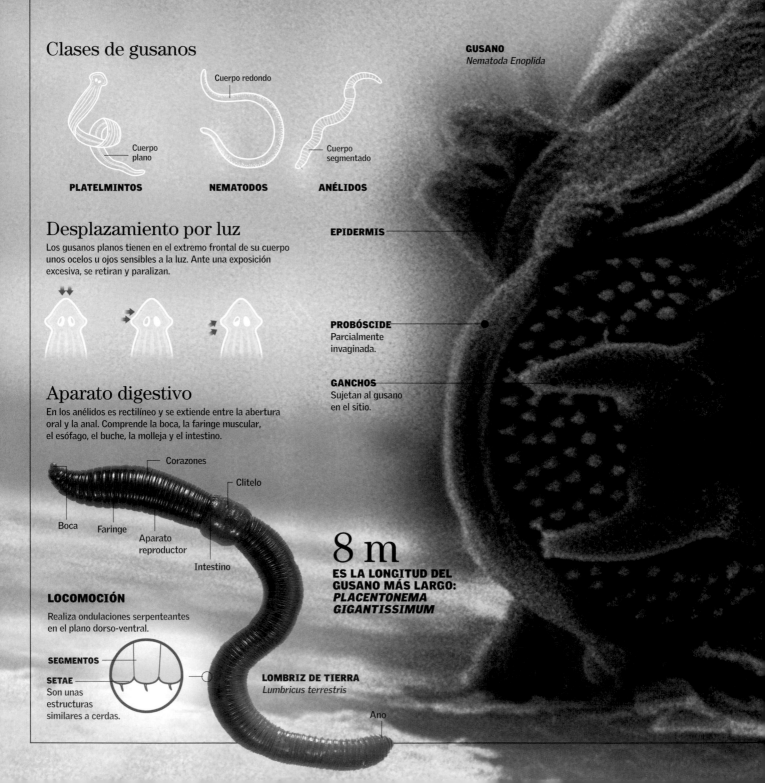

Corazones

Clitelo

Boca

Faringe

Aparato reproductor

Intestino

8 m
ES LA LONGITUD DEL GUSANO MÁS LARGO:
PLACENTONEMA GIGANTISSIMUM

LOCOMOCIÓN

Realiza ondulaciones serpenteantes en el plano dorso-ventral.

SEGMENTOS

SETAE
Son unas estructuras similares a cerdas.

LOMBRIZ DE TIERRA
Lumbricus terrestris

Ano

Tejidos

Se forman por capas y se basan en la presencia de cavidades internas. Este anélido tiene tres capas y una cavidad, el celoma, que transporta fluidos por el cuerpo como un esqueleto hidráulico.

ALIMENTO
Bacterias y desechos orgánicos.

ECTODERMO
CELOMA
MESODERMO
ENDODERMO

CAVIDAD DIGESTIVA

100 000

ES EL NÚMERO APROXIMADO DE ESPECIES DE GUSANOS CONOCIDAS

CUELLO
Se retrae y queda oculto.

TEJIDO
Fibroso y elástico.

LEMNISCOS DEPÓSITO DE ALIMENTOS

Reproducción

Los gusanos planos y los anélidos suelen ser hermafroditas, mientras que los nematodos habitualmente tienen sexos separados. En algunos casos puede haber fragmentación, de la que se originarán dos individuos.

ESPINAS
Pinchan la pared del huésped.

Sin articulaciones

Blando, sumamente flexible y sin articulaciones, pero con una concha grande y muy dura: así es el cuerpo de la mayoría de los moluscos. Casi todos son marinos, pero también habitan lagunas y ambientes terrestres. Todos los moluscos modernos presentan simetría bilateral, un cefalopié con los órganos sensoriales y locomotores, una masa visceral y un manto que la recubre y segrega la concha. Además, los moluscos tienen una estructura bucal muy particular llamada rádula.

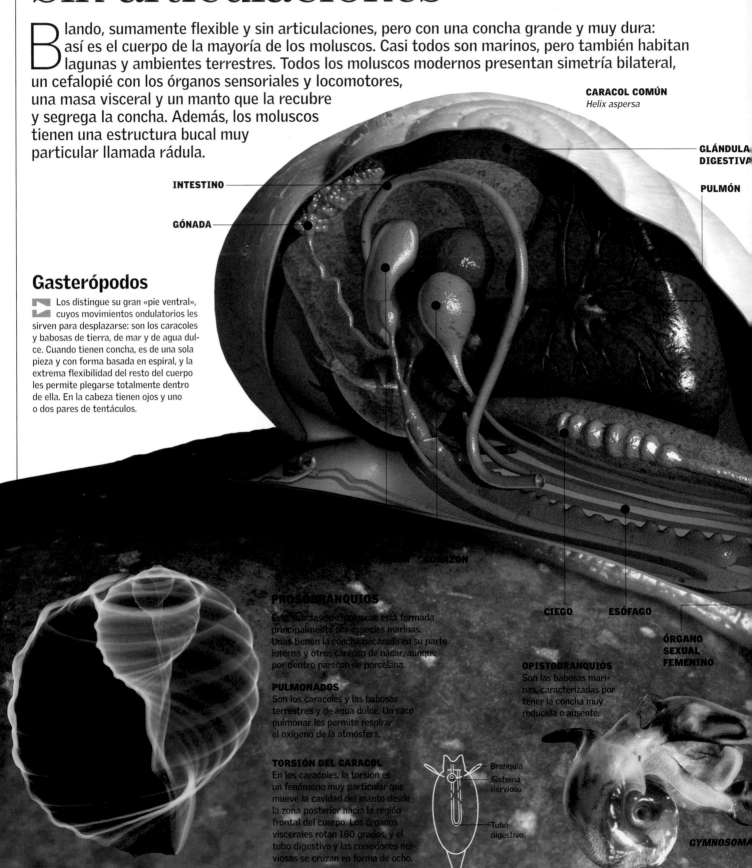

CARACOL COMÚN
Helix aspersa

GLÁNDULA DIGESTIVA

PULMÓN

INTESTINO

GÓNADA

Gasterópodos

Los distingue su gran «pie ventral», cuyos movimientos ondulatorios les sirven para desplazarse: son los caracoles y babosas de tierra, de mar y de agua dulce. Cuando tienen concha, es de una sola pieza y con forma basada en espiral, y la extrema flexibilidad del resto del cuerpo les permite plegarse totalmente dentro de ella. En la cabeza tienen ojos y uno o dos pares de tentáculos.

RIÑÓN   CORAZÓN

CIEGO   ESÓFAGO

ÓRGANO SEXUAL FEMENINO

PROSOBRANQUIOS

Esta subclase de moluscos está formada principalmente por especies marinas. Unas tienen la concha nacarada en su parte interna y otros carecen de nácar, aunque por dentro parecen de porcelana.

PULMONADOS

Son los caracoles y las babosas terrestres y de agua dulce. Un saco pulmonar les permite respirar el oxígeno de la atmósfera.

OPISTOBRANQUIOS

Son las babosas marinas, caracterizadas por tener la concha muy reducida o ausente.

TORSIÓN DEL CARACOL

En los caracoles, la torsión es un fenómeno muy particular que mueve la cavidad del manto desde la zona posterior hacia la región frontal del cuerpo. Los órganos viscerales rotan 180 grados, y el tubo digestivo y las conexiones nerviosas se cruzan en forma de ocho.

Branquia
Sistema nervioso

Tubo digestivo

GYMNOSOMA

Bivalvos

Son todos los moluscos cuya concha está dividida en dos valvas, articuladas gracias a un ligamento elástico que las abre, a los músculos aductores, que las cierran, y a la charnela, un sistema de dientes que permite el juego. Casi todos se alimentan de microorganismos. A veces se entierran en la arena mojada, excavando pequeñas galerías por donde entra el agua que los provee de alimento. Miden desde pocos milímetros hasta más de un metro.

VIEIRA
Pecten jacobaeus

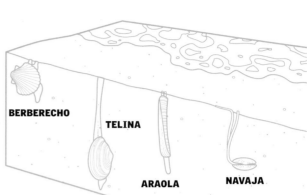

BERBERECHO

TELINA

ARAOLA

NAVAJA

LAMELIBRANQUIOS

Son la gran mayoría de los bivalvos. Respiran y se alimentan mediante branquias. No tienen cabeza, ojos ni extremidades diferenciados. Pueden alcanzar los 13 cm de ancho y descansan en el fondo del mar.

MEJILLÓN
Perna viridis

PROTOBRANQUIOS

Clase que incluye bivalvos que tienen dividida la parte inferior del pie, llamada suela, y que usan las branquias solo para respirar. Pertenecen a esta subclase unos pequeños bivalvos de 13 mm de ancho llamados núculas *(Nucula nitidosa)*.

Bajo la arena

En la arena viven enterrados muchos moluscos para ocultarse de sus depredadores y resguardarse del efecto de las olas, el viento y los cambios bruscos de temperatura.

100 000

SON LAS ESPECIES EXISTENTES DE MOLUSCOS, Y OTRAS TANTAS LAS EXTINGUIDAS

Cefalópodos

Las sepias, pulpos, calamares y nautilos se llaman cefalópodos porque las extremidades, los tentáculos, les salen de la cabeza. Son predadores adaptados a la vida marina y poseen un sistema nervioso, sensorial y locomotor bastante complejo. Los tentáculos parten de alrededor de la boca, equipada con una rádula y un fuerte pico. Miden desde un centímetro hasta varios metros.

RÁDULA

NAUTILO
Nautilus sp.

COLEOIDEOS

Tienen una concha interna reducida, incluso ausente, y solo dos branquias. A este grupo pertenecen todos los cefalópodos actuales excepto el nautilo. Entre ellos están los pulpos, las sepias y los calamares.

officinalis

NAUTILOIDEOS

Poblaron los mares del Paleozoico y el Mesozoico, pero solo sobrevive un género, el de los nautilos. Tienen concha externa, cuatro branquias y diez tentáculos. Su concha es calcárea, enrollada en espiral, y se divide en cámaras.

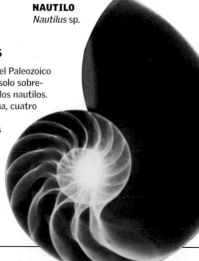

Valor añadido

Ciertos bivalvos se buscan y cultivan por sus perlas. Se dice que las perlas son las reinas de las gemas, porque desde hace más de 4000 años se han utilizado como símbolos en muchas culturas ancestrales. Lo que al final adquiere un alto precio empieza en realidad como una molestia para el animal, ya sea una ostra, una almeja o un mejillón. Las ostras producen las perlas más preciadas, con un delicado brillo.

Formación de la perla

A veces, un grano de arena o un parásito acaba alojado por accidente en el cuerpo de una ostra y no puede salir. En un esfuerzo por aliviar la molestia que le produce, la ostra inicia una acción defensiva segregando una sustancia cristalina, lisa y dura llamada nácar. En las ostras de cultivo se introduce la partícula.

CONCHA
Formada por dos piezas, las valvas.

INTERIOR DE LA CONCHA
Tentáculos sensoriales que permiten a la ostra distinguir la luz y la oscuridad.

1

INCUBACIÓN

El cultivo de madreperlas se inició en Japón y consiste en introducir en el cuerpo del animal vivo pequeñas partículas esféricas que se obtienen de la concha de un bivalvo de agua dulce. La glándula hepática de la madreperla secreta sustancias nacaradas que recubren el objeto y se inicia la formación de la perla.

A INTRODUCCIÓN DE UN CUERPO EXTRAÑO

GRANO DE ARENA

B La ostra segrega nácar para envolverlo.

LENGUA

GLÁNDULA DIGESTIVA
Las células absorben partículas alimenticias y las digieren.

2

CRECIMIENTO DE LA PERLA

Se van depositando nuevas capas uniformes y el cultivador espera hasta obtener el diámetro y la calidad requeridos. Durante el proceso el hombre solo interviene asegurando a las ostras de sus granjas la temperatura, las corrientes y la higiene adecuadas para favorecer el desarrollo de las perlas.

De 3 a 8 años

ES EL TIEMPO QUE TARDA EN DESARROLLARSE LA PERLA

CAPA ORGÁNICA

CRISTAL DE ARAGONITA

CAPAS DE NÁCAR DE LA PERLA

CAPAS DE NÁCAR DE LA CONCHA

OSTRAS

SE ATAN CON CORDELES

COLGADO DE LAS OSTRAS

Las ostras se cuelgan de balsas de bambú en zonas donde abunda el plancton.

3

COSECHA

A día de hoy las perlas de cultivo representan el 95 % de las que se comercializan. Cada año se producen alrededor de 500 millones de perlas. Sin embargo, este negocio es exigente y difícil por las características de las madreperlas: de cada cien que se cultivan solo se cosechan treinta.

Clases de perlas

Pueden ser redondas o alargadas como granos de arroz.

PERLA NATURAL

PERLAS DE CULTIVO

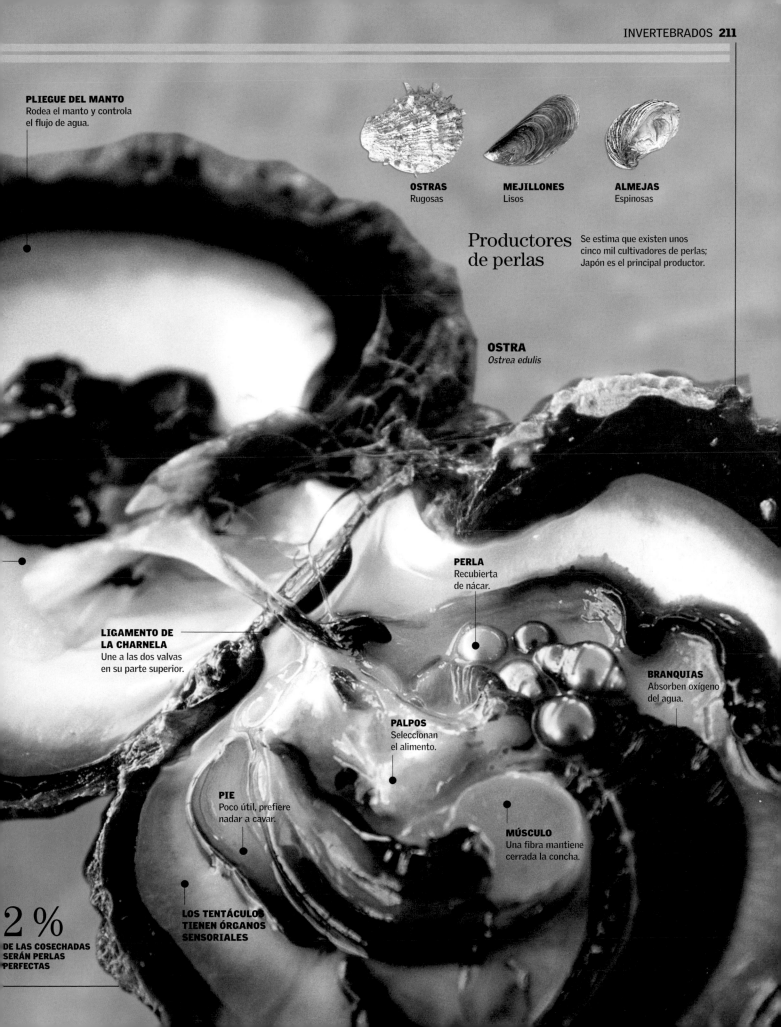

PLIEGUE DEL MANTO
Rodea el manto y controla
el flujo de agua.

OSTRAS
Rugosas

MEJILLONES
Lisos

ALMEJAS
Espinosas

Productores de perlas

Se estima que existen unos
cinco mil cultivadores de perlas;
Japón es el principal productor.

OSTRA
Ostrea edulis

PERLA
Recubierta
de nácar.

**LIGAMENTO DE
LA CHARNELA**
Une a las dos valvas
en su parte superior.

BRANQUIAS
Absorben oxígeno
del agua.

PALPOS
Seleccionan
el alimento.

PIE
Poco útil, prefiere
nadar a cavar.

MÚSCULO
Una fibra mantiene
cerrada la concha.

**LOS TENTÁCULOS
TIENEN ÓRGANOS
SENSORIALES**

2 %
**DE LAS COSECHADAS
SERÁN PERLAS
PERFECTAS**

Tentáculos poderosos

El pulpo, de ocho tentáculos, es uno de los pocos cefalópodos grandes de mar que se puede encontrar en aguas profundas, aunque por lo general prefiere los fondos rocosos o arenosos de aguas someras cercanas a la desembocadura de algún río. Se desplazan lentamente, a veces con pequeños avances bruscos, pero pueden alcanzar grandes velocidades al cazar o huir. Algunos tienen el cerebro muy evolucionado y son muy inteligentes.

Maestros del color

Imitar el color del lecho marino es para el pulpo una estrategia de camuflaje ante sus presas. Otra de sus tácticas, en aguas más profundas, es volverse luminiscente para atraerlas. Pero cuando el cambio de color va acompañado de una especie de danza el objetivo es seducir al sexo opuesto.

CABEZA
Se comprime y expande al ritmo de la respiración y los movimientos. Aloja el cerebro, pero sin darle una protección rígida.

OJOS
Están situados en la cabeza. La vista del pulpo está excepcionalmente desarrollada.

PIEL
Es una membrana sumamente elástica que lo recubre por completo.

Ataque

Para atacar, el pulpo enfoca el sifón en sentido opuesto al avance. El pulpo común *(Octopus vulgaris),* especie que puede llegar a medir un metro de largo y que habita el Mediterráneo y el Atlántico Norte, recorre el fondo rocoso, preferiblemente de noche. Cuando sorprende a una presa, la atrapa con gran destreza con sus tentáculos y sus mandíbulas, que son giratorias.

1 Los músculos del sifón actúan como en el mecanismo de huida, pero en lugar de dirigirlo hacia delante, lo hacen hacia atrás y así el pulpo avanza hacia su presa.

2 Los tentáculos se abren y se cierran con el avance.

3 En el radio de la base de los tentáculos, envuelve a la presa.

Grandes predadores

Los pulpos (al igual que otros grandes cefalópodos, como nautilos, sepias o calamares) son carnívoros y se alimentan tanto de peces como de otros invertebrados: moluscos y crustáceos, especialmente cangrejos. Junto con su saliva segregan un veneno con el que acaban de matar a sus presas antes de tragárselas.

Huida veloz

La entrada y salida de agua por el sifón está regulada por la contracción y relajación alternativa de unos músculos anulares y longitudinales. Regulando la fuerza de expulsión, el pulpo alcanza una buena velocidad de huida. Mediante una especie de método de propulsión a chorro, se desplaza con la cabeza por delante y los tentáculos extendidos.

Cuando los músculos anulares se relajan y los longitudinales se contraen, entra agua.

Cuando los músculos anulares se contraen, expelen un chorro de agua que impulsa al pulpo hacia atrás.

DEFENSA CON TINTA
Ante una situación de peligro, el pulpo contrae una glándula que tiene situada cerca del ano y lanza un fluido que deja una nube negra en el agua.

6 km/h
ES LA VELOCIDAD MÁXIMA QUE PUEDE ALCANZAR UN PULPO AL HUIR. ES COMPARABLE A LA DE UN HOMBRE QUE ANDA A PASO ACELERADO

1 RESPIRACIÓN

Cabeza

H_2O

2 PROPULSIÓN

Sifón

Branquia

El sifón

El sifón o embudo es la salida de la cavidad respiratoria del pulpo, y además fundamental en su motricidad. Las branquias, en el interior del manto, absorben oxígeno del agua. Cuando la cavidad se llena, lo intercambian por dióxido de carbono, y luego la cavidad se vuelve a vaciar.

TENTÁCULOS
Ocho y de la misma longitud. En el macho, uno funciona como órgano genital.

MÚSCULOS
Potentes y versátiles, y de movimientos voluntarios, le permiten gestionar todo el peso de su cuerpo.

VENTOSAS
Dispuestas en dos filas en las caras inferiores. Con ellas se aferra a las rocas y sujeta a sus presas.

Capacidad de agarre

Con frecuencia los pulpos se arrastran entre las rocas. Allí, mediante el sistema de ventosas con que cuentan sus tentáculos, se adhieren al sustrato marino o simplemente se apoyan. Adhiriéndose con los tentáculos alternativamente de atrás adelante, van avanzando en esa dirección.

1 MÚSCULO RELAJADO

Anillo quitinoso

SUCCIÓN

2 MÚSCULO CONTRAÍDO

Crustáceos y arácnidos

A rañas, escorpiones, garrapatas y ácaros pertenecen a una misma clase de artrópodos, la de los arácnidos, y están cubiertos de pelos sensoriales tan diminutos que no se ven a simple vista. En la mitología griega Aracne era una mujer que desafió a la diosa Atenea a tejer más rápido que ella. La diosa se enfureció y la convirtió en una araña, condenándola a pasarse

ARÁCNIDO VISTOSO
Algunas especies de la familia Trombi-
diidae llaman la atención por el aspecto
aterciopelado de sus pelos y sus brillantes
colores rojos.

la vida tejiendo. De ahí procede el nombre de estos animales. En cuanto a los crustáceos, son especies bien conocidas, como las gambas, las langostas y los cangrejos. En este capítulo encontrarás detalles de anatomía, diferencias y similitudes entre unos y otros, y datos acerca de cómo viven que te sorprenderán. Algunas especies respiran por branquias y también a través de la piel.

Armadura vistosa

Aunque habitan todos los ambientes, los crustáceos se identifican sobre todo con el medio acuático. Es allí donde se transformaron en los artrópodos con mayor éxito evolutivo. Su cuerpo se divide en tres partes: el cefalotórax, con antenas y fuertes mandíbulas; el abdomen o pleon; y la parte posterior, el telson. Algunos crustáceos son muy pequeños: las pulgas de agua, por ejemplo, no miden más de un cuarto de milímetro. El cangrejo gigante japonés, en cambio, con las patas extendidas mide más de tres metros. Se diferencian de los artrópodos mandibulados terrestres, como los insectos, por poseer patas en el abdomen además de en el tórax, y por tener dos pares de antenas.

BICHO BOLITA

(Armadillidium vulgare)

Del orden de los Isópodos, es uno de los pocos crustáceos terrestres y probablemente el que mejor se ha adaptado a la vida fuera del agua. Cuando se siente amenazado, se enrolla sobre sí mismo, dejando expuesto solo su exoesqueleto. Aunque puede reproducirse y desarrollarse lejos del agua, respira por branquias, que tiene alojadas en sus apéndices abdominales; por eso debe mantener en ellos cierto nivel de humedad. Así suele buscar ambientes oscuros y húmedos, por ejemplo, debajo de piedras, hojarasca y troncos de árboles caídos.

Animal
desplegado

EXOESQUELETO
Dividido en partes
independientes.

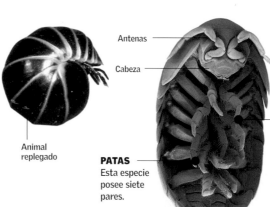

Antenas

Cabeza

Animal
replegado

PATAS
Esta especie
posee siete
pares.

SEGMENTOS
Los de atrás son
más pequeños y al
plegarse lo encie-
rran por completo.

Ano

Malacostráceos

Es el nombre de la clase de crustáceos que agrupa a los cangrejos con las langostas de mar, las quisquillas, los bichos bolita y las pulgas de mar. El término proviene del griego y significa «de concha blanda». Los cangrejos de mar y de río son decápodos: tienen diez patas, un par de ellas modificadas en forma de pinzas. Son omnívoros y se han adaptado a una gran cantidad de ambientes. La cantidad de segmentos de su exoesqueleto puede variar desde 16 como mínimo hasta más de 60.

APÉNDICES
Consisten en una región
basal de la que salen dos
ramas segmentadas, una
interna (endopodito) y
otra externa (exopodito).

20 kg

**PUEDE PESAR EL CANGREJO
GIGANTE JAPONÉS**

**PERCEBES SIN
EL CAPARAZÓN**

COLONIA DE PERCEBES

Unidos para siempre

Al nacer, los percebes *(Pollicipes cornu-copia)* son larvas microscópicas que se desplazan en el mar hasta llegar a una roca costera. Luego se adhieren a ella mediante un pedúnculo, que desarrollan por modificación de sus antenas, y van formando un caparazón. Una vez instalados, se quedan toda su vida y van absorbiendo comida del agua. Son comestibles.

SECCIÓN DE UN PERCEBE

**PATAS SEG-
MENTADAS**

BOCA

**ZONA
BLANDA**

CAPARAZÓN

**PATAS
EXTENDIDAS
PARA
ATRAPAR EL
ALIMENTO**

CAPARAZÓN

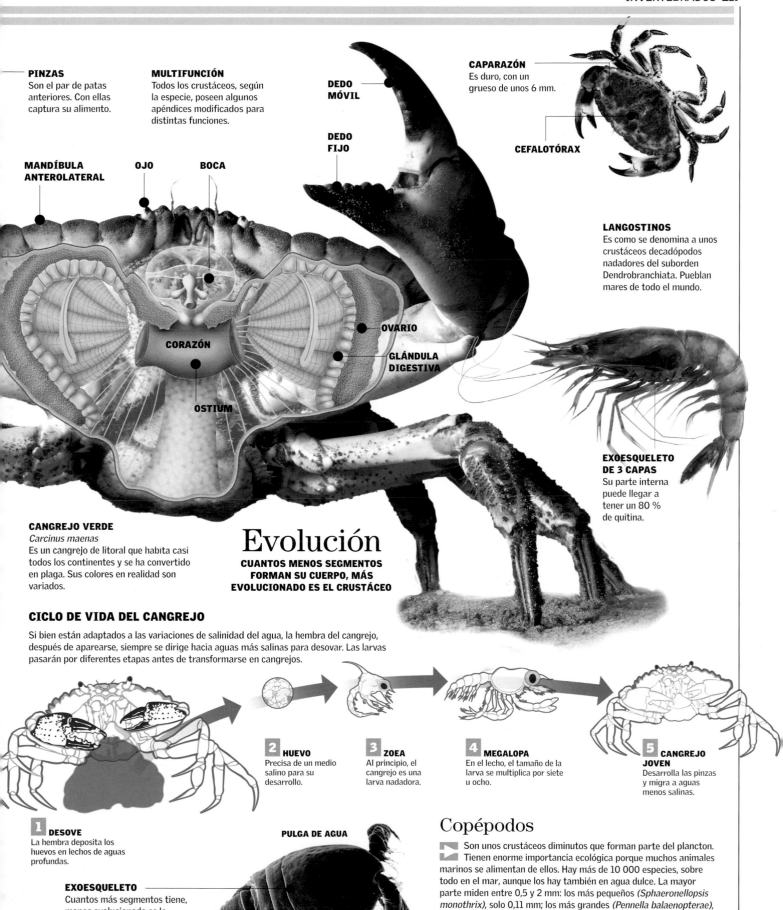

PINZAS
Son el par de patas anteriores. Con ellas captura su alimento.

MULTIFUNCIÓN
Todos los crustáceos, según la especie, poseen algunos apéndices modificados para distintas funciones.

DEDO MÓVIL

DEDO FIJO

CAPARAZÓN
Es duro, con un grueso de unos 6 mm.

CEFALOTÓRAX

MANDÍBULA ANTEROLATERAL

OJO

BOCA

CORAZÓN

OVARIO

GLÁNDULA DIGESTIVA

OSTIUM

LANGOSTINOS
Es como se denomina a unos crustáceos decadópodos nadadores del suborden Dendrobranchiata. Pueblan mares de todo el mundo.

EXOESQUELETO DE 3 CAPAS
Su parte interna puede llegar a tener un 80 % de quitina.

CANGREJO VERDE
Carcinus maenas
Es un cangrejo de litoral que habita casi todos los continentes y se ha convertido en plaga. Sus colores en realidad son variados.

Evolución

CUANTOS MENOS SEGMENTOS FORMAN SU CUERPO, MÁS EVOLUCIONADO ES EL CRUSTÁCEO

CICLO DE VIDA DEL CANGREJO

Si bien están adaptados a las variaciones de salinidad del agua, la hembra del cangrejo, después de aparearse, siempre se dirige hacia aguas más salinas para desovar. Las larvas pasarán por diferentes etapas antes de transformarse en cangrejos.

1 DESOVE
La hembra deposita los huevos en lechos de aguas profundas.

2 HUEVO
Precisa de un medio salino para su desarrollo.

3 ZOEA
Al principio, el cangrejo es una larva nadadora.

4 MEGALOPA
En el lecho, el tamaño de la larva se multiplica por siete u ocho.

5 CANGREJO JOVEN
Desarrolla las pinzas y migra a aguas menos salinas.

EXOESQUELETO
Cuantos más segmentos tiene, menos evolucionada es la especie.

PULGA DE AGUA

Copépodos

Son unos crustáceos diminutos que forman parte del plancton. Tienen enorme importancia ecológica porque muchos animales marinos se alimentan de ellos. Hay más de 10 000 especies, sobre todo en el mar, aunque los hay también en agua dulce. La mayor parte miden entre 0,5 y 2 mm: los más pequeños (*Sphaeronellopsis monothrix*), solo 0,11 mm; los más grandes (*Pennella balaenopterae*), 32 cm.

Patas delanteras afiladas

Los crustáceos presentan apéndices generalmente birramificados y están adaptados a la vida acuática. Una de las características que comparten todos es un caparazón articulado del que salen dos pares de antenas. Tienen además un par de mandíbulas, dos pares de maxilas y un par de apéndices en cada segmento del cuerpo. Sus pinzas son lo bastante fuertes como para permitirles atrapar a una presa para comérsela. La subclase de los Malacostráceos incluye, entre otros, las langostas, los cangrejos, los camarones y los bichos bolita.

Camarones

Así se denominan unas 2000 especies de crustáceos del suborden Pleocyemata. Se caracterizan por tener un cuerpo semitransparente y aplanado, con apéndices modificados para nadar y largas antenas. Su longitud varía entre unos milímetros y 20 centímetros según la especie. Habitan en aguas saladas, salobres y dulces. Viven enterrados casi todo el día y salen al atardecer a capturar su alimento.

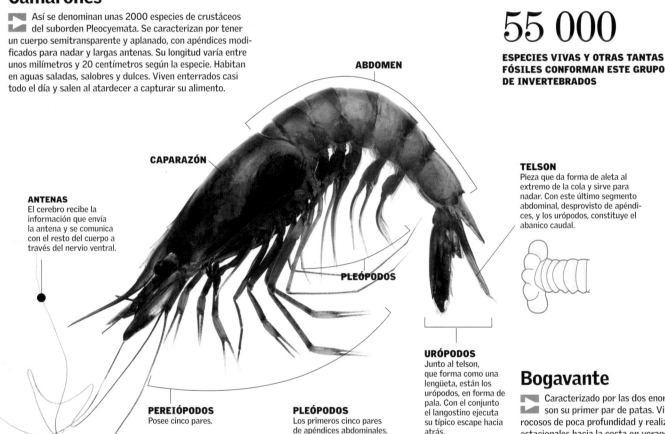

ABDOMEN

CAPARAZÓN

ANTENAS
El cerebro recibe la información que envía la antena y se comunica con el resto del cuerpo a través del nervio ventral.

TELSON
Pieza que da forma de aleta al extremo de la cola y sirve para nadar. Con este último segmento abdominal, desprovisto de apéndices, y los urópodos, constituye el abanico caudal.

PLEÓPODOS

CAMARÓN
Caridea

55 000
ESPECIES VIVAS Y OTRAS TANTAS FÓSILES CONFORMAN ESTE GRUPO DE INVERTEBRADOS

PEREIÓPODOS
Posee cinco pares.

TRES PRIMEROS PARES
Los utiliza para alimentarse. Las pinzas capturan y sujetan.

ÚLTIMOS DOS PARES
Funcionan como patas caminadoras, asistidas por los pleópodos.

PLEÓPODOS
Los primeros cinco pares de apéndices abdominales.

DOS PRIMEROS PARES
Se han adaptado para funciones sexuales.

ÚLTIMOS TRES PARES
Son similares entre sí y los usa para nadar.

URÓPODOS
Junto al telson, que forma como una lengüeta, están los urópodos, en forma de pala. Con el conjunto el langostino ejecuta su típico escape hacia atrás.

Bogavante

Caracterizado por las dos enormes pinzas que son su primer par de patas. Vive en fondos rocosos de poca profundidad y realiza migraciones estacionales hacia la costa en verano y a mayores profundidades en invierno. Es un animal nocturno que busca su alimento —principalmente moluscos bivalvos, gusanos y peces— cuando cae el sol.

Cangrejo

De los crustáceos, el cangrejo sorprende por su movilidad y agilidad. De sus cinco pares de patas, cuatro son marchadoras, aunque su desplazamiento es lateral más que de avance y retroceso. Esto se debe a la ubicación de las patas y a la disposición general del cuerpo. De andares graciosos, su técnica es tan efectiva para nadar como para caminar, incluso en distintos terrenos, ya sean arena de playa, rocas o incluso ramas de árbol en algunas especies.

EN REPOSO
El cuerpo queda pegado al suelo, el centro de gravedad baja y los movimientos son acompasados y lentos.

PÉNDULO
MARCHA LENTA
El cuerpo opera como la masa de un péndulo. Pegado al suelo, ahorra energía moviéndose en vaivén.

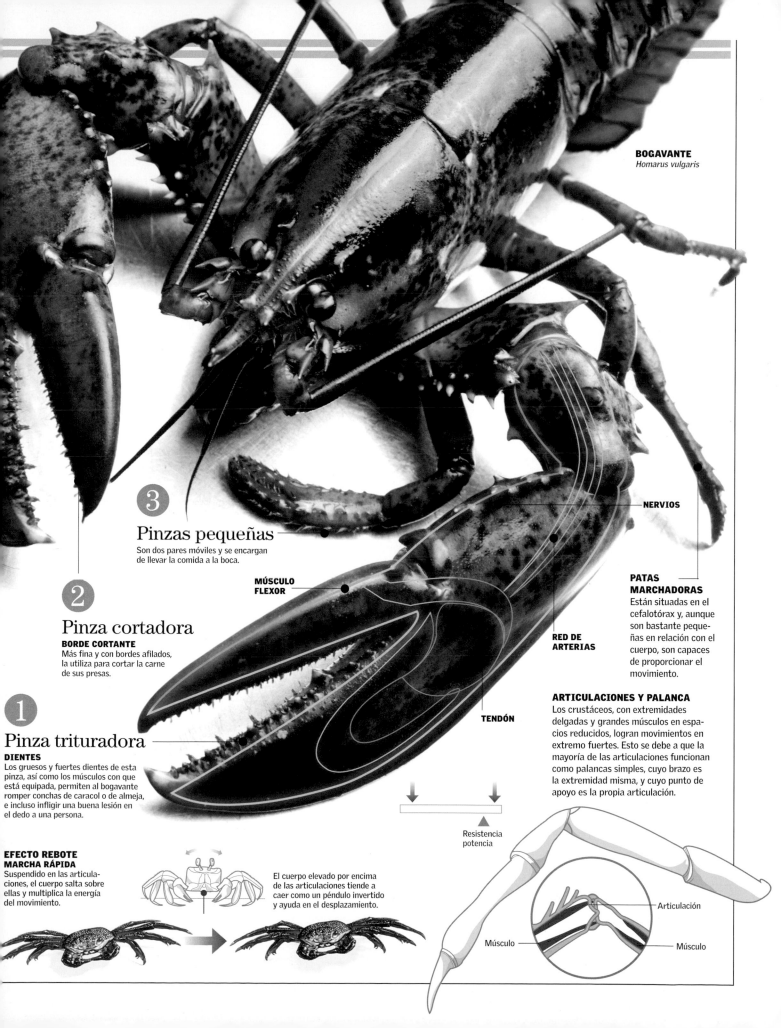

BOGAVANTE
Homarus vulgaris

③

Pinzas pequeñas
Son dos pares móviles y se encargan de llevar la comida a la boca.

NERVIOS

MÚSCULO FLEXOR

②

Pinza cortadora
BORDE CORTANTE
Más fina y con bordes afilados, la utiliza para cortar la carne de sus presas.

①

Pinza trituradora
DIENTES
Los gruesos y fuertes dientes de esta pinza, así como los músculos con que está equipada, permiten al bogavante romper conchas de caracol o de almeja, e incluso infligir una buena lesión en el dedo a una persona.

PATAS MARCHADORAS
Están situadas en el cefalotórax y, aunque son bastante pequeñas en relación con el cuerpo, son capaces de proporcionar el movimiento.

RED DE ARTERIAS

TENDÓN

ARTICULACIONES Y PALANCA
Los crustáceos, con extremidades delgadas y grandes músculos en espacios reducidos, logran movimientos en extremo fuertes. Esto se debe a que la mayoría de las articulaciones funcionan como palancas simples, cuyo brazo es la extremidad misma, y cuyo punto de apoyo es la propia articulación.

Resistencia
potencia

EFECTO REBOTE MARCHA RÁPIDA
Suspendido en las articulaciones, el cuerpo salta sobre ellas y multiplica la energía del movimiento.

El cuerpo elevado por encima de las articulaciones tiende a caer como un péndulo invertido y ayuda en el desplazamiento.

Articulación

Músculo

Músculo

En medio de la cadena

El zooplancton comprende miles de especies pertenecientes a grupos muy diferentes, entre ellas protistas, celentéreos, gusanos, crustáceos y pequeños peces, siendo los más numerosos los protistas. Constituyen una comunidad muy extensa y variada y son un elemento vital de la cadena alimentaria. El alimento del zooplancton es el fitoplancton, capaz de llevar a cabo la fotosíntesis. El fitoplancton es también alimento de los equinodermos, los crustáceos y los peces en estado larvario. Al crecer, las larvas sirven de alimento a bancos de pequeños peces, que a su vez pueden acabar incluso en la boca de grandes ballenas que se alimentan de plancton.

Malacostráceos

Son típicamente marinos, aunque con numerosas adaptaciones al agua dulce y aun a la vida terrestre. Todos ellos tienen el cuerpo dividido en un cefalotórax con 13 segmentos y 13 pares de apéndices, un abdomen con 6 segmentos y, en el extremo posterior, un telson no segmentado.

KRILL ANTÁRTICO
Euphausia superba
Es una de las especies más abundantes y de mayor éxito de la Tierra. Puede vivir 6 o 7 años, experimenta 10 mudas antes de alcanzar su longitud máxima y suele emitir una luz verdosa.

TAMAÑO REAL
8 mm

OJO
Tiene uno solo, compuesto, negro y grande.

PATAS
Son plumosas y con ellas filtra las pequeñas algas de las que se alimenta.

2000 m
ES LA PROFUNDIDAD A LA QUE SE ENCUENTRAN LOS BANCOS DE KRILL ANTÁRTICO

CÓMO HUYE

Por el agua, el krill se impulsa con el telson, formado por cinco palas. De esta manera toma gran velocidad y va dando saltos adelante y atrás. Estos crustáceos se agrupan en gigantescos bancos, con miles de individuos por metro cúbico de agua.

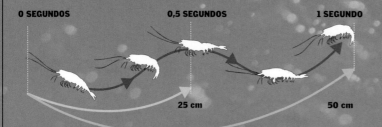

0 SEGUNDOS · 0,5 SEGUNDOS · 1 SEGUNDO
25 cm · 50 cm

LUMINISCENCIA
El krill tiene un fotóforo en el abdomen, una estructura que le permite emitir luz gracias a una reacción química en la que intervienen el oxígeno y varios compuestos denominados luciferina, luciferasa y ATP (trifosfato de adenosina). Un orden de crustáceos se conoce genéricamente como krill.

CADENA TRÓFICA

El ciclo se inicia con un vegetal productor que inicia la cadena para los consumidores. El que se alimenta del productor es el consumidor primario; a su vez se alimentará de él el consumidor secundario, y así sucesivamente.

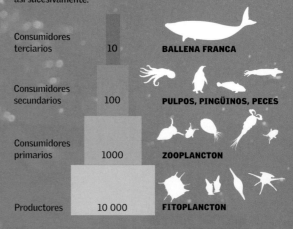

Consumidores terciarios	10	BALLENA FRANCA
Consumidores secundarios	100	PULPOS, PINGÜINOS, PECES
Consumidores primarios	1000	ZOOPLANCTON
Productores	10 000	FITOPLANCTON

Copépodos

Son microcrustáceos acuáticos, aunque también existen algunos terrestres. Se encuentran tanto en agua dulce como salada. Se alimentan de fitoplancton y son un importante componente del plancton del que se alimentan numerosos animales marinos.

COPÉPODO CICLOPOIDE
Megacyclops viridis
Larva que presenta un tono lumínico; se encuentra en etapa de desarrollo y luego comenzará a nadar libremente. Es la especie más grande de Europa y vive en agua dulce.

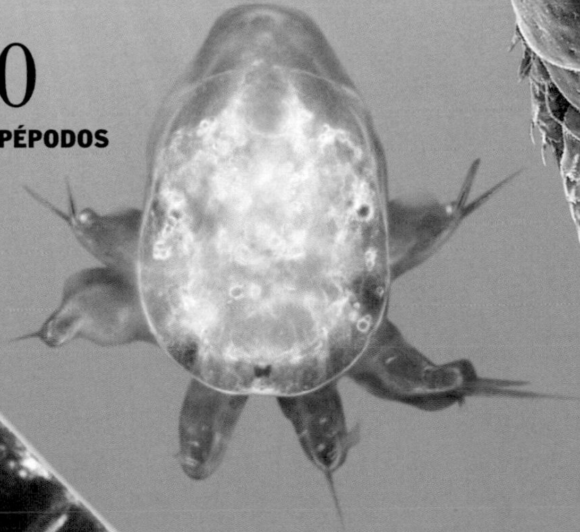

APÉNDICES
Forman peines muy finos con los que filtran el agua para conseguir su alimento.

TAMAÑO REAL

2 mm

12 000
ESPECIES DE COPÉPODOS

LARVA NAUPLIUS
Cyclops sp.
Este diminuto crustáceo nada dando saltos con las piernas y se alimenta de restos de animales y plantas.

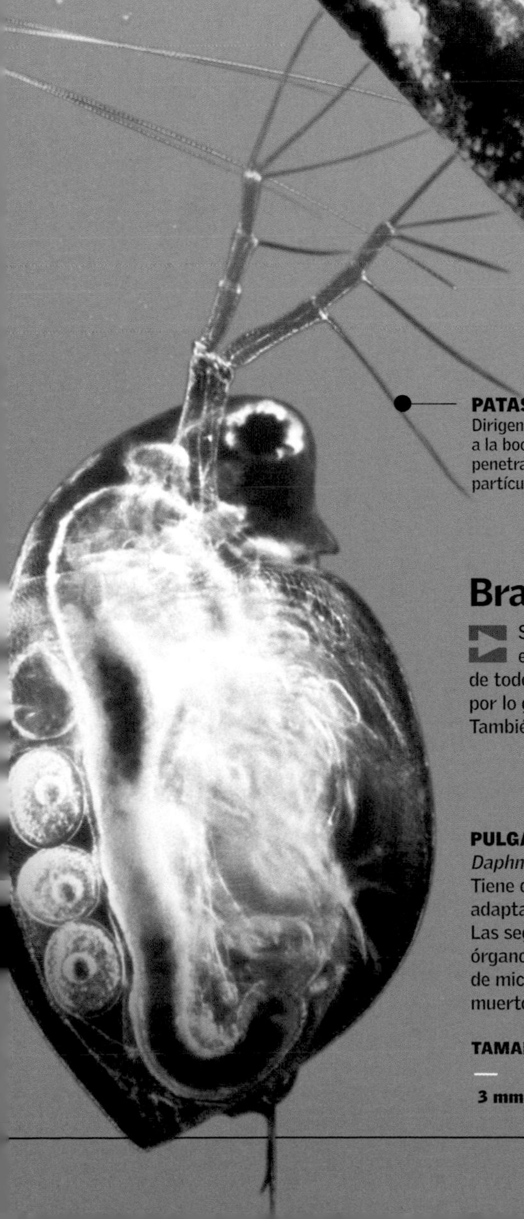

PATAS
Dirigen la corriente a la boca, donde penetran pequeñas partículas.

Branquiópodos

Son los crustáceos más primitivos que existen. Abundan en lagos y estanques de todo el mundo. Tienen ojos compuestos y por lo general una placa o caparazón protector. También tienen el cuerpo segmentado.

PULGA DE AGUA
Daphnia sp.
Tiene dos pares de antenas y patas adaptadas para nadar y agarrarse. Las segundas antenas sirven de órganos locomotores. Se alimenta de microalgas y restos de animales muertos.

TAMAÑO REAL

3 mm

De 6 a 8 semanas
ES LA VIDA MEDIA DE LA PULGA DE AGUA

Una familia especial

Los arácnidos constituyen la clase más amplia de los quelicerados. Entre ellos están las arañas, los escorpiones, las garrapatas y los ácaros. Fueron los primeros artrópodos que colonizaron ambientes terrestres. Existen restos fósiles de escorpiones desde el período Silúrico, y muestran que estos animales no han sufrido grandes cambios en su morfología y costumbres. Los más conocidos son los escorpiones y las arañas.

ARAÑA CASERA
Tegenaria duellica
Se distingue por unas patas muy largas en relación con el cuerpo.

La hembra puede transportar hasta 30 crías a la espalda.

Escorpiones

Temido por las personas desde hace siglos, el escorpión se caracteriza porque sus quelíceros (grandes y con funciones prensiles) y pedipalpos tienen forma de pinza. Tienen el cuerpo recubierto por un exoesqueleto quitinoso que comprende cefalotórax y abdomen.

ESCORPIÓN EMPERADOR
Pandinus imperator
Como otros escorpiones, tiene un aguijón alimentado por glándulas venenosas. Mide entre 12 y 18 cm, aunque algunos han llegado hasta los 20 cm.

Las pinzas sostienen a la presa y la mantienen inmóvil.

PEDIPALPOS
El artejo terminal forma un órgano copulador por medio del cual el macho insemina a la hembra.

PEDIPALPOS
Actúan como órganos sensoriales y para manipular los alimentos. Los machos también los utilizan para la cópula.

QUELÍCEROS
Se mueven de arriba abajo. En las arañas más primitivas (las tarántulas) lo hacen de lado, como una pinza.

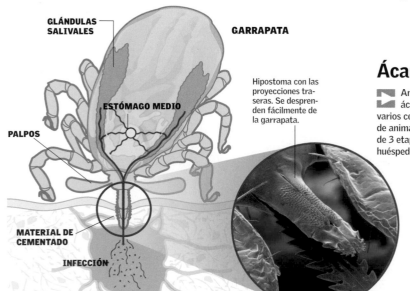

GLÁNDULAS SALIVALES

GARRAPATA

ESTÓMAGO MEDIO

PALPOS

Hipostoma con las proyecciones traseras. Se desprenden fácilmente de la garrapata.

MATERIAL DE CEMENTADO

INFECCIÓN

Ácaros y garrapatas

Ambos son miembros del orden Acari. Se diferencian por su tamaño: los ácaros son más pequeños, mientras que las garrapatas pueden medir hasta varios centímetros. Los primeros tienen formas muy diversas y son parásitos de animales y plantas. Las garrapatas, por su parte, tienen un ciclo vital común de 3 etapas, larva, ninfa y adulto, durante el cual viven de la sangre de diversos huéspedes.

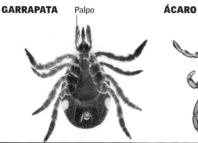

GARRAPATA   Palpo

ÁCARO   Palpos

100 000

**ESPECIES DE ARÁCNIDOS
SE CALCULA QUE EXISTEN
EN EL MUNDO**

EXOESQUELETO

El crecimiento se produce mediante mudas, proceso por el cual se deshacen del exoesqueleto viejo. En la juventud va creciendo mediante mudas sucesivas (hasta 4 anuales), y cuando llega a la adultez realiza un cambio anual.

1 Se desprende el borde frontal del caparazón y se separa el tegumento del abdomen.

2 Sube y baja las patas hasta que la piel se desliza y cae.

3 Se desprende el viejo exoesqueleto y el nuevo se endurece al contacto con el aire.

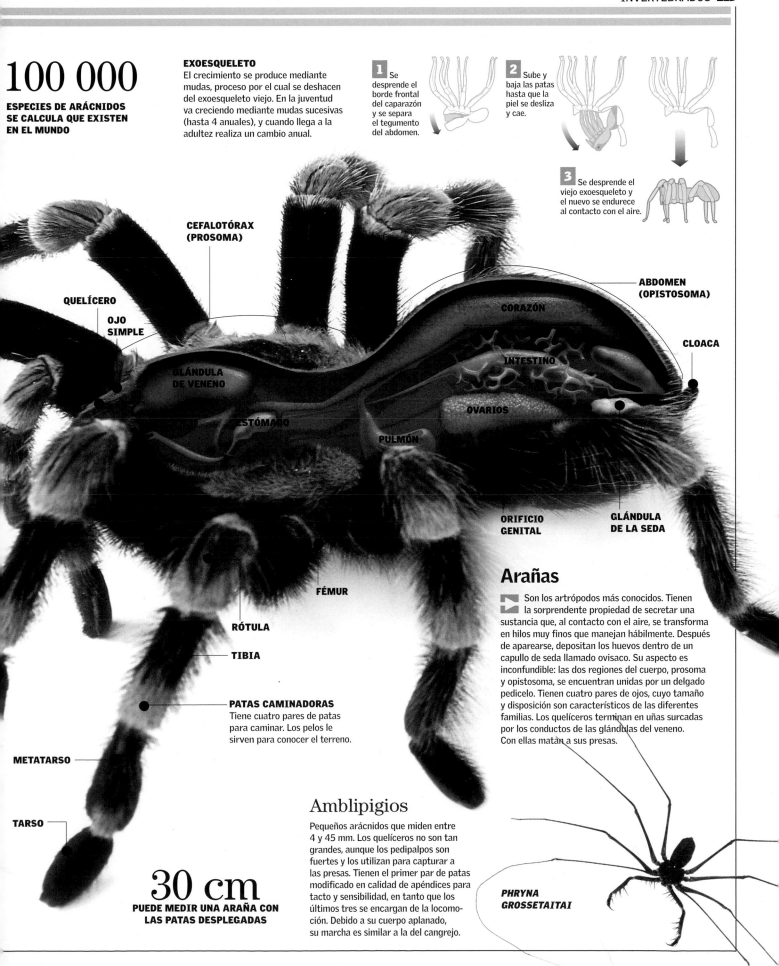

CEFALOTÓRAX
(PROSOMA)

ABDOMEN
(OPISTOSOMA)

QUELÍCERO

OJO
SIMPLE

CORAZÓN

CLOACA

INTESTINO

GLÁNDULA
DE VENENO

ESTÓMAGO

OVARIOS

PULMÓN

ORIFICIO
GENITAL

GLÁNDULA
DE LA SEDA

FÉMUR

RÓTULA

TIBIA

PATAS CAMINADORAS
Tiene cuatro pares de patas para caminar. Los pelos le sirven para conocer el terreno.

METATARSO

TARSO

Arañas

Son los artrópodos más conocidos. Tienen la sorprendente propiedad de secretar una sustancia que, al contacto con el aire, se transforma en hilos muy finos que manejan hábilmente. Después de aparearse, depositan los huevos dentro de un capullo de seda llamado ovisaco. Su aspecto es inconfundible: las dos regiones del cuerpo, prosoma y opistosoma, se encuentran unidas por un delgado pedicelo. Tienen cuatro pares de ojos, cuyo tamaño y disposición son característicos de las diferentes familias. Los quelíceros terminan en uñas surcadas por los conductos de las glándulas del veneno. Con ellas matan a sus presas.

Amblipigios

Pequeños arácnidos que miden entre 4 y 45 mm. Los quelíceros no son tan grandes, aunque los pedipalpos son fuertes y los utilizan para capturar a las presas. Tienen el primer par de patas modificado en calidad de apéndices para tacto y sensibilidad, en tanto que los últimos tres se encargan de la locomoción. Debido a su cuerpo aplanado, su marcha es similar a la del cangrejo.

*PHRYNA
GROSSETAITAI*

30 cm

**PUEDE MEDIR UNA ARAÑA CON
LAS PATAS DESPLEGADAS**

Insectos

os insectos constituyen el grupo más variado y abundante de artrópodos. La mayoría de ellos se reproducen fácilmente y se adaptan a cualquier ambiente.

Una especie de armadura protege su cuerpo. Se dice que los artrópodos serían los únicos seres vivos que podrían resistir un invierno nuclear. Tienen unos órganos sensoriales muy desarrollados que les

UNA VISIÓN PARTICULAR
Este insecto tropical presenta un par de ojos a cada lado del cuerpo que le abren un campo de visión muy amplio.

permiten ver a gran distancia. La cantidad y diversidad de especies, que se estiman en 1,5 millones, son una prueba de su éxito evolutivo. Se cree que ese éxito se debe, entre otras cosas, a que, como son pequeños, necesitan menos comida que los organismos más grandes, y no son víctimas fáciles de los depredadores porque han perfeccionado extraordinariamente su aparato locomotor.

El secreto del éxito

Antenas sensoras, apéndices en la cabeza que sirven para masticar, triturar o sujetar, ojos muy desarrollados a los lados de la cabeza y pares de patas articuladas con funciones diferentes según la especie son características comunes a los insectos y los miriápodos. A ellas se debe en gran parte su éxito en la conquista del medio terrestre. Los insectos poseen seis patas, que salen del tórax: son hexápodos. Los miriápodos son artrópodos multisegmentados que solo se han desarrollado en tierra.

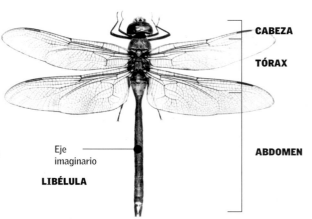

CABEZA

TÓRAX

ABDOMEN

Eje imaginario

LIBÉLULA

SIMETRÍA BILATERAL

Todo el cuerpo de los insectos y miriápodos está dispuesto por pares a partir de un eje imaginario que va de la cabeza hasta el extremo del abdomen.

Dos pares de alas

Antiguamente había especies de insectos con tres pares de alas, pero hoy todos tienen uno o dos pares. Las mariposas, las libélulas, las abejas y las avispas usan los dos pares para volar, pero otros insectos usan solo uno.

CIRCULACIÓN ABIERTA

Un corazón tubular impulsa la hemolinfa (sangre) hacia delante a través de la aorta dorsal. Unos órganos contráctiles accesorios ayudan a empujarla hacia las alas y las patas.

ALAS POSTERIORES

EN ESPERA
Pueden juntar las alas al cuerpo.

APÉNDICE
Contiene los órganos genitales.

REGIONES SEGMENTADAS

El cuerpo de los insectos se divide en tres: cabeza (con 6 segmentos), tórax (con 3) y abdomen (con un máximo de 11).

ESPIRÁCULOS
Pequeñas entradas a las tráqueas.

1 millón
SON LAS ESPECIES DE INSECTOS CONOCIDAS.

SISTEMA RESPIRATORIO

Los artrópodos terrestres respiran mediante tráqueas. A través de unas ramificaciones llamadas traqueolas, el aire con oxígeno llega directamente a cada célula y se elimina dióxido de carbono.

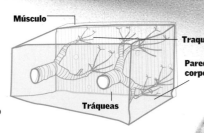

Músculo

Traqueolas

Pared corporal

Tráqueas

Patas adaptadas a su uso

La forma de las patas de estos artrópodos está estrechamente relacionada con el uso que les dan y el hábitat. Algunas especies tienen los sensores responsables del gusto y del tacto en las patas.

Sacos

ESTRUCTURA
Da a las alas una gran estabilidad.

PATAS

CAMINADORA CUCARACHA

SALTADORA SALTAMONTES

NADADORA NÉPIDOS

CAVADORA GRILLOTOPOS

COLECTORA ABEJA

Muchos pasos

Se conocen como miriápodos las clases de los quilópodos (ciempiés, incluidos muchos carnívoros y predadores) y los diplópodos (milpiés). Sus patrones de movimiento son tan complejos como eficaces.

ANTENAS

CIEMPIÉS
Scolopendra sp.

PATAS
Dos pares por segmento.

SEGMENTOS
Se denominan metámeros.

MILPIÉS
Sphaerotheriidae sp.

PATAS
Un par por segmento en los ciempiés.

Sentidos y comunicación

Las antenas son órganos sensores. Permiten al insecto comunicarse, y contienen células filamentosas o en forma de placa. Las antenas están adaptadas de distintas formas para permitir al insecto palpar, percibir sonidos, verificar la temperatura y la humedad, y degustar el alimento.

CAPITADAS
Mariposa

FILIFORMES
Langosta

EN ABANICO
Escarabajo del cedro

PLUMOSAS
Mariposa nocturna

Mandíbulas

El aparato bucal de los insectos está adaptado para masticar, lamer, chupar o picar, según la especie. En los coleópteros las mandíbulas forman una pinza con órganos sensores.

TÓRAX

ANTENAS

CAZADORA
Las patas anteriores atrapan a la presa.

LIBÉLULA
Aeshna cyanea

OJOS

UÑA

FÉMUR

TIBIA

TARSO

TARSO

PINZAS
Se abren hacia los lados

ESCARABAJO
Odontolabis wollastoni

PATAS

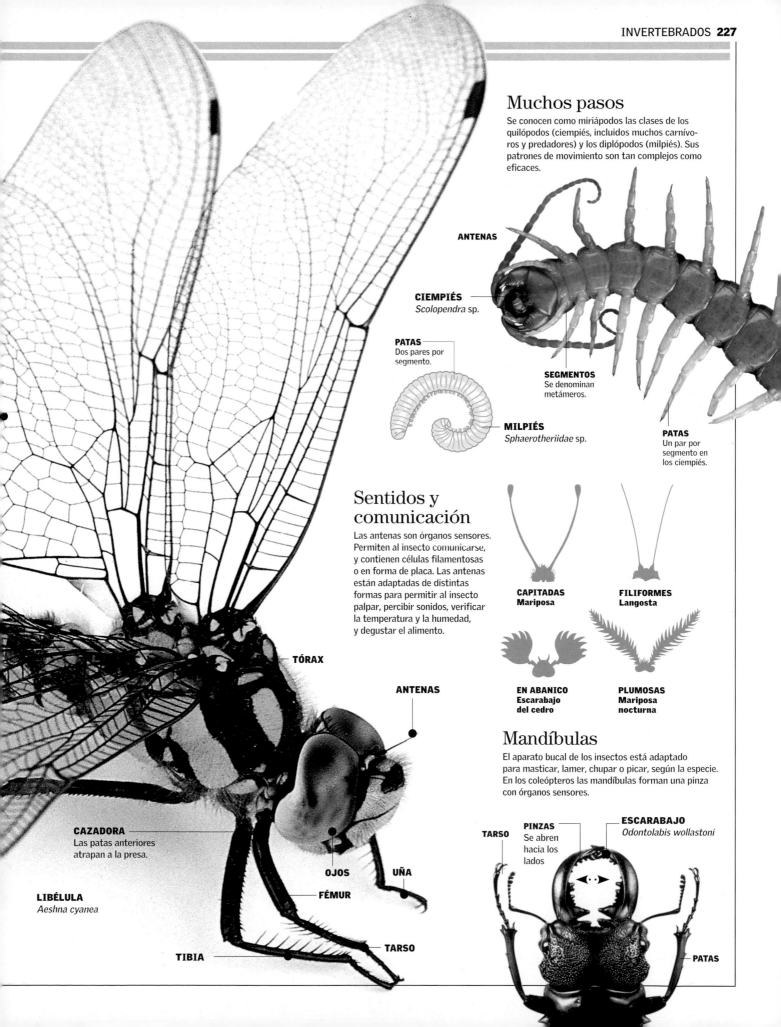

Para verte mejor

Así como una persona que no distingue los colores difícilmente entenderá lo que es el color, para un humano es imposible imaginar cómo se ve a través del ojo compuesto de un insecto. Conforman ese tipo de ojos miles de bastoncillos llamados omatidios que son como pequeños ojos directamente conectados con el cerebro. Los científicos suponen que el cerebro del insecto efectúa una composición de las imágenes que recibe de cada omatidio, y que eso le permite percibir movimientos en cualquier dirección posible, en algunas especies incluso desde atrás.

MOSCA
Drosophila sp.

Campo visual

Los omatidios de una mosca están dispuestos en círculos, y cada uno abarca una porción del campo visual. Semejante sistema quizá no garantice la mejor resolución de imagen, pero sí una gran sensibilidad al movimiento, porque el más mínimo desplazamiento provoca el paso de la sensibilidad de un omatidio a otro. Por eso es tan difícil atrapar una mosca.

ANTENA

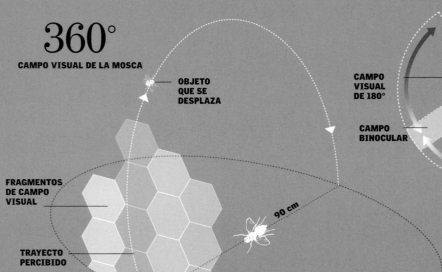

360°

CAMPO VISUAL DE LA MOSCA

OBJETO QUE SE DESPLAZA

CAMPO VISUAL DE 180°

CAMPO BINOCULAR

FRAGMENTOS DE CAMPO VISUAL

CAMPO VISUAL DEL HOMBRE

90 cm

TRAYECTO PERCIBIDO

BOCA
Con el aparato bucal lamedor y chupador.

La visión de la abeja

Comparada con la visión humana, la visión de la abeja es medio miope: incluso las imágenes de objetos cercanos son para ella difusas. Sus ojos compuestos tienen unos 6300 omatidios

ECUADOR DESVIADO

HOMBRE
Con visión binocular, imagen plana y sin distorsión.

ABEJA
Con mayor campo, la misma imagen se estrecha.

CAMINO AL NÉCTAR

La sensibilidad a la luz ultra-violeta, invisible al ojo humano, permite a las abejas obreras ver el néctar dentro de las flores.

ZONA CON NÉCTAR

Un ojo, o miles

Cada uno de los omatidios ve una pequeña porción del campo visual. Según el tipo de luz que reciben, las células pigmentadas que rodean los rabdomas pueden variar su diámetro para regular la sensibilidad del conjunto del ojo compuesto.

OJO COMPUESTO

ANTENA

LA MOSCA DOMÉSTICA TIENE

4000

OMATIDIOS

VISIÓN DE LA MOSCA

OCELO

RETINA

OMATIDIOS

ANTENA

RABDOMA
Comunica cada cristalino con su nervio.

CÉLULA RETINIANA

CRISTALINO
Cónico, para dirigir la luz al rabdoma.

CÉLULA PIGMENTARIA

CÓRNEA
Hexagonal, facilita la disposición del conjunto.

TIPOS DE OJOS

PROTECTORES
Los ocelos de la mosca taquínida cubren sus ojos.

VISIÓN GLOBAL
Algunas libélulas tienen una visión completamente esférica.

CALCULADORES
La libélula común puede calcular distancias con los ojos.

A pedir de boca

Lejos de ser una simple abertura, la boca es, en general, una de las partes más complejas del cuerpo de un insecto. Los apéndices orales simples de las formas más primitivas se fueron modificando para permitir a este grupo zoológico ampliar sus regímenes alimentarios. Así, la boca de un cazador es totalmente distinta de la de un chupador o de un devorador de hojas como la langosta.

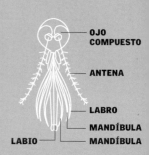

ANTENA

LANGOSTA

Familia *Acrididae*
Desde la antigüedad las langostas son temidas como gran plaga de los cultivos.

1 día

ES LO QUE TARDA UNA LANGOSTA EN COMERSE SU PROPIO PESO EN VEGETALES

A medida

Los apéndices bucales de los insectos primitivos se modificaron considerablemente y en distintas direcciones según la especie. El primer par de maxilas sirve para sostener y chupar la comida dentro de la boca. El segundo par de maxilas se suelda en la línea media en el curso del desarrollo y forma el labio, una estructura con distintas funciones según la dieta. Las mandíbulas y las primeras maxilas ocupan una posición lateral con respecto a la boca, y un labio superior, el labro, protege la boca por su parte anterior. Estas piezas forman el aparato bucal mordedor-masticador básico. En las formas más avanzadas, sus modificaciones originaron estructuras suctoras, lamedoras o picadoras-suctoras.

MORDEDORES Y MASTICADORES

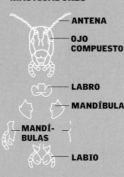

- ANTENA
- OJO COMPUESTO
- LABRO
- MANDÍBULA
- MANDÍBULAS
- LABIO

LANGOSTA
Mandíbulas inferiores fuertes, superiores hábiles, para manipular.

PICADORES Y MASTICADORES

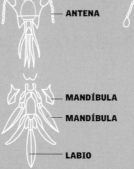

- OJO COMPUESTO
- ANTENA
- MANDÍBULA
- MANDÍBULA
- LABIO

ABEJA
Labio para el néctar; las mandíbulas inferiores mascan el polen y moldean la cera.

CHUPADORES

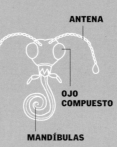

- ANTENA
- OJO COMPUESTO
- MANDÍBULAS

MARIPOSA
Con labro pequeño y sin mandíbula. Las mandíbulas superiores forman un tubo de succión.

PERFORADORES Y CHUPADORES

- OJO COMPUESTO
- ANTENA
- LABRO
- MANDÍBULA
- MANDÍBULA
- LABIO

MOSQUITO (HEMBRA)
El labio y las mandíbulas superiores forman un tubo, las mandíbulas inferiores perforan la piel y el labro forma una vaina.

Comedores de hojas

Insectos como la langosta y algunos escarabajos, y también las orugas (y muchas larvas de otras especies), necesitan un aparato bucal capaz de cortar las hojas en trocitos para introducírselos en la boca. Sus grandes mandíbulas inferiores poseen un sistema de sierras dentadas, mientras que las superiores y el labio cuentan cada uno con palpos asociados que les permiten manipular y sujetar los trocitos de hoja.

MARIQUITA

Coccinella septempunctata
Se alimenta de áfidos, pulgones y jejenes.

CARNÍVOROS

Con las mandíbulas, como pinzas, agarran y sujetan a sus presas.

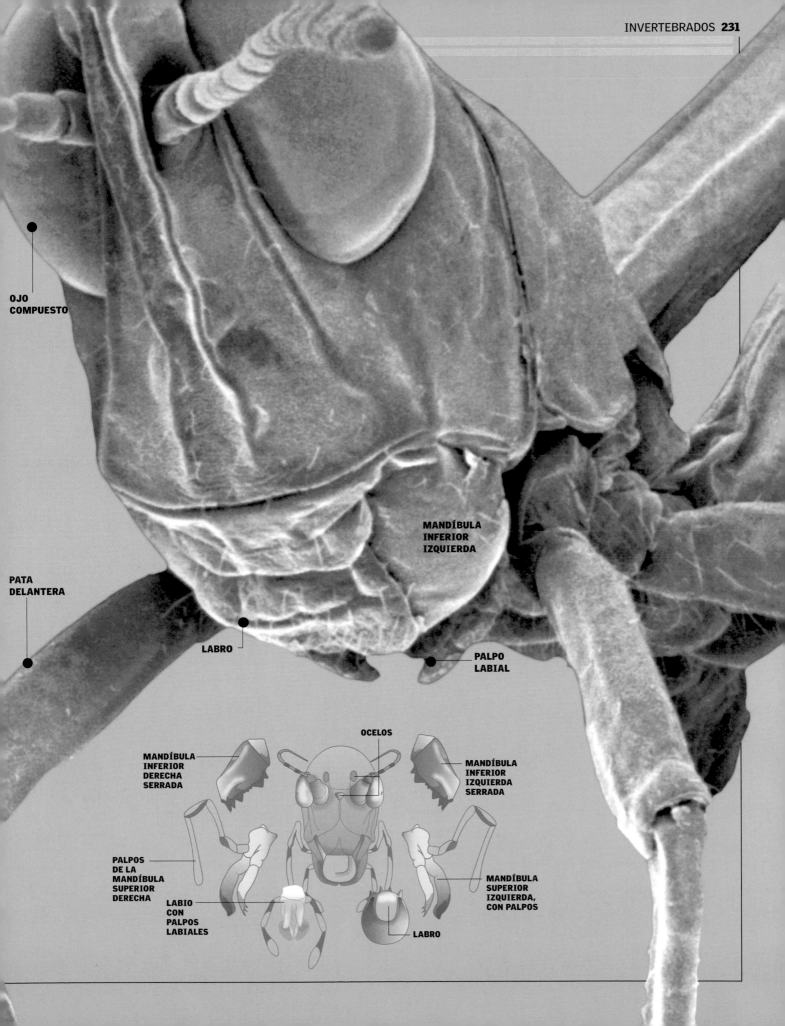

OJO
COMPUESTO

PATA
DELANTERA

LABRO

MANDÍBULA
INFERIOR
IZQUIERDA

PALPO
LABIAL

MANDÍBULA
INFERIOR
DERECHA
SERRADA

OCELOS

MANDÍBULA
INFERIOR
IZQUIERDA
SERRADA

PALPOS
DE LA
MANDÍBULA
SUPERIOR
DERECHA

LABIO
CON
PALPOS
LABIALES

LABRO

MANDÍBULA
SUPERIOR
IZQUIERDA,
CON PALPOS

Grandes caminadores

E timológicamente, miriápodo significa «de muchos pies». El término se aplica a dos clases muy diferentes de invertebrados: los quilópodos y los diplópodos, más conocidos como ciempiés y milpiés respectivamente. Son todos animales divididos en segmentos, con un par de patas en cada uno en el caso de los ciempiés, que son en su mayoría carnívoros, y con dos pares de patas en el caso de los milpiés. Tantas patas hacen que, para caminar, estos invertebrados (que no son insectos) deban apelar a un mecanismo de sincronización muy sofisticado, que parece obedecer a principios matemáticos.

Matemática aplicada

Para caminar, los artrópodos terrestres se arquean y mueven sus seis patas articuladamente de modo que, cuando una avanza, la contigua y la opuesta se mantienen quietas. Los miriápodos tienen un mecanismo similar, aunque mucho más complejo debido a la gran cantidad de patas que tienen. Las patas son articuladas, pero a la hora de avanzar no funcionan con independencia una de otra. El cuerpo segmentado se mueve hacia los lados describiendo una onda regular, y las patas se adaptan funcionalmente al movimiento del cuerpo.

AVANCE SINUOSO

No solo el cuerpo del artrópodo se mueve formando ondas: cuando las patas de un lado de un tramo se juntan, las del otro se separan. Ese patrón se repite alternativamente en toda su longitud.

Mil patas

Como milpiés o diplópodos se conoce a las especies de invertebrados terrestres multisegmentados que tienen dos pares de patas por segmento. Habitan lugares húmedos, donde encuentran materia en descomposición para alimentarse. Todos poseen un par de ojos simples y un par de antenas, mandíbulas y maxilas. Los mayores no superan los 10 cm.

1 Como pinzas

Las patas traseras de esta escolopendra, casi perpendiculares al resto, le sirven para atrapar y sujetar a las presas mientras les inocula el veneno con sus fuertes mandíbulas.

2 Arma mortal

Sostenida la presa con las patas traseras, doblado sobre sí el ciempiés, las puntas de los maxilípedos se clavan como garras y el veneno se descarga por el orificio de la punta.

TAMAÑO O CANTIDAD

Hay especies de ciempiés a las que se les añaden segmentos a lo largo de su vida; otras nacen con un número fijo de ellos, pero van creciendo.

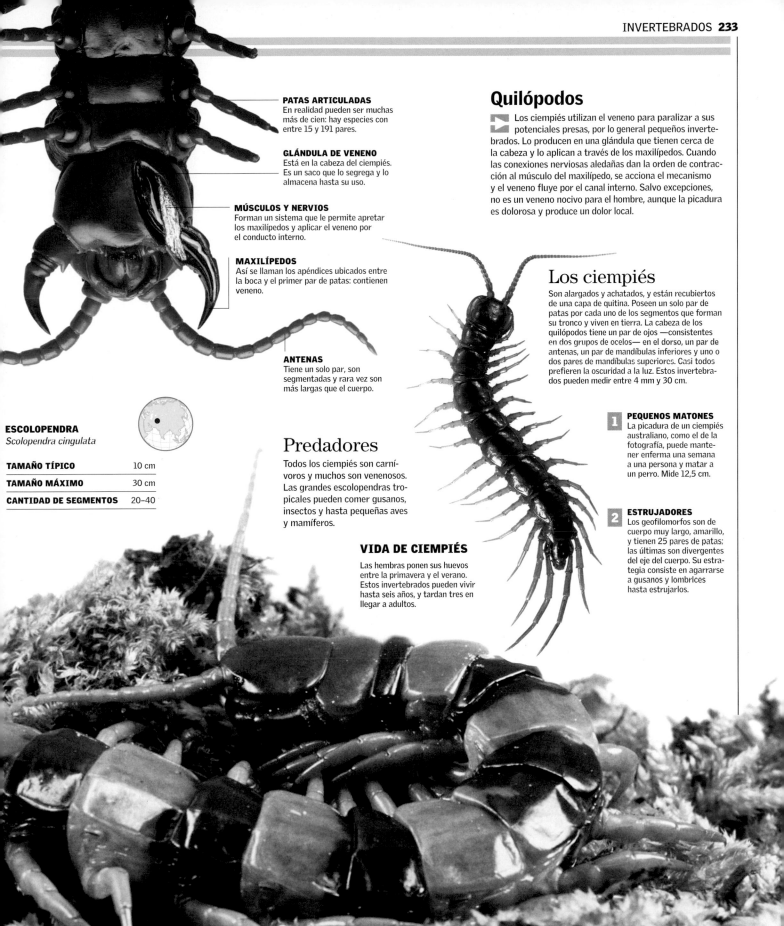

PATAS ARTICULADAS
En realidad pueden ser muchas
más de cien: hay especies con
entre 15 y 191 pares.

GLÁNDULA DE VENENO
Está en la cabeza del ciempiés.
Es un saco que lo segrega y lo
almacena hasta su uso.

MÚSCULOS Y NERVIOS
Forman un sistema que le permite apretar
los maxilípedos y aplicar el veneno por
el conducto interno.

MAXILÍPEDOS
Así se llaman los apéndices ubicados entre
la boca y el primer par de patas: contienen
veneno.

ANTENAS
Tiene un solo par, son
segmentadas y rara vez son
más largas que el cuerpo.

ESCOLOPENDRA
Scolopendra cingulata

TAMAÑO TÍPICO	10 cm
TAMAÑO MÁXIMO	30 cm
CANTIDAD DE SEGMENTOS	20–40

Quilópodos

Los ciempiés utilizan el veneno para paralizar a sus
potenciales presas, por lo general pequeños invertebrados. Lo producen en una glándula que tienen cerca de
la cabeza y lo aplican a través de los maxilípedos. Cuando
las conexiones nerviosas aledañas dan la orden de contracción al músculo del maxilípedo, se acciona el mecanismo
y el veneno fluye por el canal interno. Salvo excepciones,
no es un veneno nocivo para el hombre, aunque la picadura
es dolorosa y produce un dolor local.

Los ciempiés

Son alargados y achatados, y están recubiertos
de una capa de quitina. Poseen un solo par de
patas por cada uno de los segmentos que forman
su tronco y viven en tierra. La cabeza de los
quilópodos tiene un par de ojos —consistentes
en dos grupos de ocelos— en el dorso, un par de
antenas, un par de mandíbulas inferiores y uno o
dos pares de mandíbulas superiores. Casi todos
prefieren la oscuridad a la luz. Estos invertebrados pueden medir entre 4 mm y 30 cm.

1 **PEQUENOS MATONES**
La picadura de un ciempiés
australiano, como el de la
fotografía, puede mante-
ner enferma una semana
a una persona y matar a
un perro. Mide 12,5 cm.

2 **ESTRUJADORES**
Los geofilomorfos son de
cuerpo muy largo, amarillo,
y tienen 25 pares de patas;
las últimas son divergentes
del eje del cuerpo. Su estrategia consiste en agarrarse
a gusanos y lombrices
hasta estrujarlos.

Predadores

Todos los ciempiés son carnívoros y muchos son venenosos.
Las grandes escolopendras tropicales pueden comer gusanos,
insectos y hasta pequeñas aves
y mamíferos.

VIDA DE CIEMPIÉS
Las hembras ponen sus huevos
entre la primavera y el verano.
Estos invertebrados pueden vivir
hasta seis años, y tardan tres en
llegar a adultos.

Saltadores

Las pulgas son pequeños insectos sin alas muy conocidos por sus extraordinarios saltos. Cuando son adultas, dan grandes brincos para buscar su alimento, la sangre de aves y mamíferos. Son ectoparásitos de perros, gatos y gallinas, de modo que están presentes en nuestra vida cotidiana. Las pulgas pican a sus huéspedes y chupan la sangre que circula por su piel.

3 meses
PUEDE SOBREVIVIR UNA PULGA SIN COMER

Superproteína

La capacidad de saltar de las pulgas se relaciona con la presencia en ellas de resilina, proteína de gran elasticidad similar a la goma. La resilina de las pulgas tiene la función de acumular tensión en las patas saltadoras. La liberación de la energía acumulada genera el salto. En ocasiones el salto es infructuoso y la pulga no alcanza a depositarse en un huésped, pero, lejos de ser un fracaso, la caída aporta más tensión a la resilina, que hace del rebote un salto de aún mayor alcance.

PULGAS EN CASA

Las pulgas son una de las afecciones más comunes de perros y gatos. Su picadura provoca serias molestias a los animales domésticos porque al rascarse se irritan y lesionan la piel.

PATA SALTADORA

Las patas están provistas de segmentos superiores extra. Esos suplementos les permiten saltar con rapidez.

② Acción

La pulga acumula energía al tensar los músculos del tórax y las piernas. Cuando la energía elástica acumulada alcanza un nivel determinado, la pulga destraba las patas. Como resultado, se genera un movimiento súbito que proyecta a la pulga.

Sistema clave

1 Los músculos de las coxas se contraen generando una enorme tensión. La resistencia a la tensión la soporta el exoesqueleto.

2 Cuando se desencadena el salto, en milésimas de segundo su dirección, intensidad y orientación quedan establecidos por el par de fuerza originado por los músculos y los segmentos de las patas.

① Preparación

En décimas de segundo la pulga se prepara para saltar. Comprime la resilina al tiempo que contrae las patas traseras, equipadas con un sistema de cremalleras que las retiene en tensión y acumulando energía.

Orden de saltadores

Las pulgas pertenecen a la clase Insecta, dentro del orden Siphonaptera, que incluye insectos que son parásitos externos sin alas, cuyo aparato bucal es picador chupador y con un ciclo de vida de metamorfosis completa. Entre las 16 familias que existen se incluye el género de pulgas que infestan a perros y gatos (*Ctenocephalides canis* y *C. felis*), y el de las gallinas (*Ceratophyllus gallinae*).

PULGA DE PERRO
Ctenocephalides canis
Esta especie es responsable del 90 % de las infestaciones en perros.

PULGA COMÚN
Pulex irritans
Suele alimentarse de sangre humana y, a diferencia de otras pulgas, no se queda en el huésped.

200 veces
LA LONGITUD DE SU CUERPO PUEDE SALTAR UNA PULGA

3

En vuelo

Una pulga puede recorrer 60 cm de un salto. Tiene el cuerpo protegido por una coraza de placas superpuestas que forman su exoesqueleto. Cuando realizan saltos repetidos, pueden caer de espaldas o de cabeza sin sufrir ningún daño.

HUEVOS

LARVA

CAMBIO TOTAL
Las pulgas son holometábolas: su ciclo de vida típico incluye una metamorfosis completa.

CRISÁLIDA

PULGA ADULTA

Ciclo de vida

El ciclo completo, desde el huevo hasta el estadio adulto, puede durar entre dos y ocho meses. La duración del ciclo varía de una especie a otra y según la temperatura y la humedad ambiente, así como según la disponibilidad de alimento. Por lo general, bien alimentada de sangre, la hembra deposita una veintena de huevos diarios, hasta 600 en toda su vida. Los pone en el huésped (perros, gatos, conejos, ranas, ratones, personas, etc.).

Sangre comestible

Las pulgas se clasifican como insectos hematófagos porque parasitan animales de sangre caliente. Los adultos succionan sangre de sus huéspedes, que contiene nutrientes necesarios para su alimentación y, en el caso de las hembras, para que puedan producir huevos. La sangre seca expelida junto con las heces de los adultos también es útil: es alimento para los distintos tipos de larvas.

1 Las patas delanteras tienen su papel en el momento de la alimentación: con ellas el insecto se sujeta mientras se prepara para picar.

2 Al inyectar su estilete, descargan una sustancia irritante para el huésped pero que les sirve para impedir la coagulación de la sangre mientras la están succionando.

LA PULGA Y EL HOMBRE

Una pulga salta una distancia igual a 200 veces la longitud de su cuerpo. Para dar un salto equivalente un hombre tendría que saltar de un edificio de 130 pisos.

El arte de volar

Una de las adaptaciones fundamentales de los insectos ha sido su capacidad de volar. La mayoría tienen dos pares de alas. Los coleópteros (los escarabajos) también, pero vuelan con solo un par y con las otras se protegen. Como ejemplo, la redonda y vistosa cobertura de las mariquitas o catarinas no es más que la tapa de un sistema de vuelo muy sofisticado. Gracias a él, estos pequeños y simpáticos coleópteros, inofensivos para el hombre, se convierten en grandes cazadores.

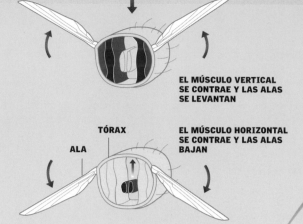

EL MÚSCULO VERTICAL SE CONTRAE Y LAS ALAS SE LEVANTAN

TÓRAX

ALA

EL MÚSCULO HORIZONTAL SE CONTRAE Y LAS ALAS BAJAN

Señoras de la tierra y el aire

Existen unas 4500 especies de estas mariquitas, diseminadas por todo el mundo, casi todas de colores vivos, con manchas negras sobre un fondo rojo, amarillo o anaranjado. Estos colores les sirven para mantener alejados a los predadores, que suelen asociar los colores chillones con el veneno. De hecho, algunas mariquitas son realmente tóxicas para predadores pequeños como lagartos o pajarillos. Pero para los que sí son peligrosas es para los pulgones, plaga de la agricultura. Por eso muchas veces las mariquitas se aprovechan para el control biológico natural.

3

Vuelo

Con los élitros abiertos como las alas de un avión, el segundo par de alas encuentra libertad para moverse. Los músculos de la base dirigen el vuelo.

2

Despegue

Aunque los vistosos élitros no le sirven para volar, debe levantarlos para poder desplegar las alas, que solo se ven cuando el insecto está en vuelo.

VISTA FRONTAL DE LOS ÉLITROS

Élitros levantados

1-2 m/s
ES LA VELOCIDAD MEDIA DE VUELO

MARIQUITA
Coccinella septempunctata
Debido a la ayuda que prestan en la destrucción de las plagas, en la Edad Media estos coleópteros se consideraban instrumentos de la intervención de la Virgen María.

El insecto mide entre 1 y 10 mm.

1

Preparación

Los élitros, que protegen el tórax y las alas, que se encuentran plegadas dentro, se despegan del cuerpo.

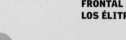

ÉLITRO
Es el ala delantera modificada de los escarabajos.

ÉLITRO LEVANTADO

ALA A LA VISTA

ALAS PREPARADAS PARA EL VUELO

VISTA POSTERIOR

APOSEMATISMO
Es lo opuesto al mimetismo: las cochinillas se valen de sus vivos colores para espantar.

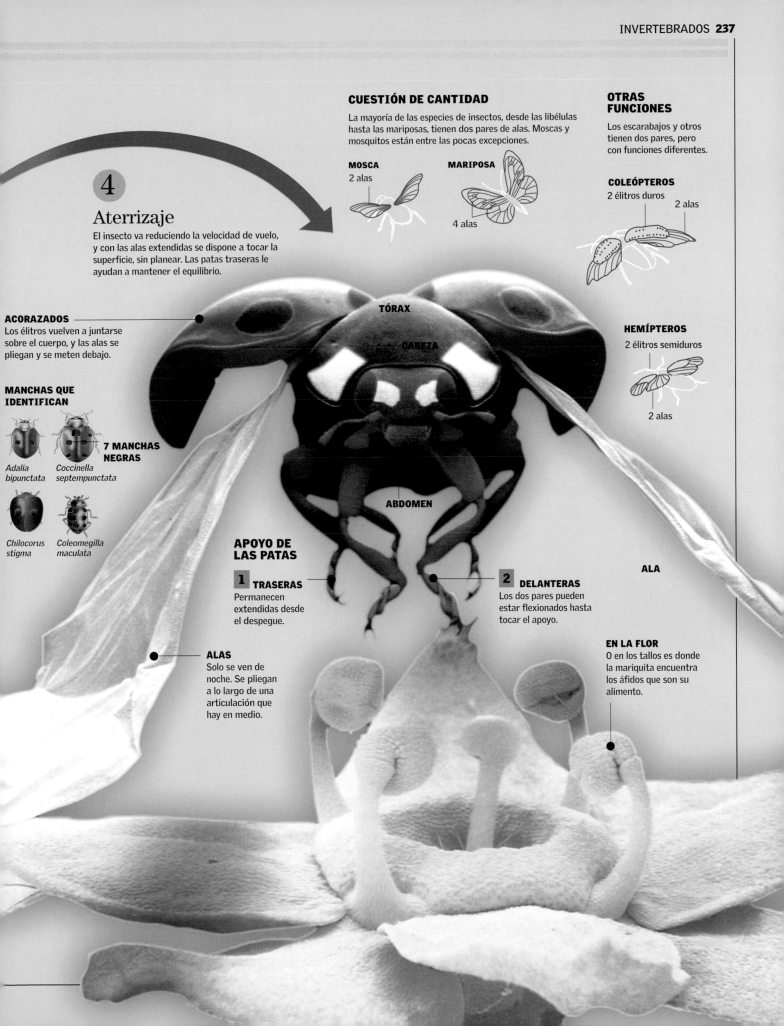

CUESTIÓN DE CANTIDAD

La mayoría de las especies de insectos, desde las libélulas hasta las mariposas, tienen dos pares de alas. Moscas y mosquitos están entre las pocas excepciones.

MOSCA
2 alas

MARIPOSA
4 alas

OTRAS FUNCIONES

Los escarabajos y otros tienen dos pares, pero con funciones diferentes.

COLEÓPTEROS
2 élitros duros
2 alas

HEMÍPTEROS
2 élitros semiduros
2 alas

4

Aterrizaje

El insecto va reduciendo la velocidad de vuelo, y con las alas extendidas se dispone a tocar la superficie, sin planear. Las patas traseras le ayudan a mantener el equilibrio.

TÓRAX

CABEZA

ABDOMEN

ALA

ACORAZADOS

Los élitros vuelven a juntarse sobre el cuerpo, y las alas se pliegan y se meten debajo.

MANCHAS QUE IDENTIFICAN

Adalia bipunctata

Coccinella septempunctata

7 MANCHAS NEGRAS

Chilocorus stigma

Coleomegilla maculata

APOYO DE LAS PATAS

1 TRASERAS
Permanecen extendidas desde el despegue.

2 DELANTERAS
Los dos pares pueden estar flexionados hasta tocar el apoyo.

ALAS

Solo se ven de noche. Se pliegan a lo largo de una articulación que hay en medio.

EN LA FLOR

O en los tallos es donde la mariquita encuentra los áfidos que son su alimento.

La metamorfosis

Es el conjunto de transformaciones que sufren los insectos a medida que crecen. Existen dos tipos de transformaciones. La completa, como la de la mariposa monarca, y la incompleta, como la de las libélulas o los celíferos. Los insectos de metamorfosis completa pasan por un estadio de inmovilidad (llamado fase de pupa o crisálida) en el que sus hormonas realizan la transformación del cuerpo dentro de un capullo.

Al principio, el huevo

La hembra adulta pone los huevos entre las hojas para que queden protegidos. El huevo de la mariposa monarca es de un color entre blanco grisáceo y crema, y tiene forma de barril de unos 2 mm de diámetro. La larva va creciendo en su interior hasta que rompe el cascarón y, al salir, se lo come.

APAREAMIENTO Y DESOVE

Cuando las mariposas monarca se aparean, permanecen unidas una tarde y una noche enteras, hasta la mañana siguiente: un total de hasta 16 horas. Tras su primer apareamiento, las hembras ya desovan.

MARIPOSA MONARCA
Danaus plexippus

7 días

ES EL TIEMPO QUE VIVE LA LARVA DENTRO DEL HUEVO

CINCO MUDAS

Del huevo sale un insecto en forma de gusano, una oruga que cambiará cinco veces de cuerpo, mudando en cada una su exoesqueleto en función de su crecimiento, pero sin cambiar su estructura orgánica. Cada nuevo exoesqueleto es más grande que el anterior.

SALIDA DEL HUEVO
El exoesqueleto se endurece. Al crecer la larva, le queda pequeño. Entonces se rasga y cae.

SEGUNDA MUDA

TERCERA MUDA

MUDA A PUPA

CUARTA MUDA

Metamorfosis simple

También se la llama incompleta y, a diferencia de la completa, no incluye una fase de pupa. El desarrollo de las alas y las patas tiene lugar de forma más gradual y sin pasar por un período en que el insecto deba estar inmóvil. Langostas, cucarachas, termitas y libélulas se desarrollan mediante este tipo de metamorfosis, que desde el punto de vista evolutivo corresponde a los insectos más antiguos o primitivos. Una de sus características es el estado de ninfa por el que pasa el insecto joven. La ninfa adquiere diferentes formas a medida que crece y, al mudar su cuerpo, surge el adulto.

LIBÉLULA EMPERADOR
Anax imperator

HUEVO

NINFA

3 IMAGO (ADULTO)

2

Larva u oruga

Lo primero que hace al llegar al mundo es comerse el cascarón. Desde entonces, comer y crecer serán sus actividades principales. En cada una de las mudas forma un nuevo exoesqueleto suave que se va extendiendo a causa de la presión sanguínea. Y luego, por acción química, se endurece. En cada muda se rompe el viejo exoesqueleto.

CONSIGNA SIMPLE

En la etapa de oruga el insecto se dedica solo a comer hojas. Así acumula toda la energía que necesita para realizar los procesos fisiológicos que implica la metamorfosis. Para eso cuenta con un aparato digestivo muy sencillo.

PREPARACIÓN A PUPA

Antes de pasar al siguiente estadio, la larva deja de comer y elimina todo resto de alimento de su tubo digestivo. La hormona juvenil que impedía la transformación corporal del insecto se empieza a inhibir.

CREMÁSTER
La oruga segrega una almohadilla fibrosa que se adhiere a los tallos, y se cuelga de ella con unos ganchos que posee al final del abdomen.

EXOESQUELETO
Con franjas transversales amarillas, negras y blancas, es blando cuando surge cada muda (siempre a partir de la cabeza) y luego se endurece.

COLGADO E INMÓVIL
Para dejar de ser larva y convertirse en pupa, el gusano se queda quieto a esperar la transformación.

DENTRO DE LA LARVA
El corazón y los sistemas nervioso y respiratorio del insecto, casi completamente desarrollados durante la etapa larvaria, cambian muy poco durante el resto de las etapas. El aparato reproductor se forma después.

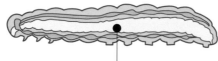

INTESTINO

ADIÓS AL VIEJO CUERPO
La última muda de exoesqueleto de la larva comienza a caerse y se sustituye por un tejido verdoso que formará el capullo o crisálida.

Pupa (crisálida)

Desprendido de su exoesqueleto de larva, inmóvil y colgado de la rama, el insecto queda protegido por un capullo, dentro del cual desarrollará su forma definitiva de mariposa. Durante ese período no se alimenta, pero presenta una intensa actividad fisiológica que produce cambios considerables. En este momento ocurre la histólisis, proceso en el que las estructuras de la larva se transforman en el material que el animal utilizará en el desarrollo de las estructuras adultas.

HISTOGÉNESIS

La generación de nuevos tejidos se da a partir de la hemolinfa (el equivalente de la sangre), el cuerpo graso, que es el órgano fuente de energía en los insectos, y el tejido histolizado, como el de los músculos de la larva. La pupa de la monarca recibe el nombre de crisálida por la coloración y estructura del capullo que la protege. Es oval, con manchas doradas y negras.

15 días

ES LA DURACIÓN DEL PERÍODO DE PUPA O CRISÁLIDA

FORMA DE MARIPOSA

Las alas y las patas de la mariposa adulta se desarrollan a partir del tejido de la cutícula, compuesta en gran parte por quitina. Otros órganos se conservan o se reconstituyen a partir de células regenerativas.

EXPLOSIÓN HORMONAL

La metamorfosis está regida por tres hormonas. Una es la hormona cerebral, que estimula la glándula protorácica. Esta glándula origina la hormona de la muda o ecdisona, que produce la pérdida de la cutícula vieja. La tercera es la hormona juvenil, que inhibe el paso a la forma adulta.

A LA VISTA

Cuando se acerca el momento de que salga el adulto, la crisálida adelgaza, cambia de color y se vuelve transparente, dejando ver el insecto transformado en su interior.

CAMUFLAJE
Las formas, texturas y colores del capullo de las crisálidas les permiten pasar inadvertidas, a salvo de depredadores. Parecen hojas o excrementos de aves.

ÓRGANOS INTERNOS
En la crisálida, el cuerpo se convierte en el del adulto. El intestino se arrolla en espiral para asimilar el alimento líquido, y los órganos reproductores se desarrollan para ser funcionales en la etapa adulta.

INTESTINO

ANATOMÍA DE UNA MARIPOSA

El cuerpo de una mariposa se divide en cabeza, tórax y abdomen. La cabeza de una mariposa adulta presenta cuatro estructuras principales: ojos, antenas, palpos y probóscide. Los ojos de la mariposa, compuestos, constan de miles de omatidios, cada uno de los cuales percibe la luz. Las dos antenas y los dos palpos están cubiertos de escamas que detectan moléculas en el aire y dotan a la mariposa del sentido del olfato. La probóscide es una lengua modificada a través de la cual la mariposa chupa néctar y agua para alimentarse. En reposo, la mantiene enrollada. El tórax consta de tres segmentos, cada uno de ellos con un par de patas. Los segmentos segundo y tercero están también unidos a un par de alas. Cada pata consta de seis segmentos. Cuando una mariposa se posa en una hoja o una flor de una planta, se sujeta con los segmentos finales, denominados tarsos.

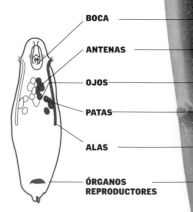

BOCA

ANTENAS

OJOS

PATAS

ALAS

ÓRGANOS REPRODUCTORES

4 Adulto

Es la forma definitiva de la mariposa, a partir de la cual ya no crece más. Cuando una mariposa sale de su pupa, sus alas están todavía arrugadas y húmedas. Necesitará colgarse para que se extiendan, se sequen y le sirvan para volar, lo cual requerirá unas horas de espera y ejercicios. A partir de ahora el insecto se alimentará de néctar.

RUPTURA

Para que salga la mariposa, el capullo maduro de la crisálida se rasga a lo largo. El insecto va extendiendo su nuevo cuerpo y activa la circulación de hemolinfa.

MARIPOSA, A VOLAR

La duración de la vida de este insecto en su etapa adulta, según la suerte que corra, las migraciones que realice o los ataques de depredadores que sufra, será de...

5 a 7 semanas

ADULTO JOVEN

El adulto recién salido del capullo suele ser de un color pálido; tiene las alas suaves y plegadas. Después de unos 40 minutos, las alas se abren y endurecen, y la coloración adquiere su tono final.

ELIMINACIÓN DE DESECHOS

Al salir, la mariposa segrega un fluido que contiene los materiales de desecho producidos durante la etapa de crisálida: se llama meconio y su olor se considera muy desagradable.

UNIDAS, PERO NO PARA SIEMPRE

Después de salir de la crisálida, las mariposas monarcas de una misma generación no se separan hasta pasado un tiempo, que puede ser de tres a ocho días.

VICISITUDES DE LA VIDA ADULTA

Aparearse, reproducirse y depositar huevos para dar origen a nuevas generaciones serán las principales actividades del insecto adulto. Cada hembra deposita en su vida una media de entre 100 y 300 huevos.

Orden y progreso

Las hormigas son uno de los insectos con mayor organización social. En el hormiguero cada individuo tiene una responsabilidad que cumplir. La cabeza de familia es la reina, la única que se reproduce y de la que todos descienden. Durante el apareamiento, reinas y machos de distintas colonias copulan en el aire. Ellas deben aparearse varias veces, ya que el esperma que reciben es el que luego emplean durante toda su vida.

ANTENAS
OJOS
CABEZA
TÓRAX
PÉNDULO
PATAS
ABDOMEN

HORMIGA COMÚN
Lasius niger

ENTRADA PRINCIPAL

El hormiguero

Después del vuelo nupcial, la reina pierde las alas y escoge un lugar para colocar los huevos. Al principio se alimenta de las reservas que le proporcionan las masas musculares de sus alas y parte de la primera puesta. Se encarga de criar a la primera generación de obreras, que se ocupará de obtener el alimento, mientras ella se dedica exclusivamente a poner huevos.

COMUNICACIÓN

La comunicación mediante las antenas es química, porque lo que ellas captan son partículas de determinadas sustancias (feromonas) que hacen que reconozcan al compañero como miembro de la misma colonia. Las hormigas no tienen especialmente desarrollada la percepción de los sonidos.

ALMACENES DE COMIDA
Las hormigas odre coordinan la reserva de alimentos.

METAMORFOSIS

En la etapa de huevo, la futura hormiga permanece junto a la reina, pero la deja en el estadio larvario. Otras hormigas se encargarán de su cuidado, pasará a ninfa y formará un capullo a su alrededor.

EXISTEN ALREDEDOR DE
10 000
ESPECIES DE HORMIGAS

GALERÍA EN DESUSO

HUEVOS LARVAS   NINFAS   CAPULLO

2 LARVAS
Se llevan a otra cámara donde crecen.

3 NINFAS
Las crían y alimentan en otro sitio.

1 HUEVOS
Los pone la reina en la zona más profunda.

4 CAPULLO
Salen de él listas para el trabajo.

HORMIGA REINA

CRÍAS

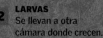

Castas

Cada hormiga cumple una función en el nido, y la división se realiza desde el nacimiento. El macho, la soldado, la obrera y la odre (acumula reservas) componen las castas, relacionadas con las tareas que realizan.

Cuatro alas

REINA
Es la más grande. Pone los huevos que darán lugar a las obreras, los machos y las nuevas reinas.

Dos alas

MACHO
Solo cumple la función de procreación; luego muere.

OBRERA
Según el papel que tenga, puede reunir alimento, limpiar o proteger el hormiguero.

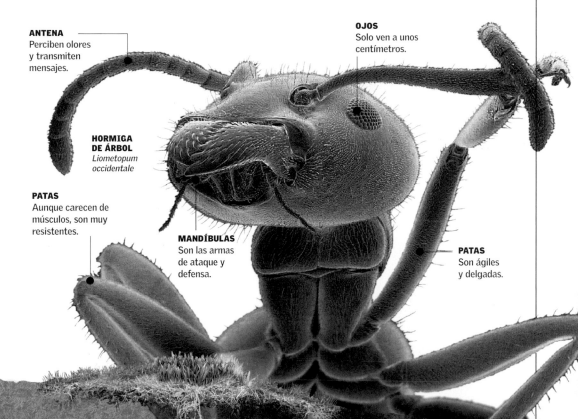

ANTENA
Perciben olores y transmiten mensajes.

HORMIGA DE ÁRBOL
Liometopum occidentale

PATAS
Aunque carecen de músculos, son muy resistentes.

MANDÍBULAS
Son las armas de ataque y defensa.

OJOS
Solo ven a unos centímetros.

PATAS
Son ágiles y delgadas.

Alimentación

Las hormigas no pueden comer sólidos. Mezclan con saliva los vegetales y animales de los que se nutren, formando una papilla de la que se alimenta toda la colonia.

RESERVAS DE ALIMENTO EN EL ABDOMEN

HORMIGAS ODRE

DEPÓSITO

INTERCAMBIO DE COMIDA

Al tener dos estómagos, las hormigas comparten la comida. El traspaso comienza cuando la receptora le toca el labio a la donante con las patas delanteras.

BUCHE
Estómago social

MESODEO
Estómago individual

Defensa

Las principales defensas de las hormigas son la mordedura y el lanzamiento de chorros de ácido fórmico. Las hormigas soldado, que tienen la cabeza más grande que las obreras, son las encargadas de alejar al enemigo.

MANDÍBULA

Es su principal arma de defensa: con una mordedura pueden ahuyentar a su rival o herirlo. También la usan para la caza y alimentación.

AGRICULTORA AMERICANA

MANDÍBULA DE CEPO

EL VENENO

El veneno de la hormiga, que contiene ácido fórmico, puede matar o paralizar a una presa. Se origina en unas glándulas especiales situadas debajo del abdomen del insecto.

HORMIGA ROJA
Formica rufa

AGUIJÓN VENENOSO

ABDOMEN

CHORROS DE VENENO

HORMIGA AMERICANA
Odontomachus bauri

DEPÓSITO DE VENENO

Objetivo: sobrevivir

L a evolución ha dado a los seres vivos unas características muy llamativas. En particular, algunos insectos pueden pasar inadvertidos para cazar o para esconderse de predadores gracias a «disfraces» de rama o de hoja que los mantienen ocultos. Para evitar ataques, otros insectos desarrollaron colores y formas para engañar a sus predadores. Esconderse y exhibirse, estrategias opuestas pero que desde hace millones de años favorecen la supervivencia de los más aptos.

MARIPOSA LIMONERA
Gonepteryx sp.
Los contornos de las alas están recortados en forma de hoja.

MARIPOSA PAVO REAL
Inachis io
La coloración llamativa o aposemática mantiene alejado al predador porque advierte del peligro que supone el insecto.

ALAS
Tienen aspecto de hoja y pueden simular su color, forma y estructura.

Grandes simuladores

El camuflaje o cripsis es un fenómeno por el cual los animales presentan ventajas adaptativas a través de asombrosos disfraces. Se encuentra tanto en los cazadores como en las posibles presas. En los insectos, el cuerpo se asemeja a distintos sustratos y partes de árbol, como la corteza, las hojas o las ramas. Esos enmascaramientos son ideales para confundir al insecto con el entorno.

OJO FALSO
Las escamas tienen pigmentos que dibujan ojos falsos.

Disfraz

La estrategia de supervivencia de estos insectos es lograr que sus depredadores no los vean. El disfraz es su única defensa.

DOBLE PROTECCIÓN
Caligo sp.
Las mariposas búho combinan los mimetismos batesiano y el mulleriano. Se confunden con las hojas, pero si un predador las ve pliegan las alas de tal forma que simulan la figura y los ojos de un búho. El predador, confundido, desiste de su ataque.

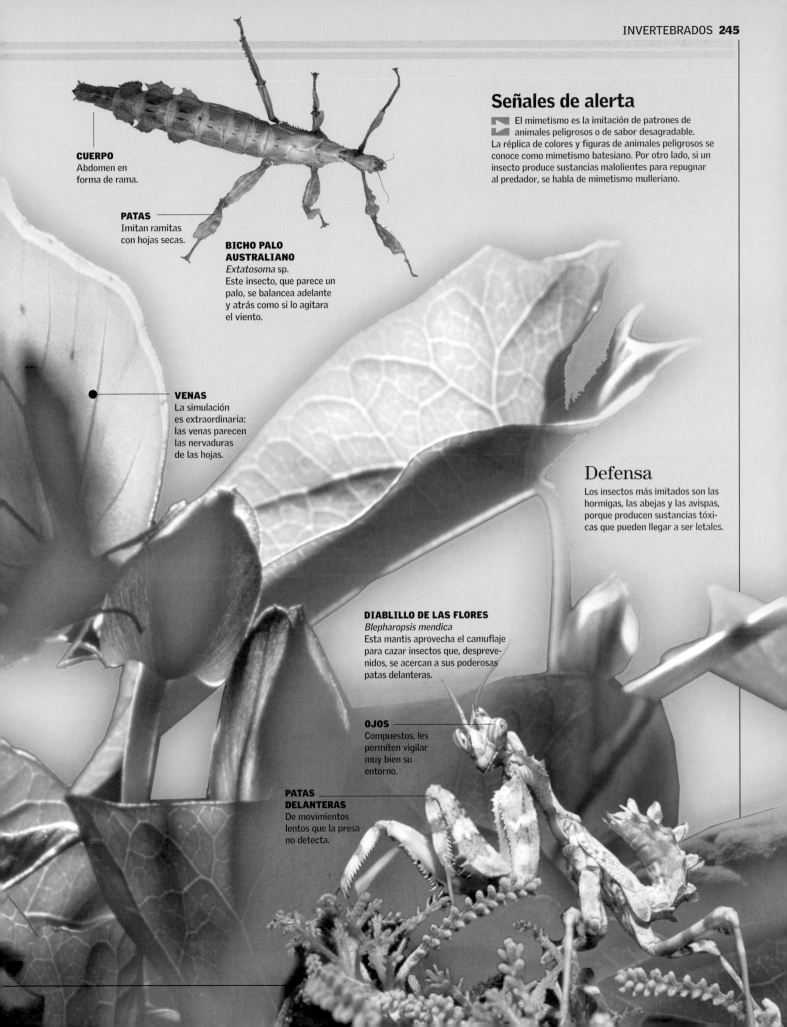

CUERPO
Abdomen en
forma de rama.

PATAS
Imitan ramitas
con hojas secas.

**BICHO PALO
AUSTRALIANO**
Extatosoma sp.
Este insecto, que parece un
palo, se balancea adelante
y atrás como si lo agitara
el viento.

Señales de alerta

El mimetismo es la imitación de patrones de
animales peligrosos o de sabor desagradable.
La réplica de colores y figuras de animales peligrosos se
conoce como mimetismo batesiano. Por otro lado, si un
insecto produce sustancias malolientes para repugnar
al predador, se habla de mimetismo mulleriano.

VENAS
La simulación
es extraordinaria:
las venas parecen
las nervaduras
de las hojas.

Defensa

Los insectos más imitados son las
hormigas, las abejas y las avispas,
porque producen sustancias tóxicas que pueden llegar a ser letales.

DIABLILLO DE LAS FLORES
Blepharopsis mendica
Esta mantis aprovecha el camuflaje
para cazar insectos que, despreve-
nidos, se acercan a sus poderosas
patas delanteras.

OJOS
Compuestos, les
permiten vigilar
muy bien su
entorno.

**PATAS
DELANTERAS**
De movimientos
lentos que la presa
no detecta.

GLOSARIO

Abdomen
En los artrópodos, parte posterior del cuerpo, formada por segmentos similares que contienen los órganos reproductores y parte del tubo digestivo. En los insectos y los arácnidos es la sección posterior del cuerpo.

Ácido úrico
Producto residual nitrogenado no soluble en agua. Es el principal componente del excremento de reptiles e insectos.

Actinopterigios
Clase de peces que se caracterizan por un esqueleto con espinas óseas en las aletas. Tienen el cráneo cartilaginoso y solo un par de aberturas branquiales cubiertas por un opérculo.

Adaptación
Rasgo de comportamiento, fisiológico o estructural que permite a un organismo vivir en su entorno.

ADN
Ácido desoxirribonucleico. Molécula en forma de doble hélice que contiene información genética codificada.

Aerodinámico
De forma adecuada para disminuir la resistencia al aire.

Aguijón
Punta afilada que nace de la piel. El orden de los Rajiformes incluye dos familias que tienen un aguijón venenoso en el tercio final de la cola. Es afiladísimo, con los bordes dentados.

Albúmina
Proteína abundante en el plasma sanguíneo, la principal de la sangre; se sintetiza en el hígado. También está en la clara de huevo y en la leche.

Aleta abdominal o pelviana
Cada una de las dos aletas del abdomen.

Aleta anal
Aleta única que se encuentra en el centro de la parte ventral del pez, por encima del ano.

Aleta caudal
Aleta única situada en el extremo inferior del cuerpo de la mayoría de los peces, que forma la cola.

Aleta dorsal
Aleta única situada en el dorso, que ayuda al pez a mantenerse en una posición estable.

Aleta pectoral
Cada una de las dos aletas situadas en la zona torácica, detrás de las aberturas branquiales.

Alevín
Cría de pez de forma parecida a la de los adultos de la misma especie.

Álulas
Plumas rígidas cuya función es reducir las turbulencias de aire en vuelo.

Aminoácido
Molécula orgánica a partir de la cual se producen proteínas.

Ampollas de Lorenzini
Órganos de los tiburones que detectan señales emitidas por potenciales presas.

Anaeróbico
Proceso de respiración que no requiere oxígeno.

Anélidos
Animales de cuerpo largo y cilíndrico formado por segmentos anulares.

Anfibios
Las crías viven en el agua, mientras que los adultos viven en tierra. Muchos necesitan estar cerca del agua o en lugares húmedos para no secarse, pues algunas especies respiran principalmente a través de la piel, que solo puede absorber aire si está húmeda. Este grupo incluye a las ranas, los sapos, las salamandras y los ápodos.

Anguiliformes
Peces de cuerpo largo y esbelto, sin apéndices, como las anguilas y las morenas.

Antenas
Par de largos apéndices sensoriales que muchos artrópodos tienen en la cabeza.

Antepasado
Ascendiente, más o menos remoto, que transmite una serie de características a sus descendientes.

Aorta
Arteria principal de los sistemas circulatorios. Envía sangre a otros tejidos del organismo.

Arácnido
Artrópodo de ocho patas.

Arco branquial
Hueso que ancla los filamentos de las branquias o espinas.

Arrecife
Banco duro que apenas asoma por la superficie del mar o se encuentra en aguas muy poco profundas. Puede suponer un peligro para la navegación. Los arrecifes pueden ser inorgánicos o de coral.

Artrópodo
Animal con apéndices articulados y cuerpo segmentado cubierto por un dermatoesqueleto.

Ave canora
Ave que canta. Las Paseriformes incluyen aves canoras.

Banco
Grupo temporal de peces de la misma población o especie que se unen por un comportamiento similar.

Barbas
Filamentos rectos y paralelos, perpendiculares al astil de la pluma. Recuerdan a las hojas de una palmera.

Bastoncillo
Junto con los conos, los bastoncillos constituyen las células fotorreceptoras de la retina de los vertebrados. Son los responsables de la visión periférica y nocturna; en cambio, perciben mal los colores.

Batipelágico
Pez que vive por debajo de la zona mesopelágica del océano, adonde no llega la luz.

Biodiversidad
Variedad de especies que viven en determinado entorno natural o artificial.

Bioluminiscencia
Propiedad de los seres vivos que pueden emitir luz.

Bípedo
Animal que se mantiene erguido y camina o corre con solo las dos extremidades posteriores.

Branquias
Órganos respiratorios de los animales acuáticos. Suelen ser una extensión de tejidos finos de la superficie del cuerpo. En los vertebrados forma parte del tubo digestivo.

Buche
Bolsa membranosa que comunica con el esófago de las aves. En ella se ablanda el alimento.

Cadena trófica o alimentaria
Sistema formado por un grupo de seres vivos que se alimentan unos de otros sucesivamente.

Calcita
Forma del componente químico carbonato de calcio.

Camada
Conjunto de crías de un mamífero nacidas en el mismo parto.

Camuflaje
Característica que permite a un animal confundirse con su entorno. Así puede pasar desapercibido en presencia de depredadores.

Canto
Sonido o serie de sonidos que emite un ave para marcar su territorio o para atraer a a una pareja. Los cantos de las aves pueden ser sencillos o elaborados; algunos son muy melódicos.

Capullo
Envoltura protectora normalmente hecha de seda. Muchos insectos confeccionan capullos para protegerse durante la fase de crisálida, hasta que se convierten en adultos.

Carnívoro
Animal que obtiene sus nutrientes y energía de una dieta consistente, de forma principal o exclusiva, en carne.

Carpo
Estructura ósea de la muñeca situada entre los huesos del antebrazo y el metacarpo. Consta de dos hileras de huesos.

Carroña
Restos de animales muertos que sirven de alimento a ciertas aves y otros animales.

Carroñero
Animal que come formas orgánicas de vida ya muertas. Ayudan a mantener el equilibrio del ecosistema al descomponer animales muertos.

Casta
Grupo social que lleva a cabo tareas específicas, característico de las hormigas, las abejas y otros insectos.

Cavidad gastrovascular
Cavidad digestiva con una abertura, característica de los Cnidarios y los Ctenóforos. Tiene funciones digestivas y circulatorias.

Cefalópodo
Clase de moluscos exclusivamente marinos, con patas o tentáculos unidos a la cabeza. Esos apéndices tienen hileras de ventosas que les sirven para capturar presas y copular.

Cefalotórax
Combinación de cabeza y tórax en un único segmento corporal.

Cerebelo
Parte del encéfalo de los vertebrados que se encuentra sobre el tronco encefálico y por detrás y debajo del cerebro. Coordina la actividad muscular y mantiene el equilibrio.

Chalaza
Estructura embrionaria: cada uno de los dos filamentos que sujetan la yema dentro de la clara del huevo.

Cicloidea
Tipo de escama de borde redondeado.

Ciénaga o pantano
Depresión del terreno donde se estanca el agua. El fondo puede ser más o menos cenagoso. Es el hábitat de muchas aves limícolas.

Circunvolución
Cada una de las ligeras elevaciones o pliegues que se observan en la superficie de la corteza cerebral.

Clase
Una de las muchas divisiones para la clasificación científica de los animales.

Clasificación
Establecimiento, definición y ordenación de taxones dentro de una jerarquía de grupos.

Clima
Temperatura, humedad y presión medias que determinan las condiciones atmosféricas de una región. Guardan relación con las características geográficas.

Cloaca
Cámara abierta donde en ciertos animales desembocan los conductos de los sistemas urinario y reproductor.

Cóclea o caracol
Estructura en forma de tubo en espiral que se encuentra en el oído interno de los mamíferos.

Colonia
Grupo de animales de la misma especie que viven y trabajan juntos para sobrevivir.

Comunidad
Población de organismos que viven en un entorno común e interactúan.

Conos
Células fotorreceptoras de la retina de los vertebrados. Son esenciales para distinguir los colores.

Cordados
Filo al que pertenece cualquier animal con médula espinal, ya sea durante toda su vida o solo en alguna fase. Los animales que no son cordados se denominan invertebrados.

Corriente térmica
Corriente ascendente de aire caliente. Muchas aves la aprovechan para ganar altura sin esfuerzo.

Corteza
Tejido externo de algunos órganos, como el cerebro y el riñón.

Crustáceo
Animal del grupo de los artrópodos con antenas y apéndices articulados, que respira a través de branquias y tiene el cuerpo protegido por un caparazón.

Ctenoidea
Tipo de escama con espinas en los bordes.

Cuadrúpedo
Animal de cuatro patas.

Cuajar o abomaso
Última de las cuatro cavidades en que se divide el estómago de los rumiantes. Segrega fuertes ácidos y muchas enzimas digestivas.

Cutícula
Cubierta exterior protectora orgánica no celular, dura pero flexible, que segrega la epidermis.

De sangre fría
Organismo cuya temperatura corporal está controlada principalmente por una fuente de calor externa porque tiene poca capacidad para generar calor.

Dendrita
Prolongación ramificada de una célula nerviosa a través de la cual recibe estímulos externos.

Depredador
Organismo que se alimenta de otros seres vivos.

Dermis
Capa interna de la piel, situada debajo de la epidermis.

Desove
Acción de producir o poner huevos.

Destete
Terminación de la lactancia de un mamífero.

Diente carnicero
Típico premolar afilado que tienen los animales carnívoros. Les ayuda a cortar y desgarrar mejor la carne de sus presas.

Diente de huevo
Protuberancia cálcica afilada en forma de diente que el polluelo tiene en la punta del pico durante la frase embrionaria. Con él rompe el cascarón.

Digitígrado
Animal que, como el perro, camina sobre los dedos.

Distribución
Lugares donde se localiza una especie. Incluye la región que ocupa la especie en las diferentes estaciones.

Diversidad
Grado en que el número total de organismos individuales se distribuye entre diferentes especies en un ecosistema. La diversidad mínima se da cuando todos los organismos pertenecen a la misma especie. La diversidad máxima se da en medios naturales estables con una variación máxima en el sustrato y las condiciones ambientales.

Eclosión
Rotura de la cáscara del huevo para que salga el polluelo.

Ecolocación
Capacidad para orientarse y maniobrar mediante la emisión de sonidos y la interpretación del eco.

Ecosistema
Sistema dinámico formado por un grupo de seres vivos interrelacionados y su entorno.

Embrión
Primera fase de desarrollo de una planta o un animal multicelular.

Endémico
Autóctono y exclusivo de una región geográfica concreta.

Endodermo
Una de las tres capas del tejido embrionario de los animales. Se origina en el epitelio que cubre algunas estructuras internas.

Enjambre
Insectos que actúan en grupo para alimentarse, aparearse o buscar una nueva ubicación para el nido.

Epidermis
Capa externa de la piel, formada por el tejido epitelial que cubre el cuerpo de los animales.

Epipelágico
Relativo a organismos que viven en aguas abiertas muy por encima del fondo oceánico, entre la superficie y unos 200 m de profundidad.

Equinodermos
Animales marinos invertebrados. El cuerpo de los adultos presenta simetría pentagonal. Bajo la piel tienen un esqueleto calcáreo con espinas y protuberancias. Tienen un sistema hidráulico interno conectado con pies ambulacrales para la locomoción.

Escamas
Pequeñas placas duras que se solapan sobre la piel.

Especie
Grupo de individuos que se reconocen como pertenecientes a la misma unidad reproductora.

Espermaceti
Sustancia cerosa que contiene el cráneo del cachalote. Se cree que ayuda

en las inmersiones profundas y algunos especialistas opinan que puede contribuir a la ecolocación.

Espiráculo
Abertura respiratoria externa del sistema respiratorio de muchos artrópodos terrestres y algunos vertebrados acuáticos.

Esqueleto hidrostático
Esqueleto en que paredes musculares retienen fluidos y transfieren la fuerza de una parte del cuerpo a otra cuando está sujeto a presión.

Evolución
Proceso gradual de cambio que experimenta una especie para adaptarse al medio.

Exhibición
Comportamiento de un animal para llamar la atención de una pareja. También le puede servir para amenazar o distraer a un depredador.

Exoesqueleto
Cubierta externa del cuerpo, habitual en los artrópodos. Es como un caparazón articulado de quitina que sirve de soporte para los músculos y los órganos blandos internos.

Extinto
Que ya no existe. Se han extinguido muchas especies de aves, como *Ichthyornis*.

Familia
Categoría taxonómica que agrupa los géneros. Es inferior al orden y superior al género.

Fecundación
Unión de las células reproductoras de un macho y una hembra que dará lugar a un nuevo individuo.

Fecundación externa
Fecundación de los óvulos que tiene lugar fuera del cuerpo de la hembra. El macho libera espermatozoides sobre los óvulos depositados por la hembra en el medio externo.

Fecundación interna
Fecundación de los peces cartilaginosos. Intervienen los órganos copuladores masculinos, denominados pterigopodios, que son el resultado de una modificación de las aletas pelvianas.

Feromona
Sustancia química segregada por las glándulas reproductoras de algunos animales para atraer a individuos del sexo opuesto.

Filo
Categoría taxonómica que agrupa las clases. Es inferior al reino y superior a la clase.

Fitoplancton
Plantas microscópicas que constituyen el eslabón básico en la mayoría de las cadenas alimentarias submarinas.

Folículo
Pequeño órgano en forma de saco que se encuentra en la piel o las membranas mucosas.

Fosa nasal
Cada una de las aberturas de las cavidades nasales al exterior del cuerpo.

Fósil
Resto de alguna forma de vida antigua, ya sea vegetal o animal, en un sustrato rocoso. Los fósiles se encuentran en los estratos geológicos de la superficie terrestre.

Fotóforo
Glándula mucosa modificada para la producción de luz. La luz puede proceder de bacterias fosforescentes simbióticas o de procesos de oxidación de los tejidos.

Gameto
Célula reproductora madura que se combina con un gameto del sexo opuesto para formar un cigoto que suele ser diploide. Los gametos masculinos se llaman espermatozoides y los femeninos, óvulos.

Ganoidea
Tipo de escama de material brillante similar al esmalte (ganoína) que se dispone en capas sucesivas sobre hueso compacto. El pez extinto *Palaeospondylus* tenía este tipo de escamas. Los únicos peces actuales con escamas ganoideas son los Lepisosteiformes, *Amia calva* y *Erpetoichthys calabaricus*.

Gen
Unidad de información en un cromosoma. Secuencia de nucleótidos de la molécula del ADN que desempeña una función específica.

Género
Categoría taxonómica que agrupa las especies.

Gestación
Desarrollo de un feto dentro de una mujer o una hembra mamífera desde la concepción hasta el parto.

Glándula
Grupo de células epiteliales que producen secreciones, organizadas dentro de una membrana envolvente para formar un órgano cuya función es sintetizar y excretar moléculas que el propio órgano no utiliza.

Glándula mamaria o mama
Órgano externo característico de las hembras de los mamíferos. Segregan leche para alimentar a las crías durante la lactancia.

Glándulas de Duvernoy
Sistema que poseen algunas serpientes para inyectar veneno. Consta de un par de glándulas salivales modificadas, una a cada lado de la cabeza.

Gónadas
Glándulas que producen células sexuales reproductoras.

Hábitat
Área geográfica con condiciones geofísicas concretas en que vive una especie o una comunidad de animales o plantas.

Herbívoro
Animal que se alimenta exclusivamente de plantas.

Hermafrodita
Organismo que tiene los dos sistemas reproductores, masculino y femenino. Unos se autofecundan, otros no.

Heterocerca
Tipo de aleta caudal en que la espina dorsal se curva hacia arriba, formando un lóbulo superior más grande.

Hibernación
Estado fisiológico que se presenta en algunos mamíferos como adaptación a condiciones invernales extremas. La temperatura corporal baja y disminuyen las funciones metabólicas en general.

Homeostasis
Conjunto de fenómenos de autorregulación que mantiene constantes la composición y las propiedades del medio interno de un organismo.

Homeotermia
Termorregulación característica de animales que mantienen una temperatura interna constante independientemente de las condiciones externas. La temperatura corporal suele ser superior a la del entorno.

Hormona
Molécula orgánica segregada en pequeñas cantidades por una parte de un organismo y que regula la función de otro tejido u órgano.

Huésped
Organismo en el que vive un parásito.

Huevo
Óvulo fecundado que se desarrolla hasta dar lugar a un nuevo individuo. También, toda la estructura que cubre y protege el óvulo fecundado.

Incubación
Acto de mantener calientes los huevos para que los embriones puedan desarrollarse y nacer. Los progenitores suelen calentar los huevos con su cuerpo, aunque algunas aves los cubren con arena o plantas en descomposición.

Incubación bucal
Forma de gestación de algunas especies de peces que incuban los huevos dentro de la boca; cuando tienen que comer, los depositan en una madriguera. Al nacer las crías, los padres las siguen protegiendo dentro de la boca.

Instinto
Comportamiento innato que un animal desarrolla sin aprenderlo. Por ejemplo, la cría de un pato empieza a nadar por instinto.

Invertebrado
Animal sin columna vertebral. Algunos, como los gusanos, tienen el cuerpo blando. Otros, como los artrópodos, están protegidos por un dermatoesqueleto duro.

Iris
Disco membranoso del ojo, entre la córnea y el cristalino, que puede ser de diferentes colores. En el centro está la pupila, que se dilata o se contrae gracias a las fibras musculares del iris.

Jugos gástricos
Fluidos producidos por las glándulas del estómago de las aves y otros animales.

Lactancia
Período de la vida de los mamíferos durante el que se alimentan exclusivamente de leche materna.

Larva
Animal en fase de desarrollo, tras salir del huevo. Puede alimentarse por sí mismo, pero aún no ha adquirido la forma ni la estructura de los adultos de su especie.

Línea lateral
Línea formada por una serie de poros a lo largo de los laterales del cuerpo de un pez.

Lípidos
Grupo de sustancias insolubles en agua, que incluye grasas, aceites, ceras, esteroides, glucolípidos, fosfolípidos y carotenos.

Madriguera
Cueva en la que algunos animales crían a sus pequeños.

Mamíferos
Animales vertebrados cuyas hembras tienen mamas que segregan sustancias que alimentan a las crías.

Manto
En los moluscos, capa externa de la pared corporal o una extensión blanda de esta. Suele segregar una concha.

Marsupiales
Mamíferos cuyas hembras dan a luz crías inviables que luego incuban en la bolsa ventral, donde están las mamas. Pertenecen a la infraclase de los Metaterios.

Marsupio
Bolsa característica de las hembras de los marsupiales que funciona como cámara incubadora. Es un pliegue de piel unido a la pared ventral exterior en cuyo interior están las glándulas mamarias. Allí las crías completan la gestación.

Maxila
En los artrópodos mandibulados, apéndice situado justo debajo de las antenas que sirve para atrapar, sujetar, morder o masticar alimentos.

Medio
Elemento o sustrato donde viven los organismos.

Medio ambiente
Condiciones naturales, como la vegetación y el terreno, que influyen en el desarrollo y comportamiento de los animales.

Médula espinal
Extensión del sistema nervioso central. Materia blanda y grasa, a menudo protegida por vértebras, es la principal vía nerviosa que transporta información al cerebro y los músculos y en sentido inverso.

Mesodermo
Capa media de las tres capas del tejido embrionario.

Mesopelágico
Relativo a los organismos que viven en las profundidades del océano, donde apenas llega luz. La zona mesopelágica se encuentra entre la zona superior eufótica (bien iluminada) y la zona inferior afótica (sin luz).

Metabolismo
Suma de todas las transformaciones físicas y químicas que se producen en una célula o un organismo.

Metacarpo
Conjunto de huesos alargados que forman el esqueleto de las extremidades anteriores de algunos animales y de la mano humana. Se articulan con los huesos del carpo, o muñeca, y las falanges.

Metamorfosis
Transición abrupta de la forma larvaria a la forma adulta.

Metamorfosis completa
Fenómeno en que la forma adulta de un animal no tiene nada que ver con la forma inmadura, como en el caso de las ranas y los sapos.

Metamorfosis simple
Proceso en que la apariencia general del animal no varía mucho, aunque unos órganos se atrofian y otros se desarrollan.

Microorganismo
Organismo que solo puede verse a través del microscopio.

Migración
Desplazamiento estacional de animales de una región a otra para reproducirse o buscar alimento, un clima mejor o mejores condiciones de vida en general.

Mimetismo
Propiedad de algunos animales y plantas de asemejarse a otros seres vivos u objetos inanimados de su entorno, principalmente a través del color o del camuflaje, para esconderse de sus depredadores o presas.

Molares
Grupo de dientes de trituran los alimentos en la boca.

Molleja
Estómago muscular de las aves, muy robusto, especialmente en las granívoras. Les sirve para triturar y ablandar mediante presión mecánica los alimentos, que llegan a la molleja mezclados con los jugos digestivos.

Moluscos
Invertebrados del filo Mollusca, de cuerpo blando dividido en cabeza, pie y masa visceral. Presentan un pliegue llamado manto que envuelve total o parcialmente el cuerpo.

Monógamo
Animal que solo se aparea con un individuo del sexo opuesto. Muchos pingüinos tienen comportamiento monógamo.

Morfología
Estudio de la forma de un objeto o una estructura. Por ejemplo, la morfología de las patas de las aves es un área de estudio.

Muda
Cambio de todo o parte del revestimiento exterior de un organismo. En los artrópodos, cambio periódico del dermatoesqueleto que les permite crecer.

Músculo estriado
Tejido muscular de aspecto listado que muestra la disposición de los elementos de contracción. Incluye el músculo esquelético voluntario y el corazón.

Néctar
Jugo dulce y azucarado que se encuentra en las flores y atrae a las aves y otros animales. Los colibríes se alimentan de néctar.

Neurona
Célula diferenciada del sistema nervioso capaz de transmitir impulsos nerviosos entre otras neuronas. Consta de un cuerpo receptor, dendritas y un cuerpo transmisor, el axón.

Nidícola
Polluelo indefenso que depende de los cuidados de sus padres tras salir del cascarón.

Nidífugo
Polluelo capaz de abandonar el nido nada más salir del cascarón. En menos de un día se mueve con agilidad.

Nocturno
Activo de noche. Muchas aves de presa, como los búhos, son especialistas en la caza nocturna.

Nutriente
Cualquier tipo de sustancia obtenida a través de la alimentación que participa en las funciones vitales de un ser vivo.

Oceánico
Se aplica a la región de aguas abiertas más allá de la plataforma continental o las costas insulares.

Ocelo
Receptor simple de luz, común entre los invertebrados.

Ojo compuesto
En los artrópodos, ojo complejo formado por muchas unidades, cada una de las cuales tiene células fotosensibles y un cristalino que puede formar una imagen.

Omaso o libro
Tercera cavidad del estómago de un rumiante. Es un pequeño órgano con gran capacidad de absorción. Permite reciclar agua y minerales, como sodio y fósforo, que pueden volver a la panza a través de la saliva.

Omatidio
Unidad visual elemental del ojo compuesto de los artrópodos. Contiene células fotosensibles y un cristalino que puede formar una imagen.

Omnívoro
Animal que se alimenta de especies animales y vegetales.

Omóplato o escápula
Hueso de forma triangular que, junto con la clavícula, forma la cintura escapular.

Opérculo
Cubierta de las branquias de los peces óseos.

Opistoglifo
Grupo de serpientes con los colmillos en la parte posterior de la mandíbula superior y dientes más pequeños delante. Los colmillos pueden ser lisos o tener una ranura que permite inocular veneno en la herida que producen.

Orden
Categoría taxonómica que agrupa las familias. Es inferior a la clase y superior a la familia.

Organismo
Cualquier ser vivo, ya sea unicelular o pluricelular.

Órgano
Parte del cuerpo formada por diversos tejidos agrupados en una unidad estructural y funcional.

Órgano de Jacobson o vomeronasal
Órgano situado en la parte superior del paladar de un reptil que asimila las sustancias capturadas por la lengua y las analiza para determinar diversas características del objeto del que proceden.

Órganos luminosos
La mayoría de los peces que viven en las profundidades marinas tienen órganos bioluminiscentes que brillan en la oscuridad y les sirven para atraer a sus presas o para comunicarse.

Osteíctios
Clase de peces que incluye todos los peces óseos, caracterizados por un esqueleto altamente osificado. Contrasta con la clase de los Condrictios, peces de esqueleto cartilaginoso (como la raya, la quimera y el tiburón).

Ovario
Órgano que produce óvulos (células sexuales femeninas).

Oviducto
Conducto por el que los óvulos salen del ovario para ser fecundados.

Ovíparos
Animales que ponen huevos: el desarrollo de las crías se completa fuera del cuerpo de la madre, hasta que salen del cascarón.

Ovovivíparos
Animales que se reproducen mediante huevos de cáscara blanda que la hembra retiene en su cuerpo hasta que el embrión está bien desarrollado. La eclosión puede producirse dentro de la madre y parecer un parto, o bien la madre puede poner el huevo y la cría romper la membrana para salir.

Panza o rumen
Primera cavidad del estómago de un rumiante. Es una gran cámara de fermentación que puede contener hasta 120 kg de materia en proceso de digestión. Las partículas de fibra permanecen ahí entre 20 y 48 horas.

Papada
Pliegue de piel que en algunos lagartos y otros tetrápodos cuelga debajo del mentón y se extiende hasta el pecho. Puede desplegarse de forma intimidatoria en enfrentamientos territoriales o para mostrar distintos estados de humor.

Papila
Cada una de las pequeñas prominencias cónicas que hay en la piel o membranas mucosas, especialmente las de la lengua, a través de las cuales funciona el sentido del gusto.

Papila dérmica
Estructura a partir de la que se desarrolla una pluma. Consta de células epidérmicas y dérmicas.

Parásito
Organismo que vive a costa de otro, por lo general obteniendo nutrientes ya procesados por el huésped.

Partenogénesis
Forma de reproducción asexual de algunas especies, como los gecos, por la que las hembras producen crías (en su gran mayoría hembras) sin la intervención de un macho.

Patagio
Membrana muy fina que une los dedos y las extremidades anteriores con el cuerpo, los pies y la cola de los murciélagos.

Peces abisales
Especies poco comunes que habitan a profundidades superiores a 2500 m, adonde no llega la luz. Tienen formas peculiares, la cabeza alargada y dientes fuertes para comer otros peces, ya que a esas profundidades no crece vegetación. Atraen a sus presas con órganos luminiscentes que brillan en la oscuridad a modo de señuelo.

Peces cartilaginosos
Peces con el esqueleto de cartílago, como los Elasmobranquios, grupo que incluye los tiburones y las rayas.

Peces óseos
Peces con esqueleto óseo y mandíbula. Su esqueleto es relativamente pequeño, pero resistente. Tienen aletas flexibles que permiten un control preciso de los movimientos.

Pelágico
Relativo a organismos que viven en aguas marinas superficiales.

Penacho
Grupo de plumas largas o erguidas que tienen algunas aves en la parte superior de la cabeza.

Peto o plastrón
Parte inferior del caparazón de una tortuga.

Pez volador
Los Exocétidos, peces voladores, son una familia de 70 especies de peces oceánicos que se clasifica en nueve géneros. Se encuentran en todos los océanos, sobre todo en aguas cálidas tropicales y subtropicales. Su principal característica es el gran tamaño de sus aletas pectorales, que les permite volar cortas distancias.

Pezuña
Cubierta córnea que envuelve por completo las extremidades distales de las patas de los caballos.

Pigmento
Sustancia que da color a la piel, las plumas o los tejidos de animales y plantas.

Placas óseas
Formaciones que crecen de la piel de algunas especies con una función protectora.

Placenta
Tejido esponjoso que envuelve por completo el embrión y cuya función es permitir el intercambio de sustancias a través de la sangre. También protege al feto de infecciones y controla procesos fisiológicos durante la gestación y el parto.

Placoides
Escamas típicas de los peces cartilaginosos y otras especies antiguas. Están compuestas por pulpa, dentina y un esmalte similar al de los dientes, y presentan una pequeña protuberancia. Suelen ser muy pequeñas y apuntan hacia fuera.

Plancton
Conjunto de seres vivos minúsculos, ya sean vegetales (fitoplancton) o animales (zooplancton), que viven flotando en agua dulce o salada.

Plantígrado
Mamífero que camina sobre todo el pie. Los seres humanos somos plantígrados.

Plánula
Tipo de larva ciliada independiente de muchos organismos del filo de los Cnidarios (medusas, anémonas de mar y corales).

Pluma
Cada una de las piezas que cubren el cuerpo de las aves. Las plumas están hechas de una sustancia dura llamada queratina. Tienen un eje largo al que se unen dos conjuntos de barbas. Las barbas —numerosos filamentos distribuidos uniformemente— dan a la pluma su forma y color.

Plumón
Pluma muy fina y ligera, sedosa, que las aves tienen debajo del plumaje exterior. El plumón constituye el primer plumaje de los polluelos.

Población
Grupo de individuos de una misma especie que viven en un área determinada durante un tiempo concreto.

Poliandria
Relación en que durante el período de cría una hembra copula con varios machos.

Poligamia
Relación de reproducción entre un animal de un sexo y varios del otro. Cuando un macho se aparea con varias hembras se habla de poliginia. Son raros los casos en que una hembra se aparea con varios machos (poliandria).

Poliginia
Sistema social de algunos animales en que el macho reúne un harén de hembras.

Pólipo
Fase inmóvil del ciclo de vida de los Cnidarios.

Polluelo
Cría de ave que acaba de salir del cascarón y aún no ha abandonado el nido. Su alimentación y su seguridad dependen de sus padres.

Presa
Animal cazado por otro como alimento. Los animales que cazan presas son los depredadores.

Proteína
Macromolécula compuesta por una o más cadenas de aminoácidos. Definen las características físicas de un organismo y, cuando actúan como enzimas, regulan reacciones químicas.

Proteroglifo
Sistema de colmillos de cobras, mambas, coralillos y serpientes marinas. También, el grupo que incluye estos tipos de serpientes. Los colmillos, huecos o con una ranura para inocular veneno,

están en la parte frontal de la mandíbula superior. Son relativamente cortos y tienen una posición extendida fija.

Protráctil
En un reptil, lengua que puede proyectar voluntariamente hacia fuera, en un movimiento preciso y rapidísimo.

Proventrículo
Primera parte del estómago de las aves, el verdadero estómago. La otra parte es la molleja.

Pulmonados
Peces que aparecieron en el Mesozoico, hace 250 millones de años. Al igual que los anfibios, respiran con pulmones. Se consideran fósiles vivientes; solo tres especies sobreviven.

Quelíceros
El primer par de apéndices de los cangrejos, picnogónidos y arácnidos, normalmente en forma de pinzas o colmillos.

Quelonios
Término colectivo que engloba a las tortugas terrestres y marinas.

Queratina
Proteína rica en azufre que constituye el elemento principal de las capas más externas de la epidermis de los mamíferos, incluidos pelos, cuernos, uñas y pezuñas. De ella dependen su dureza y resistencia.

Quiridio
Extremidad muscular de los tetrápodos. Es un hueso largo cuyo extremo anterior se articula con la cintura escapular. El extremo posterior se articula con dos huesos que lo conectan con las articulaciones de los dedos.

Quitina
Polisacárido duro y duradero que contiene nitrógeno y se encuentra en el dermatoesqueleto de los artrópodos o en otras estructuras superficiales de muchos invertebrados, así como en las membranas celulares de los hongos.

Reflejo
Acción simple del sistema nervioso en la que intervienen una neurona sensorial, a menudo una o más interneuronas, y una o más neuronas motoras.

Regiones biogeográficas
Regiones geográficas que los biólogos analizan para determinar la distribución de los animales y otros organismos vivos, según las condiciones geográficas de un lugar. Las aves migratorias suelen viajar por distintas regiones biogeográficas entre el invierno y el verano.

Reino
Categoría taxonómica que agrupa los filos. Hasta la aparición de la categoría del dominio, el reino era el máximo nivel en la clasificación biológica.

Retículo o redecilla
Segunda cavidad del estómago de un rumiante. Es un cruce donde se separan las partículas que entran en la panza y las que salen. Solo pequeñas partículas de menos de 2 mm o las más densas de 1,2 g/mm pasarán a la tercera cavidad.

Retina
Membrana interior de los ojos de los mamíferos y otros animales, donde las sensaciones luminosas se transforman en impulsos nerviosos.

Rumiar
En los animales rumiantes, proceso de masticar por segunda vez tras devolverlos a la boca alimentos ya ingeridos.

Salinidad
Cantidad de sal común que hay en el agua o el suelo. La sal común es una sal de sodio, cloruro sódico, que se encuentra en la naturaleza. Da un sabor salado al agua del mar y de los lagos salados.

Sarcopterigios
Subclase de peces óseos. Tienen las aletas unidas al cuerpo por lóbulos carnosos. Los de los pulmonados parecen filamentos.

Segmentación
Divisiones sucesivas del cigoto de un animal para formar una blástula multicelular.

Simetría bilateral
Forma corporal en que las mitades derecha e izquierda de un organismo son casi una imagen especular de la otra.

Solenoglifo
Sistema de colmillos largos y huecos de algunas serpientes y nombre del grupo de serpientes con esta característica. Los colmillos, que son los únicos dientes de la mandíbula superior, se guardan planos contra el paladar cuando la boca está cerrada. Inyectan el veneno a fondo en los tejidos de la presa.

Surco ambulacral
En los equinodermos, cualquiera de los surcos radiales a través de los cuales salen los pies tubuliformes del sistema hidráulico.

Sustrato
Superficie que constituye el hábitat o soporte vital de un organismo.

Tejido
Grupo de células idénticas que desempeñan una misma función.

Tejido conjuntivo
Tejido que une, sostiene y protege los otros tres tipos de tejidos: el epitelial, el muscular y el nervioso. Contiene una red formada por muchas fibras que rodean las células.

Tentáculos
Órganos largos y flexibles situados alrededor de la boca de un gran número de invertebrados, a menudo prensiles y táctiles.

Timoneras o rectrices
Adjetivo técnico con el que los ornitólogos designan las plumas de la cola de un ave.

Tórax
En los crustáceos e insectos, los segmentos unidos que se encuentran entre la cabeza y el abdomen, de donde salen las patas.

Tráquea
En los insectos y otros artrópodos terrestres, sistema de conductos de aire recubiertos de quitina.

Tundra
Vastas llanuras sin árboles de las regiones árticas del norte de Asia, Europa y Norteamérica.

Ungulado
Mamífero que se apoya y camina sobre la punta de los dedos, cubiertos por una pezuña.

Uropatagio
Membrana que tienen los murciélagos entre las extremidades posteriores y que incluye la cola.

Vejiga natatoria
Saco que contiene gas situado en la región dorsal anterior del intestino. Su función es mantener la flotabilidad del animal. Esta estructura evolucionó como un pulmón y en algunos peces conserva su función respiratoria.

Veneno
Agente químico que se inyecta a otros animales para matarlos o paralizarlos, o para repeler un ataque.

Ventosa
Órgano que tienen ciertos animales en los pies, la boca u otras partes del cuerpo para adherirse o agarrarse, mediante el vacío, al andar o cazar.

Vertebrado
Animal que tiene columna vertebral, como las aves, los peces, los reptiles, los anfibios y los mamíferos.

Vivíparos
Animales cuyos embriones se desarrollan dentro del cuerpo de la madre, que pare crías viables.

Yema
Parte amarilla del huevo. En un huevo fecundado se desarrolla un pequeño embrión que se alimenta de la yema (y también de la clara).

Zoonosis
Enfermedad que los animales transmiten al ser humano.

Zooplancton
Plancton marino o de aguas dulces en que predominan crustáceos, peces y otros animales marinos.

ÍNDICE ANALÍTICO